全国高等农林院校"十二五"规划建设教材

广告学

蔡玉秋　韦　恒　主编

中国农业大学出版社
·北京·

内 容 简 介

本书共分 12 章，主要介绍了广告学的基本原理、广告战略的基础作业、广告策划、广告创意、广告制作、广告媒体组合等相关内容。本教材内容及结构条理清楚、层次清晰、系统性强，系统地介绍和讲解广告学基础理论知识，重点介绍广告创意、广告制作等实用性内容。

图书在版编目(CIP)数据

广告学/蔡玉秋，韦恒主编. —北京：中国农业大学出版社，2011.7
ISBN 978-7-5655-0307-8

Ⅰ.①广… Ⅱ.①蔡…②韦… Ⅲ.①广告学-高等学校-教材 Ⅳ.①F713.80

中国版本图书馆 CIP 数据核字(2011)第 100228 号

书　　名 广告学
作　　者 蔡玉秋　韦　恒　主编

策划编辑 魏秀云　　**责任编辑** 陈　新
封面设计 郑　川　　**责任校对** 陈　莹　王晓凤
出版发行 中国农业大学出版社
社　　址 北京市海淀区圆明园西路 2 号　　**邮政编码** 100193
电　　话 发行部 010-62818525，8625　　读者服务部 010-62732336
编辑部 010-62732617，2618　　出　版　部 010-62733440
网　　址 http://www.cau.edu.cn/caup　　**e-mail** cbsszs@cau.edu.cn
经　　销 新华书店
印　　刷 北京时代华都印刷有限公司
版　　次 2011 年 7 月第 1 版　2015 年 1 月第 2 次印刷
规　　格 787×980　16 开本　18 印张　330 千字
印　　数 3 001～5 000
定　　价 28.00 元

图书如有质量问题本社发行部负责调换

全国高等农林院校“十二五”规划建设教材

编审指导委员会(经管类)

编 委 会

主　　编　蔡玉秋　韦　恒

副 主 编　姚晓萍　张晓梅

编　　者　（以姓氏拼音为序）

蔡玉秋（东北农业大学）

冯　林（甘肃农业大学）

郝文艺（黑龙江八一农垦大学）

韦　恒（东北农业大学）

姚晓萍（山西农业大学）

杨　环（东北农业大学）

张　墨（东北农业大学）

张中美（东北农业大学）

张晓梅（东北农业大学）

前 言

随着我国市场经济的不断完善，广告在我国经济、社会、文化等诸多方面发挥着越来越重要的作用。尤其在企业营销中作用更加突出，广告公司及企业迫切需要高质量的广告人才。广告人才的培养，需要有一定的理论作支撑。

随着我国广告的教育及研究的不断深化发展，高质量的广告学教材彰显出它的作用。现有广告学教材中，存在着理论知识与技能应用结合的不多、实用性较差的问题。本教材正是为了满足我国本科院校市场营销专业及广告学专业的教学发展需求，组织多年从事广告学、市场营销学教学的一线教师编写而成。

本书由东北农业大学蔡玉秋、韦恒任主编，山西农业大学姚晓萍、东北农业大学张晓梅任副主编。具体分工如下：第 1 章和第 3 章由东北农业大学韦恒编写，第 2章和第 11 章由东北农业大学杨环编写，第 4 章由东北农业大学蔡玉秋编写，第 5 章由黑龙江八一农垦大学郝文艺编写，第 6 章由东北农业大学张墨编写，第 7 章由东北农业大学张中美编写，第 8 章由山西农业大学姚晓萍编写，第 9 章和第 10 章由甘肃农业大学冯林编写，第 12 章由东北农业大学张晓梅编写。

本书在编写过程中，参阅了大量的资料，并在此基础上广泛地吸取同行的经验，在此致以诚挚的感谢。

由于水平有限，时间紧张，书中难免有纰漏，恳请专家、学者和同行批评指正。

编 者

2011 年 5 月

目　　录

第1章 广告概述

◆ 学习目标

◇ 了解广告含义的演变过程以及国内外广告的发展历程，掌握广告概念、广告的分类情况、广告的基本功能。

◆ 学习难点

◇ 广告的分类情况，尤其是观念广告的内涵。

◆ 学习重点

◇ 广告概念、广告的分类情况。

1.1 广告的内涵

1.1.1 广告含义的演变

广告活动是伴随着商品交换出现的，伴随着商品经济的产生、发展、演变而变化。广告一词的含义不是一成不变的，是一个演变、深化的过程。

广告一词用英语表达为“advertising”，“advertising”来源于拉丁文“adverture”，是吸引人心或注意和诱导的意思。公元1300年至1475年间，中古英语里有了“advertise”，其含义为“某人注意到某事”，后演变为引起别人注意，通知别人某件事。在17世纪，由于英国工业革命的兴起和发展，“advertise”开始被广泛使用，advertising一词始用于1660年，一般作商业用语使用 ，有“通告”之意，首次出现该词的例句，据《牛津英语词典》的解释：1750年有一位市民的公告，说谁能找到偷他60基尼的人，将予以奖赏(a citizen had advertised a reward for the discovery who had stolen sixty guineas)。advertisement一词出现在17世纪中叶，那时由于经济的发展落后，商品交换主要处于供不应求，“广告”这时的功能主要是告知、通知、引起注意。

19世纪末期到20世纪初，资本主义经济已经有了很大的发展，工商业的本质和需求发生了巨大变化，商品交换出现供过于求，广告功能及含义相应地有了较大的变化，广告作为商品促销的一种方式，其主要特征由向消费者进行告知，演变成为向消费者进行说服。广告通过说服来影响消费者的购买行为而显现功能。20世纪初，近代广告之父亚尔伯特·拉斯克(Albert. Lasker)将广告定义为“由因果关系驱使的印刷形式的推销术”。

20世纪50年代以来，随着科学技术和经济的发展，市场竞争愈加激烈，信息传播更加畅通，广告的作用又进一步发展为说服性沟通。当代，广告更作为企业、部门机构向社会进行全方位信息交流的重要方式，以沟通(communication)为目的，向目标消费者进行告知、诱导和说服，促成购买。现代广告的含义已与传统的广告含义有了很大的不同，其蕴含更加丰富。广告在企业活动中的地位和作用、广告的传播特点和表现方式、广告的经营内容和运作机制都需要用新的视角来审视，需要树立新的观念来认识和理解。

1.1.2 广告的定义

20世纪初，近代广告之父亚尔伯特·拉斯克(Albert. Lasker)将广告定义为“由因果关系驱使的印刷形式的推销术”，这是当时广告界的金科玉律，当时，工商界对广告的本质和范畴认识极为有限。一个世纪后，广告的定义已经大为扩展，对于广告的界定目前众说纷纭、莫衷一是，例如：新闻界人士把广告看做是一种传播过程、公关过程；工商人士把广告视为树立品牌的过程；经济学家和社会学家把广告作为一种经济现象、社会表象。当今可以从不同的时期、不同的研究领域、认知的不同侧重点等来对广告进行界定。我们摘录几条，供作参考：

①从市场营销角度，1948年美国市场营销协会(AMA)对广告作了如下定义：“广告是可确认的广告主以有偿的方式进行的有关构思、产品、服务的非个人接触的提示或促销。”

Dunn和Barban也从市场营销和传播学的角度对广告作了如下定义：“广告是可确认的企业或非盈利机构或个人以某种方式通过各种不同的媒体向特定群体的受众提供信息或劝说的、付费的、非个人接触的传播”。

第一，有偿的方式，广告是广告主以付费的方式从媒介购买时间或版面以后播出或刊登的；第二，非个人接触，广告不像人员推销那样以个人接触的方式来进行促销，而是通过电视、报纸等媒介进行促销；第三，构思、产品、服务，广告不仅包括有形产品的广告，而且还包括构思(思想)、服务等无形产品的广告；第四，可确认的广告主，并且Dunn和Barban把广告主的范围扩大到非盈利机构(如学校、政府机构、教堂、政党)或个人。

②从传播学角度，Wright对广告作了如下定义："广告是通过大众传播媒体所控制的或能识别的信息或劝说。"这一定义强调了传播的概念，广告是一种特殊的传播活动。第一，信息和劝说，广告就是向不确定的消费者或一般公众传递有关企业信息的一种劝说过程，所以广告并不只是传递信息，同时也反映广告主的劝说意图。第二，控制性(controlled)，广告的信息内容、时间以及方向是由广告主所控制的，并且由广告主选择广告媒体。第三，可确认性(identifiable)，广告信息的接收者可以确认广告主、广告信息内容以及广告主的目的。第四，大众传播媒体，广告一般通过大众传播媒体传递信息。

③从心理学的角度，日本出版的《广告心理学》认为，广告是把商品或服务向人们宣传以说服其购买的传播技术。

从上述诸广告定义可知：①广告是营销传播活动，广告是一种传播活动，是一种非常有组织的应用传播形式，更是一种营销活动。广告作为营销传播活动，与社会学、文化人类学、心理学、统计学、传播学等学科密切相关。广告是营销的科学性和适用各种艺术表现方法的艺术性融为一体的一种有意义的活动。②广告要有可确认的广告主，在广告中要表明出资人，这是广告与公关(宣传)的一个基本区别。③广告的目的是促进交换，交换(exchange)是交换双方之间的一切行为。交换不仅包括交易(transaction)行为，而且还包括向社会捐赠从而得到荣誉感等非盈利性行为。如果广告不促进交换，就不能说广告完全发挥其功能。也就是说，广告主体无论是盈利机构还是非盈利机构，广告主和广告受众之间最终必须形成交换行为。促进主要体现在劝服消费者改变态度、诱发行动。④广告一定要经由媒介的某一种渠道传达到受众，但是不包括口传。今天，我们拥有广播、电视、报纸及杂志四大传统媒体，又有新兴的非传统媒介，如车体广告、充气模型、各种可寻址媒介(如直邮)，随着科技的发展还有通过互联媒介(网络、手机、楼宇电视等)有效地传达给受众。第五，广告一般是付费的，即要支付一定费用。

我们在前面已经对广告下了一次定义，但有必要区别与广告类似的用语(表1-1),便进一步理解广告的含义。实际上，我们在日常生活中经常会把广告和宣传或报道混淆起来使用。

第一，我们比较一下广告和宣传(propaganda)。广告的主体是非常明确的，但相比之下宣传的主体是不明确的。

第二，广告与企业报道(publicity)。企业报道也具有一些广告的特点，如企业报道和广告一样也利用媒体。但企业做广告要付媒体费用，而进行企业报道时一般不需要支付媒体使用费；另外，广告主可以控制广告的内容或表现方式，但企业不能完全控制报道的内容和表现方式。

第三，广告和公共关系(public relations，PR)。所谓的公共关系是指为得到公众的理解和接受而对公众态度进行评价，并使个人或组织的策略或程序符合公众关心而确认和实行的管理技能，也就是为改善组织或公众关系而采取的一种手段。PR是在各种不同的公众中树立或维持积极、肯定形象的活动，所以包括企业报道。但通过广告不仅可以树立企业或产品形象，而且可以传递产品的信息。所以广告的内容比公关的内容更具体。

第四，广告与人员推销(personal sales)。人员推销是企业通过派出销售人员与顾客进行人际接触来推动销售的促销方法。人员推销的目的也是促进交换，这点与广告是一样的。但是人员推销或口传(word-of-mouth)是直接接触顾客、不利用媒介的沟通方式，这点与广告完全不同。

表 1-1　广告与类似的用语

用语	费用	与受众接触的方式	目的	传递的主体
广告(advertising)	付费/免费	媒体	促进交换	明确
企业报道(publicity)	免费	媒体	形成友好态度	明确
宣传(propaganda)	付费	媒体	形成友好态度	不明确
公共关系(public relations)	付费/免费	媒体/人的活动	改善与公众的关系	明确
人员推销(personal sales)	付费	与顾客直接接触	促进交换	明确

1.1.3　几个主要广告的概念

前面我们已明确广告的定义，又把广告与宣传、公关、人员推销做了比较，如要更进一步的了解广告，我们先理清几个概念——广告作品、广告运动和广告活动。

1.1.3.1　广告作品

广告作品，或称广告物。在英文中被称作“advertisement”，是指组织或机构为说服受众而通过媒体发布的特定的信息。这个特定的信息可以是一幅印刷品，如一本广告画册、一幅报纸、杂志、路牌广告；也可以是一支单项传递的广播电视广告；还可以是双项传递的网络上的一条消息等。广告作品是广告信息的载体，是广告活动的一种最主要的外在表现形式，是创造性活动的结晶，是具有相对独立、完整的广告信息表现形式。

1.1.3.2　广告活动

广告活动，或称 advertising，与偏重于静态的广告作品（advertisement）相对，其本质更偏重于动态的、运动的过程，它包括广告信息传播的整个过程。如：广告调研、消费行为分析、广告目标制定、广告预算、广告主题策划、广告创意表现、广告制作、广告媒体选择、广告效果评估、广告管理等。企业在做广告时只涉及广告活动中的某一领域，而不可能是全部领域。

1.1.3.3　广告运动

广告运动，或称广告战役，在英文中被称为 advertising campaign，指在某一主题下，制定广告计划，并按计划实施。它特指在企业营销的特定阶段，依据广告目标而形成的有计划的、系统的广告推广活动。广告运动犹如军事上的“战役”，是一种阶段性、相对独立、完整的广告活动。相对于把广告等同于广告作品的观念，广告运动的观念在科学认识、运用广告方面是一大进步。

1.2　广告的分类与功能

1.2.1　广告的分类

在 20 世纪初，广告传播媒介较为单一，因为没有广播及电视媒体，广告主要依靠报纸及杂志等印刷媒体，所以形成的广告传播信息内容、传播目的及传播方式较为单一。随着社会经济和科学技术的发展，涌现出大量新型的广告传播媒介，从根本上改变了广告传播信息内容、传播目的及传播方式单一的局面。为了深入系统地研究广告，有必要对广告进行分类。

1.2.1.1　根据广告诉求对象不同分类

(1)消费者广告

消费者广告是指诉求对象直接指向最终消费者的广告。这类广告大多是由生产经营消费品的工商企业向广大城乡居民发布。消费品广告涉及的范围广，主要包括：①便利品广告，便利品是消费者经常需要购买且能方便购买的消费品，这类消费品一般价格较低，消费者购买时往往不做或少做挑选，因而多适合在广告费用较低的报纸、广播等媒体上做广告；②选购品广告，选购品是消费者需要经过比较挑选后才进行购买的消费品，这类消费品一般价格较高，花色品种较多，消费者购买前不太熟悉，因而工商企业通常采用电视、报纸等媒体做广告；③特殊品广告，特殊品是具有独特品质、特定厂牌或偏好，消费者愿花费更多的时间、精力和货币选购的消费品，这类消费品一般价格高，能满足消费者特定的需要，如炫耀性消费需要等，因而主要适合采取现场广告形式。

(2)生产者广告

生产者广告也可称作产业广告。这类广告是指诉求对象直接指向工农业生产用户的广告。在现实的商品流通领域中，同时还存在着生产资料的交换活动，企业需要把大量的原材料、机器设备、办公用品及相应的服务提供给诸如企业、社会团体、政府机关等组织用户，这些用户构成一个产业或组织市场，广告需要面对这一市场用户进行诉求。这一类广告由生产与经营原材料、机器设备及零配件、办公用品等的生产部门和批发部门发布，向使用、消费这些产品的企业、机关团体等进行诉求。接受广告信息的目标对象，往往是比较特殊的消费群体，可能是某一方面、某一领域的专业人员，或有一定影响的意见领袖。

(3)中间商广告

这类广告主要针对流通行业，其诉求对象直接指向商业批发企业和零售企业。一般由生产企业向批发业和零售业或在批发业之间或由批发业向零售业发布。广告所诉求的对象，多与这些行业机构的采购进货的决策人员有关，他们是流通领域中商品经销单位与广大消费者的牵线人和中间人。这类广告媒介往往以邮寄广告为主，有订单、商品目录、样品、商品说明书、价格表、展销会请柬、招贴画等形式，有些产品也采用现场实物广告形式。

(4)社会集团广告

社会集团广告是指诉求对象直接指向社会集团，如国家机关、学校、部队、团体等的广告。这类广告主要是由工商企业向社会集团发出的，所涉及的都是公用消费品。

1.2.1.2　根据广告诉求目的的分类

(1)商品广告

商品广告是以销售商品为目的的广告。按照商品的产品生命周期，又可以分为报道式广告、说服式广告、提醒式广告。报道式广告是当广告商品处于产品生命周期的引入期时，通过向消费者介绍商品的性质、用途、价格等，诱导消费者对该商品产生初步的印象和需求，在开发一个新市场或一个新产品投放市场时，较多采用这类广告，属于开拓性广告。说服式广告，当广告商品处于产品生命周期的成长期时，强调商品的特殊性与同类商品的差别，进行说服，加深消费者对某一品牌商品的印象，刺激选择性需求，属于竞争性广告。提醒式广告，当广告商品处于产品生命周期的成熟期时消费者已经有了使用某种商品的习惯，广告的目的是提醒消费者不要忘记这一商品，从而刺激重复购买，提高指名购买率。

(2)形象广告

形象广告是以树立企业(品牌)形象为目的的广告。这一类广告主要以树立商品和企业的形象和信誉为诉求目的，也称为企业广告。广告以塑造企业和商品的形象为主要内容，提高企业的声誉，增强消费者对企业的信任感，寻求社会和公众的理解和支持，以促进商品销售为间接目的。

美国哈佛大学鲍丁教授把这类广告分为三种：

①惠顾企业广告，宣传企业的优点、长处，以吸引顾客光临。

②公共关系广告，通过广告宣传，为企业树立起良好的外部和内部形象，沟通企业与社会的关系。

③公共服务广告，从企业的经济和社会责任方面，着重宣传企业对社会所做出的贡献、提供的服务等，如企业对社会公益活动的支持、赞助教育、各种福利和慈善事业等。

(3)观念广告

观念广告是指以树立、改变某种消费观念和消费习惯的广告，是通过提倡或灌输某种观念和意见，试图引导或改变公众的看法，影响公众的态度和行为的一种广告。观念广告传达的观念有两种，一是消费性观念，二是社会性观念。

消费性观念广告是引导消费者改变原有的消费观念，树立新的消费观念和消费方式。

社会性观念广告是指在广告中发表某一社会性问题的意见，以影响舆论，达到改变特定的政策或法规的目的，从而为企业的营销服务。

例如：NIKE公司的"Just Do It"和Adidas的"Impossible Is Nothing"。

1.2.1.3 根据广告诉求方式分类

广告诉求是通过作用于受众的认知和情感层面使受众的行为发生变化的，因此可以分为作用于认知层面的理性诉求广告和作用于情感层面的感性诉求广告两种基本的类型。

(1)理性广告

采取理性说服的方法，通过向消费者说明购买广告商品的优点和长处，将会带来哪些好处，让消费者用理智权衡利弊后做出判断、听从劝告并采取够买行动。这类广告根据广告信息内容的不同可以分为产品提示性广告(广告内容是再次强调该产品主要特点)、比较广告(也可称为对比广告、竞争广告)、纯信息式广告。高档耐用的商品针对文化层次较高的目标消费者，往往采用这类广告。

(2)情感广告

情感广告又叫做“情绪广告”或“感性广告”。当产品供应远大于需求、同类产品之间从质量、性能到价格之间的差异缩小时，消费者购买和使用商品在很多情况下是为了追求一种情感上的满足或自我形象的展现。当某种商品能够满足消费者的某些心理需要或充分表现其自我形象时，它在消费者心目中的价值可能远远超出商品本身，也正因为这样，情感诉求广告在现代社会得以诞生，在今天更是得以蓬勃发展。情感广告是诉诸于消费者的情绪或情感反应，传达商品带给他们的附加值或情绪上的满足，使消费者形成积极的品牌态度。化妆品、家用电器等商品，或针对妇女、儿童的广告，多采用这类广告。这类广告可以根据人的不同情感分为愉悦感性广告、焦虑式广告、恐惧感性广告、戏剧性广告、幽默式广告。

1.2.1.4 根据广告传播媒介分类

广告传播信息的媒体种类较多，如果按照媒体的不同来进行细分，可以分成很多种。总体上来看，可以分为大众媒体广告、分众媒体广告和小众媒体广告。

(1)大众传播媒体广告

大众传播媒体广告，即我们一般所称的以报纸、杂志、电视和广播为主的四大传统媒体为载体的广告。此外，电影广告也是一种大众传播媒体广告。虽然，现在大众传媒广告影响力度在降低，但是大众传媒广告的价值在于可以用相对较低的成本接触到较大范围的受众，尤其是那些养成一定消费习惯，对新闻、娱乐及文化教育信息每天必看的广大受众。

(2)分众传播媒体广告

分众传播媒体广告是相对于大众传播媒体广告而言的，是一种新的媒体广告概念，广告信息面对的是特定的、市场细分后具有某些共同特征的受众。随着我国传媒产业的迅速发展，不同的社会环境因素和不同的传媒需求分化并突现了当代受众的个性特征，媒体开始从满足大众需求向满足某一特定人群、满足某一方面需求转变，也就是从“广泛的传播”转向“定向定性的窄播”，实现了从“大众”向“分众”的转变。

(3)小众传播媒体广告

小众传播媒体广告主要有三类：户外广告、直接广告、销售现场广告，另外还有促销广告(SP广告)、交通广告、报纸夹页广告等。这些媒体承载的广告往往可以直接影响消费者的购买行为，能够弥补和配合大众传播媒介的传播活动，满足消费者的整体需要，有时也可统称为促销媒体广告。

1.2.1.5 根据广告传播范围分类

广告按传播信息范围不同可分为国际性广告、全国性广告、区域性广告和地方性广告等。

(1)国际性广告

国际性广告是面向国际市场或以国外消费者为诉求对象的广告。这类广告通常选择国外各种有影响的广告媒体或由我国主办但面向国外传播信息的广告媒体，如国际性报纸、杂志、卫星电视、广播等，所传递的主要是适合国外消费者需求的信息，与国内广告的差异性较大。

(2)全国性广告

全国性广告是面向全国范围传播信息的广告。行销全国的报纸杂志、传播全国的广播电视等都是全国性广告媒体。这类广告所推介的商品，一般是通用性强、销售量大、挑选性小的商品或专业性强但使用区域分散的商品。当企业的目标市场确定为全国性市场时，应选择全国性广告媒体传播信息。

(3)区域性广告

区域性广告是在一定区域范围内传播信息的广告。它比全国性广告的范围要小，比地方性广告的范围要大。在我国，一般可把一个省(自治区、直辖市)或一个地区(几个省)视为一个区域，在该区域内传播信息的广告就属区域性广告。如各省(自治区、直辖市)报纸、杂志、电视、广播等广告媒体都是区域性广告媒体，在这些媒体上刊载或播出广告信息，其覆盖面主要在区域范围内。当企业的目标市场确定为一个或数个区域市场时，应有针对性地选择该区域的广告媒体传播信息，这比选择全国性广告媒体传播信息效果更好，且能节约广告费用。

(4)地方性广告

地方性广告是在某一地方或特定地点传递信息的广告。其传播信息范围窄，如地方性报纸、广播、电视广告等。另外，在某一特定地点传递信息的广告也属地方性广告，如路牌广告、霓虹灯广告、招贴广告、围墙广告。这类广告多为零售企业和当地工业企业选用，以促进消费者认店购买和认购当地产品。

除了上述分类外，广告还可运用其他方法来划分类别。但不论运用哪种方法进行分类，都并不矛盾，而是相互通用的，只不过是从不同角度、不同侧面对广告进行理解和研究，而且有助于对广告活动更好地了解。

1.2.2 广告的功能

广告的功能是指广告的基本效能，也就是指广告以其传播的内容对所传播的对象和社会环境所产生的作用和影响。研究广告的功能实际上就是研究广告能达到什么目的。可以从以下几方面来谈。

1.2.2.1 广告对企业的影响和作用

(1)广告可以沟通产需、促进产品销售

广告最主要的功能是促销，广告是产品促销的一个重要组成部分，开展促销活动离不开广告为商品销售摇旗呐喊、推波助澜，正因为如此，广告的首要任务是沟通产需、促进产品销售。在当今社会，信息是一种重要资源，企业无论在产品研发环节还是产品销售环节都需要信息，都必须以信息为依据。谁掌握了信息，谁就掌握决策的主动权。传递信息的工具有很多种类，但广告是其中最快捷的手段，它把生产与消费、供应与需要有机地连接起来，密切了产需之间的联系，沟通了产销，促进了生产和消费。

(2)广告可以传播品牌及企业名称等信息，扩大其知名度，树立其良好形象

随着社会的发展、科技的进步，企业做广告的目的不再仅仅局限于促销，而是为了提高品牌及企业的知名度、树立其形象、增加其无形资产。企业广告首先是宣传企业是做什么，然后再进一步让公众了解企业及品牌的理念、产品结构、服务等，扩大品牌及企业的知名度。知名度的提高是一个较为漫长的过程，通过企业长时期的努力、宣传、积累而成为在知名度基础上的好感，即美誉度。这样，企业就建立起了一份无形资产，这将是企业发展的巨大财富。在此过程中，广告的作用非常显著，广告可以长期、有计划和有步骤地宣传品牌及企业理念及其他详细信息。这样，品牌及企业的形象才可以一步步地建立。

(3)降低单位产品的销售费用

广告可以增加产品的销售量、降低单位产品的销售量。现代企业是以大工业生产为主，在固定成本一定的情况下，商品的单位成本将更多地取决于产量。产量大可以通过大量进货，减少单位原材料的成本；产量大还可以分摊固定设备的折旧以及原来由较少量产品分摊的费用。这样，单位产品的成本就比少批量生产时大为降低。单位产品成本的降低，可以使企业在同样的价格水平下获得更多的利润。

1.2.2.2 广告引导消费的功能

广告又是消费者的参谋。首先，消费者可以通过广告获取产品信息，了解销售地点、促销方式等以便利购买；其次，现今广告信息具有时尚性、创造性，往往提倡新的消费观念及生活方式，消费者通过这些广告的示范作用影响其消费理念及观念，从而导致消费行为发生变化，以致整个消费结构发生变化。

1.2.2.3 广告对社会文化事业发展的影响和作用

首先，广告最基本的功能是传播，广告传播必须通过媒体，所以广告有促进媒体发展繁荣的功能，如绝大多数报纸、杂志、电台和电视台都是依靠广告收入来生存和发展。其次，现代广告已成为社会文化的组成部分，企业在做广告时不仅要发挥其促销功能，也要重视广告对社会文化事业及美化环境的影响，如树立在高楼大厦上的广告牌、闪烁变幻的霓虹灯、各大商场绚丽的橱窗、亮丽的公交车体等都构成了城市亮丽的风景，户外广告把城市装点得更美丽。

1.3 广告的产生与发展

1.3.1 我国广告的产生与发展

1.3.1.1 我国古代广告

广告是随着商品交换的产生而产生，随着商品经济的发展而发展的。虽然广告成为一个行业，是在近代资本主义发展中才开始的，但它所具有的发展历史是相当悠久的。陈培爱认为，我国原始的信息传播是从原始社会初期开始的，并且原始社会末期就出现了商品生产和商品交换，也就出现了商品广告或经济广告。

在我国，传说中的神农时代即已出现物物交换——最初级的商品交易形式。《周易·系辞》中就有这样的描述："神农氏作，列廛于国，日中为市，致天下之民，聚天下之货，交易而退，各得其所。"到了黄帝时代，便出现了货币，作为进行商品交换的手段。尧、舜、禹时代，出现了行商阶层。到夏朝，王亥即造牛车，驾车载货，在部落间做买卖。这些行商为了引起别人的注意，以便进行商品交易，就必然要陈列商品和高声叫卖。陈列和叫卖是最原始的广告形式。随着交易的日益频繁，便形成了集市和城市，于是坐商开始出现。春秋时期的商业更加发展，《史记·苏秦列传》中描述苏秦到齐国的都城临淄时，看到"连衽成帷，举袂成幕，挥汗成雨"的热闹场景，由此可见当时临淄商业已相当发达，广告的形式也更加多样化。

由于受当时经济条件的限制，古代的广告形式简单，技术手段也很落后。然而，许多古老的广告形式至今仍在许多地方继续使用并发挥着作用。古代广告的形式主要有口头广告、实物广告、悬物广告、招牌和幌子、印刷广告等。

(1)口头广告

口头广告又称叫卖，是最原始最简单的广告形式。口头广告一般要与实物广告相配合应用及广告主在陈列物品的同时通过叫卖招引买主，卖什么吆喝什么。早在屈原的《离骚》、《楚辞》中就记载了商纣时期的姜子牙在未被起用时曾隐居市井操屠宰之业。他在铺子里“鼓刀扬声”，高声叫卖以招徕主顾的情景。中国古代的叫卖广告很发达，商贩叫卖时往往采用不同的腔调，使人一听便知小贩在卖什么东西。这种广告形式一直沿用到今天。城市中吆喝声逐渐减小被高音喇叭所代替，但在乡村里吆喝声有增无减，如扬州调的“磨剪子来锵菜刀”。

与口头广告相联系的是音响广告，是利用工具所发出的音响来代替口头叫卖，如：收破烂的人鸣锣为号、卖油的一边敲梆子一边吆喝、卖麦芽糖时吹箫为号记等。

(2)实物广告

实物广告也是一种古代的广告形式，它是靠陈列商品样式招徕顾客。为了出卖商品，商贩就摆出商品，让买者观看挑选。例如：东汉墓出土的羊尊酒肆画像砖(图1-1)，羊尊酒肆画像砖画面左部汉代木构店铺梁上悬瓮及右上方木案上摆放的两个羊尊酒器、一个方形酒器，是酒肆的实物招牌广告。同时，以羊尊作为盛酒的容器，表明该店并非普通的酒肆而是专门为地主官吏上层人物服务的官营酒铺，指向明确是汉代实物招牌广告发展的真实写照。实物广告至今仍是商业广告中的最基本形式，只是在展示设计水平上比过去要高超得多。

图1-1　羊尊酒肆画像砖

(3)悬物广告

有些商店，尤其是现在南方一些经营饮食的小店，往往在门前悬挂与其经营特征有关的物品(如山货野味)或习惯性标志(如灯笼)作为广告。这种习惯也已有很悠久的历史。《史记·司马相如列传》记载“相如买一酒舍沽酒，而令文君当垆”，就是在酒店前垒土为垆，安放酒瓮，卖酒者坐在垆边卖酒。在这里，垆就是酒舍的标志。类似的情况还有中药店前的药葫芦、铁匠铺的锄头镰刀等。

(4)招牌和幌子

①招牌。招牌(可也称店标)悬挂在店门前，主要是用来指示店铺的名称和记号，能起广告的作用，也是古代广告的一种形式。招牌分横招、竖招、坐招和墙招四类。一般用文字写出店名，也有图文并用的，如铁匠铺的广告除写上店名外，还画上钳、刀等图案。此外，还有用对联形式的，如药铺对联：“采百药医疗百病，集千方广济千家。”在 1000 多年前张择端画的《清明上河图》中，宋朝汴州城内十字街口的商店已广泛地出现各种横的和竖的招牌，例如：街南有“久住王员外家”，西侧有“刘家上色沉檀楝香铺”招牌。时至今日，无分中外，凡是商店企业都有招牌。

②幌子。幌子原指布幔，后被引申为扩展的各种行业标记的专称，如药幌、酒幌、鞋铺幌、袜铺幌、煎饼幌、理发幌、马具幌等(图 1-2)。在《清明上河图》中，汴河漕运码头旁边有一小酒馆，凉棚前斜插一竹竿悬彩旗两串，棚柱上挂的就是一只酒幌。

药铺幌子　　鞋铺幌子　　袜铺幌子

图 1-2　中国古代广告——幌子

(5)印刷广告

印刷广告是古代广告中比较先进的一种广告形式。我国最先发明了印刷术和纸，其后发明出雕版印刷工艺。据考证，雕版印刷工艺始于隋朝，在唐朝便开始流行，到宋代时已发展到极为精湛的水准。在宋代，毕昇发明了活字印刷术，印刷广告的历史由此而展开。印刷广告的出现使中西方广告的发展都进入一个新的阶段。我国现存最早的印刷广告是北宋时期(公元 960—1127 年)济南刘家针铺的广告铜板。铜板四寸见方，上面雕刻有“济南刘家功夫针铺”的字样，中间是白兔抱铁杵捣药的图案，在图案的左右各有四字：“认门前白兔儿为记”。在铜板的下半部刻有说明商品质地和销售办法的文字：“收买上等钢条，造功夫细针，不误宅院使用；客转为贩，别有加饶，请记白。”(图 1-3)该铜板现存上海博物馆，是迄今为止所发现的世界上最早的印刷广告物。国外的第一张印刷广告是英国的第一个出版商为宣传宗教内容的书籍而印制的，于 1473 年印成并广泛张贴于伦敦街头。这张广告比北宋的刘家针铺广告晚三四百年。

图 1-3　中国古代广告——印刷广告

1.3.1.2　我国近代广告

这一时期是指鸦片战争以后到中华人民共和国成立以前。我们主要从广告媒体发展、广告的研究和管理这两方面来看我国近代广告。

(1)我国近代广告媒体发展

我国近代广告媒体主要以报纸和杂志为主，它取代了古代广告而发挥着主要传播作用。第一批近代中文报纸是在鸦片战争前后由外国传教士传办的教会报纸。外国人相继在我国沿海城市及内地主要城市创办了上百种报纸，其中，影响较大的有《中外新闻》、《万国公报》、《新闻报》、《上海新报》等，主要刊登货物、市场行情和船期等广告，目的是为了沟通中外市场行情，推销外货。

我国新兴资产阶级也不甘示弱，为了与外国资本争夺市场，我国民族工商业也拿起了广告“武器”，积极创办报纸，如1858年创办于香港的《中外新报》是第一份中国人主办的，现代报纸《昭文新报》(1873年创办)、《汇报》(1874年创办)、《循环日报》(1874年创办，是近代中国出版时间最长、影响最大的报纸)等，刊登国货广告，与外商展开“商战”，起到了较好的宣传国货的效果，从而在一定程度上刺激了广告的发展。

在辛亥革命前后，我国近代广告有了两个明显特点：其一，广告内容有了扩展，百货、纸烟、电影、医药、银行、书籍及个人通告充满报刊各版；其二，广告的牌面安排、编辑水平有所提高，不仅有文字说明，还有彩色画面进行图解，如1918年上海各家报纸头版都同时刊印出一个红色的大鸡蛋，由于没有任何文字说明，人们一时猜测纷纷，等到谜底揭开，才知道是福昌烟草公司新生产的“小囡”牌香烟，请大家一起吃庆祝小囡降生的“喜蛋”，不久“小囡”牌香烟便成了热门货，与英美烟草公司的产品在市场上抗衡。

随着报刊的分工，杂志开始走上独立发展之路，这其中杂志广告为刊物提供了独立于发展的经费。《生活周刊》、《东方杂志》、《妇女杂志》等在读者中影响较大，它们都刊登较大篇幅的广告。

1923年1月23日，美国人奥斯邦在上海与《大陆报》报馆合作创办了我国境内第一座广播电台，在节目中插播的广告是中国最早的广播广告。1926年，由中国人创办的第一座广播电台——哈尔滨广播电台开始广播。抗战爆发的前十年里，中国的广播事业有了较大的发展。1927年3月，第一座中国人创办的民营电台——新新公司广播电台在上海开播。截至1937年6月，全国有民营广播电台55座，仅上海就有44座，多数是商业台。除了广播广告外，路牌广告、橱窗广告、霓虹灯广告、车身广告、小册子广告、样品广告等广告形式陆续诞生。

(2)广告的研究和管理

进入20世纪后，我国广告业有了新的发展，中国广告代理和有关组织(广告社和广告公司)也出现了，1913年我国民族资本家接办的《申报》，设立了广告推广科，内分广告外勤组和广告设计组。1918年北京大学新闻系开设了“广告学”专业课程，这是广告学第一次进入我国高等学府，标志着我国广告学作为一门学科的诞生。1919年万国函授学堂上海办事处与我国广告界人士联合发起组织过“中国广告公会”，它是我国广告史上最早与世界广告协会有联系的唯一全国性广告机构。随后1927年，在上海，罗维广告社和耀南广告社发起的由六家广告社组织成立的“中华广告公会”是中国最早的广告同业组织机构。

1.3.1.3 我国现代广告

新中国成立后，由于众所周知的原因，我国广告业的发展经历了一段曲折路程。在20世纪50年代中期，我国各大城市纷纷办起广告公司，广告业务发展较快，到了“文化大革命”时期广告被视为异物，遭到空前的毁灭。直到党的十一届三中全会后，我国广告业才得以复苏，并迅速进入一个新的发展时期。

(1)改革开放以前的广告

1949年，中华人民共和国成立了。新中国成立以后，人民政府对广告业进行了整顿，广告业得到了一定程度的恢复和发展。但是到了1953年，中国开始实行计划经济，计划经济在社会经济中的比重越来越大，企业的产品销路有了保证，供求关系稳定，无需再大量做广告，广告需求锐减。1958年开始的“大跃进”，使商业流通成为独家经营，市场缺少竞争，很少企业做广告。到1966年“文革”，又使广告业遭受空前的破坏。广告被说成是资本主义腐朽和浪费的表现，广告因而退出了当时的经济活动。

(2)改革开放以后的广告

①1979—1982年中国现代广告业的恢复期。1978年12月，党中央召开了十一届三中全会，提出了“对外开放和对内搞活经济”的政策，大力发展社会主义商品经济，广告也随之恢复。1979年被称为中国广告“元年”。

1月4日，《天津日报》刊登天津牙膏厂广告；

1月28日，上海电视台播出了我国第一条电视广告——“参桂补酒”；

3月15日，上海电视台播出我国第一条外商电视广告——“瑞士雷达表”；

8月，北京广告公司成立；

11月，中宣部下发文件：《关于报刊、广播、电视刊登和播放外国商品广告的通知》；

1980年1月1日，中央人民广播电台播出建台以来第一条商业广告；

从此中国广告业开始迅速发展。

②1983—1994年是中国广告业的发展期。在恢复和发展期中国广告业的发展的最基本特征是低起点、高速度的发展势态，形成了数量众多而力量分散的广告公司，而媒体在整个广告产业结构中处于核心和强势地位。20世纪80年代，中国广告业每年以40%～50%的速度增长。1979年，我国广告营业额仅为1 500万元，而1992年就达到68亿元人民币。1993年，广告营业额首次突破100亿元大关，达到134亿元人民币，比1992年增加了98%。同时，这一时期也加快了对于广告的管理及研究。1993年，政府有关部门印发了《关于加快广告业发展的规划纲要》，进一步明确了中国广告业在经济社会发展中的重要地位。1994年

《广告法》正式颁布，中国广告法律体系初步形成。

从企业的角度看，中国广告业在这一时期是“黄金时期”。只要做广告就一定有钱赚，“大媒体、大投入、大产出”是广告主的主要思路。广告价格上涨，大制作、高密度投放的地毯式轰炸盛行，这一时期的广告基本上是有效的，也造就了一大批明星企业的成长，如娃哈哈、健力宝、恒源祥、美加净等。

③1995—2001年是中国广告业的多元发展期。广告业的发展也从“低起点、高速度”向平稳发展过渡，广告公司的力量开始集中，强势媒体的地位也开始弱化。20世纪90年代的后半期，广告业的增长速度随经济增长速度的放缓而趋于缓和，广告营业额占国民生产总值的比例已经从1983年的0.04%提高到1994年的0.457%，逐步接近0.75%～0.8%的平衡点。广告营业额的增长速度开始从发展期的40%～50%的高速度降到20%～30%，到1998年、1999年，已经降到16.4%～15.7%，广告业开始进入相对平稳的发展时期。

步入平稳期，广告公司的数量增长开始明显放缓，大型广告公司开始出现，广告公司之间的联合趋势也初露端倪，市场集中的指数在平稳上升。1997年，中国前8名广告公司的营业额占全国广告公司营业额的26.05%。一些大型的外国广告公司已经进入中国市场，跨国广告公司通过整合媒介资源正在谋求广告市场的主导权。到1994年，外资广告公司已经达到300家，国际知名的广告公司，如奥美、智威汤逊、李奥贝纳、DDB等已经不同程度地进入中国市场。媒介市场竞争的加剧造成了强势媒介的弱势化趋势。

从企业的方面看，花足够的钱做广告也未必有钱赚(1995年至今)，策划、创意、策略、品牌成为这一时期企业市场竞争的法宝。广告主开始理性地进行广告的投放，更注重品牌的经营，一批民族品牌开始走向国际市场，如海尔、春兰、青岛啤酒、李宁等。

(3)2002年至今是中国广告业的持续稳定发展阶段

在这一时期我国广告业的特点主要表现为：

第一，广告创意及制作等更加突出中国传统元素，广告设计不再盲目西化而是逐步转变为考虑消费者所在地的文化背景和价值取向。

第二，随着科技的进步，网络等新兴媒体的迅猛发展，中国广告业依靠科技创新、媒体创新、经营创新，开始探索可持续发展的经营模式。

第三，广告业更加重视公益事业，公益公告有了长足的发展，涌现了一批主题鲜明、内涵丰富的公益广告作品。这些公益广告提高了公民的思想道德以及丰富了社会文化。

第四，广告管理越来越正规及科学化。

1.3.2 国外广告的产生和发展

1.3.2.1 国外古代广告

在国外，广告的历史同样源远流长。早在公元前 3000—2000 年，古代巴比伦已经有了楔形文字，并能用苇子、骨头、木棍等物在潮湿的黏土版上刻文字，然后晒干成为瓦片保存起来，其中记载着国王修筑神殿、战胜碑以及国王的丰功伟绩等。与此同时，另一个文明古国埃及已经出现了文字广告，历史研究证明，世界上最早的文字广告，是现存于英国博物馆中写在沙草纸上的，埃及尼罗河畔的古城底比斯的文物——公元前 1550—1080 年的遗物，距今已有 3 000 年的历史。文物记载了一名奴隶主悬赏缉拿逃跑的奴隶的广告，同时奴隶主也为自己做了广告。内容如下："奴仆谢姆从织布店主人处逃走，坦诚善良的市民们，请协助按布告所说的将其带回。他身高 5 英尺 2 寸，面红目褐，有告知其下落者，奉送金环一只；将其带回店者，愿奉送金环一副。——能按您的愿望织出最好布料的织布师哈布。"这则广告是手抄的"广告传单"。古埃及也专门雇叫卖的人在码头叫喊商船到岸的时间。船主还雇人穿上前后都写有商船到岸时间和船内装载货物名称的背心，让他们在街上来回走动。此时，广告形式已趋多样化，广告已有叫卖、陈列、音响、诗歌和招牌等多种形式。在内容上既有推销商品的广告，也有文艺演出、寻人启事等社会服务广告，甚至还有政治竞选广告。

1.3.2.2 国外近代广告

中国人发明了纸，1276 年欧洲人创办了第一家造纸厂，15 世纪 40 年代，德国人约翰内斯·谷登堡发明了活字印刷术。这几项重大发明促成了近代广告的诞生。1472 年，第一条英文广告出现：贴在伦敦一家教堂门上的传单，广告向周围的居民宣传出售一种福音书。尽管如此，200 年以后，才出现第一条报纸广告，那条广告悬赏找回 12 匹被盗的马。此后不久，报纸便开始刊登咖啡广告、巧克力广告、茶叶广告、房地产广告、医药广告，甚至"私人"广告。不过，早期的这些广告针对的受众人数极其有限，只是那些到咖啡馆里读报纸喝咖啡的顾客。到 18 世纪早期，世界人口已增长到接近 6 亿，一些大城市的人口数量已足以承载大量的广告，事实上，正是广告量的增加导致了广告战略的改变。英国著名文学家塞缪·约翰逊(Samuel Johnson)于 1755 年观察到，广告已多如牛毛，少有被人"仔细阅读"的。因此，广告若想引人注目，就必须要有"庄严的承诺"，这便是广告夸大的开始。

对美国人而言，把广告当作一门职业始于 1841 年沃尔尼·B·帕尔默

(Volne B. Palmer)在费城开办广告代理公司的举动。他与报纸签约以折扣价批量购买广告版面，然后再以稍高的价格将版面零售给广告主。当时，广告主一般都自己准备广告。1869年，弗兰西斯·艾耶(Francis Ayer)在费城创办了美国现存历史最久的广告代理公司，以其父亲的名字命名。N·W·艾耶父子公司是第一家按"版面纯成本"收取代理费的广告公司，也是第一家进行正规市场调查的广告公司。1890年，艾耶成为第一家按当今广告公司体系进行运作的公司，集策划、创意与实施于一身，收取媒介返回的代理费或广告主支付的酬金。1892年，艾耶成立了文案部并聘请了第一位专职文案人员。在报纸、杂志广告发展迅速的同时，运用其他宣传手段的广告也屡见不鲜。1853年，在摄影技术发明不到几年的时间里，纽约的《每日论坛报》第一次采用照片为一家帽子店做广告，从此摄影图片成了广告的重要表现手段。美国第一家最大规模的服装店的创始人约翰·瓦纳把100英尺长的大招牌悬挂在宾夕法尼亚州到费城的铁路线上，并采用气球、宣传车和实物馈赠的方式作为广告的手段。1891年，可口可乐公司在投产5年后就开始用挂历做广告，这是世界上最早的挂历广告。可口可乐广告挂历自从进入人们的生活开始，就成为人们生活中不可缺少的物件，这个传统一直延续了100多年。

从19世纪末，西方已开始对广告理论和广告管理的研究。1874年，H. Sampson写作《广告的历史》一书；1898年，美国的E·S·路易斯提出AIDA法则，认为一个广告要取得预期的效果，必须能够达到引起注意(attention)、产生兴趣(interest)、引起欲望(desire)和促成行动(action)的效果。后来有人对AIDA法则加以补充，增加了可信(conviction)、记忆(memory)和满意(satisfaction)这几项内容。1900年，美国学者略洛·盖尔在多年的调查研究的基础上写成了《广告心理学》；1903年，美国西北大学校长、心理学家瓦尔特·狄尔·斯柯特写成了《广告学原理》一书，这些都为广告学的建立奠定了基础。可见，广告已经逐渐成为一门学科。美国的广告管理在这里也得到加强。在1911年，制定了著名的《普令泰因克广告法草案》，它被认为是美国最早的广告法案；1914年，美国成立了商业改进局(BBB)，负责监督商业包括广告的经营；作为美国广告联合会前身的美国联合广告俱乐部，提出要为广告的真实性和道德性而斗争，提出了"广告就是事实"的口号，并针对虚假广告制定了广告道德法规。

1.3.2.3 国外现代广告

1920年以来，世界广告业进入划时代的发展阶段，1920年前后，广播诞生，很快成为当时最新的广告媒体，美国也是世界上最早开办广播广告的国家，1926

年美国出现了全国性的广播网以后，广播广告便盛极一时。1936 年电视的产生，又为以后的广告业的发展准备了物质条件。20 世纪 50 年代以后美国首创彩色电视，使电视广告成为影响面最大的广告手段，从而突破了印刷媒介一统天下的格局。随着广播、电视、电影、录像、卫星通信、电子计算机等电信设备的发明创造以及光导纤维技术的运用，广告传播实现了现代化。

在这一时期，广告创意策略及方法有了较大的发展。从 20 世纪 40 年代至今，广告创意策略理论不断地发展及演变，从而形成了丰富多彩、各具特色的理论流派。依据理论提出的时间顺序，广告创意策略经典理论主要包括 20 世纪 40 年代李奥·贝纳的固有刺激法、20 世纪 50 年代罗素·瑞夫斯的 USP 理论、20 世纪 60 年代大为·奥格威的品牌形象法、20 世纪 70 年代威廉·伯恩巴克的 ROI 理论、艾尔·里斯和杰克·特劳特的定位法、共鸣理论。这些理论在当时经济环境、时代背景中对广告创意起着指导性的作用。广告的各种行业性的组织纷纷成立，大多属于俱乐部性质。1938 年国际广告协会创立并开展国际合作活动，举办各种会议和展览，培训广告人员，广告业已成为一个重要的行业。

思考题

1. 广告一词的演变过程是什么？
2. 广告与公共关系及新闻的主要区别有哪些？
3. 广告的营销功能主要体现在哪些方面？
4. 中国古代广告的特点是什么？
5. 现代广告的发展特点有哪些？
6. 请阐述下列含义：广告；广告战役；形象广告；观念广告。

第 2 章　广告战略的基础作业

◈ **学习目标**

◈ 通过本章的学习，了解消费者的购买决策过程、什么是感知过滤、市场调查与广告调研的关系，理解注意是消费者接受广告认知过程的开端、营销组合的各要素与广告之间的关系，掌握提高消费者对广告的注意及记忆的手段、怎样应用广告巩固或改变消费者对某产品的态度、广告调研的内容。

◈ **学习重点**

◈ 掌握提高消费者对广告的注意及记忆的手段、广告调研的内容。

◈ **学习难点**

◈ 怎样应用广告巩固或改变消费者对某产品的态度。

2.1　广告战略的基础——广告与消费心理

为了保持个体和群体市场对自己产品的兴趣，广告主花费了大量的资金通过媒体传播信息，让消费者对其所宣传的产品加强了解、认知、喜好、引起购买欲望直至产生购买动机。但是，不是做了广告，消费者就会购买。如果要想成功，广告主首先必须了解自己潜在消费者是怎样进行购买决策过程的，其次必须了解广告在其过程中起到哪些影响，即怎样有效地与消费者沟通、刺激消费者购买欲望、引导消费者购买行为。

2.1.1　消费者的购买决策过程

2.1.1.1　消费者购买决策模型

社会学家提出了许多有关消费行为的理论来解释消费者的购买决策过程。当媒介将某一广告信息传递给消费者时，消费者的大脑便快速运转，做出判断，我们称这一过程为消费者决策过程。消费者购买决策过程包括个人过程、人际影响与非人际影响、购买决策、购后评估。广告主应该了解每一个阶段中的消费者的行为以及广告怎样到达潜在消费者，并影响他们的购买行为。这样就可以针对目标市场设计行之有效的营销方案。

消费者购买决策过程是当媒介将某一广告信息传递给消费者时，消费者的大脑快速运转、做出判断的过程，如图 2-1 所示。

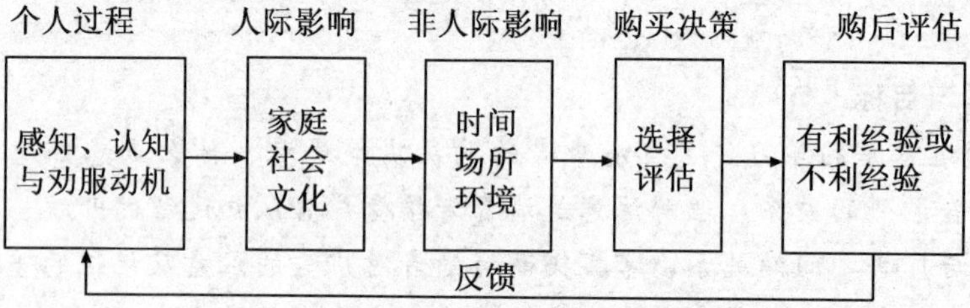

图 2-1　消费者的决策过程概念模型

第一，个人行为过程中的感知、认知和劝服过程以及动机过程引导着消费者处理原始信息(刺激)并将此转化为感觉、思想、信念和行动。

第二，消费者的思维和行为均受两组因素的影响：人际影响和非人际影响。人际影响包括家庭生命周期、社会和文化影响；非人际影响往往不以消费者的意志为转移，包括时间、场所和环境影响，这些因素又会进一步影响到个人的感知、认知和动机过程。

第三，经过这些过程和影响之后，消费者面临着全过程中最为关键的决策——买还是不买。但迈出这最后一步往往还需要另一个环节，即选择评估，在这个环节里，我们要选择商品的品牌、大小、风格、质量等。经过比较，如果消费者仍旧决定购买，那么，购后评估将极大地影响消费者未来的所有购买活动。和营销传播过程一样，购买决策过程也是循环往复的，广告主掌握了这个过程，就可以使自己的信息更好地到达消费者。

2.1.1.2　广告对消费行为的作用

一般来说，消费行为是从形成需要开始的，而需要的形成是对生理上和心理上的某种缺乏的意识或认知。通常未被认识到的需要，称为潜在需要。它为消费活动提供了前提条件，但并不构成消费活动的动力，只有当它被意识到时，才可能激发起消费活动的动机。在现实的购买活动中，许多购买者事先也不一定有明确的购买意图和目标，却把东西买下来了。对某一大型超市的调查结果显示，在被调查的购买者中，大多数的人事先只有朦胧的购买欲望，只有少部分买主才是在有明确购买计划下进行的。由此可见，如此众多具有潜在需要的消费者等待着诱发他们的购买愿望。广告成为一种诱因是显而易见的。

对消费者购买决策过程的探讨，可以客观地揭示广告在消费行为过程中可能发挥的积极作用：

①广告能使产品信息在其他的、众多的信息中脱颖而出，首先被感知到。

②能唤起消费者潜在需要、产生购买愿望，进而激发其购买动机。

③让消费者快速、准确地接受和记住特定的商品信息（包括产品特点及品牌）。

④广告塑造了商品与人的心理和文化之间的精神联系，使人在使用商品时，能感受到归属于某一社会阶层。

2.1.2 广告与感觉和知觉

2.1.2.1 感知

消费者对某一广告或产品的认识都是从感知开始，广告人的首要任务是创造产品的感知（感觉和知觉）。

感觉是什么？感觉是感觉器官对事物或现象的个别属性反映的心理现象。人一生下来，就要用眼睛看事物，用耳朵听声音，用鼻子闻气味，用舌头尝尝味道，用手摸软硬等。感觉是消费者认识商品的起点，是整个心理过程的基础。在广告策划设计时应当注意到感觉的重要性，使广告作品中的某一点刺激增强，以使商品信息最大、最快地为消费者所接受。例如，食品罐头包装上附加鲜亮色彩的标志，某蛋糕店的宣传册上赋予一种人造草莓香味，均可算作广告刺激。这些物品从本质上讲都是物质的，可以刺激我们的感觉器官，虽然强度不同，却可以测定。

感觉对商品的个别属性进行直接的反映，然而在现实中，商品的各个属性并不能脱离具体物体而独立存在。大脑在经过对来自各器官所获得的信息进行加工之后，才形成知觉。知觉是选择、组织和解释感觉刺激，使之成为一个由多个感觉形成的有意义的和连贯的现实印象。例如：我们选购一款手机时，其手机的通话效果、附加功能、手机的造型与颜色、手机价格、甚至是其代言人等都被我们认可时才会购买，一旦其中有某项变化，如该手机的造型变了，可能就不买了。

2.1.2.2 感知过滤

不是所有的信息都会被人所感知，任何信息在被感觉之前必须首先通过一系列过滤。感知过滤——人们下意识回避自己不需要的信息的过滤过程。过滤有两种类型：生理过滤和心理过滤。生理过滤由五种感觉组成：视觉、听觉、触觉、味觉和嗅觉。这五种感觉识别进入的信息、衡量物理刺激的范围和强度。例如：某食品宣传册上的文字广告，如广告文字字体小于普通人所能看清的程度，就不会有人去读那些文字了，感觉就会出差错；同样，如果某品牌的家具电视广告音乐与其信息不相称，观众就有可能调台换频道，甚至关掉电视。如果观众无法理解信息，广告主的信息就无法发挥作用，相应地，也就不会有感知产生，产品自然就卖不出去。人们不仅受自己感觉器官的限制，而且还受情感和兴趣的限制，即心理过滤。每个消费者都会根据自己的主观情感标准，用心理过滤来评估、过滤信息并使信息带上个人色彩。这些过滤层基于人的先天因素(如个性、人类本能需要)和后天因素(如自我感觉、兴趣、态度、信念、以往经验和生活方式)来评估信息，帮助消费者归纳大量的复杂信息。感知过滤有助于我们接受或拒绝象征性的意义。

2.1.3 广告与注意和记忆

2.1.3.1 注意

引起注意是消费者接受广告认知过程的开端，注意是人的心理活动对一定对象的指向和集中。注意分有意识注意和无意识注意两种，消费者对广告的注意绝大多数是无意识注意。怎样提高消费者对广告的注意呢？

第一，在广告信息的内容上，我们可以使广告信息对目标受众更有用，广告宣传的信息支持了消费者的观点，广告内容可以带给消费者某种愉悦的情感体验。

第二，在广告信息的传播方式上，可以增加广告中刺激物的大小、强弱、颜色，刺激物的选用要使消费者有新奇感，最好让刺激物动起来。

2.1.3.2 记忆

在当今这个传播高度发展的社会，刺激无时无刻不在轰炸着消费者的感觉器官，信息塞满了消费者的头脑。要处理广告这类复杂、无聊的信息，消费者的大脑按重要性、价格、质量、特点或其他因素对头脑里的产品和其他资料排出顺序。很多消费者对一种品类的产品很难记忆下七个以上品牌名称——多半只能记住一两个。记忆是购买决策的先决条件，其深化了认识过程，把对产品的理性认识和感性认识联系在一起。但由于人的记忆有限，往往不愿接受与记忆中内容不符的信息。并且，人的记忆有感觉记忆、短时记忆和长时记忆之分，感觉记忆保持时间不足 1 秒而长时记忆可以是很多年。

记忆由三部分构成：识记、保持、重现。识记，就是通过感觉器官将外界信息留在脑子里；保持，是将识记下来的信息，短期或长期地留在脑子里，使其暂时不遗忘或者许久不遗忘；重现，包括两种情况，凡是识记过的事物，当其重新出现在自己面前时，有一种似曾相识的熟悉之感，甚至能明确地把它辨认出来，称作再认，凡是识记过的事物不在自己面前，仍能将它表现出来，则称之为再现。因此，重现就是指在人们需要时，能把已识记过的材料从大脑里重新分辨并提取出来的过程。我们根据记忆的识记、保持、重现这 3 个环节，采取以下广告策略提高消费者对广告的记忆程度。

第一，广告信息编码类型。

第二，广告内容要利用直观、形象的信息表达，增强消费者对事物整体印象的记忆。利用简短易懂、朗朗上口的词语高度概括广告内容，形成广告标题或口号，如某品牌咖啡广告语“滴滴香浓，意犹未尽”、钻石广告语“钻石恒久远，一颗永流传”。广告文案要有韵律，可以利用歌谣形式。

第三，增强消费者对广告信息的理解，使消费者对广告诉求内容不仅有理性认知更有情感体验。如：南方黑芝麻糊电视广告不仅传达“南方”这个品牌产芝麻糊，也给消费者带来了温馨、温暖的情感体验，久而久之，这种情感体验随着消费者看到这个品牌或是使用该产品时浮现，使消费者深化了对“南方”这一品牌的认识过程，把对产品的理性认识和感性认识联系在一起。

第四，利用广告信息的适度重复与变化重复——适度是说在时间上重复的频率、变化是说在内容上重复的原则。如：“羊、羊、羊——恒源祥”，这就是广告内容上的重复。

2.1.4　广告与态度

2.1.4.1　态度的定义

认知引发态度和兴趣。态度，指我们后天获得的对某一观念或事物的看法，是我们后天养成并抱定的积极评价、消极评价、感觉或行为倾向。

2.1.4.2　态度的构成

(1)认知成分

认知成分由个体对某个事物的各个属性的信念所构成。例如：关于“达芙妮”女鞋 D28 这个系列产品，我们可能会有这样的看法：淑女穿着、穿着舒适、纯皮、价格中档、是一家大公司生产的产品，等等。

(2)情感成分

情感成分是个体对某个事物的感情或情绪性反应。以“达芙妮”女鞋 D28 这个系列产品为例，一些消费者可能会有这样的情感：我喜欢达芙妮女鞋 D28 这个系列产品，因为感到温馨；或达芙妮女鞋 D28 这个系列产品是一个糟糕的产品等。消费者对一种产品的情感有时可能是对产品的各属性进行一番评价后的结果，也可能是在缺乏关于产品的认知信息或没有形成关于产品的信念条件下形成的一种模糊的、大概的感觉。例如：很多消费者对达芙妮有“我喜欢达芙妮女鞋 D28 这个系列产品，因为感到温馨”这样的感觉不是因为曾经穿过该产品，而是由于广告内容所含的感情迁移作用。

(3)行为成分

行为成分是个体对某事物或某项活动做出特定反应的倾向。同样以“达芙妮”女鞋 D28 这个系列产品为例，一些消费者可能会有这样的行为倾向：①我将购买或不购买“达芙妮”女鞋 D28 这个系列产品；②我将向朋友推荐该品牌，等等。需要指出的是，行为倾向是预测行为的重要手段，但行为倾向不一定会导致实际行为的发生，因为在行为倾向与实际行为之间还存在一些其他影响因素。

2.1.4.3　态度通过习惯影响消费行为

一旦消费者对某品牌产品形成了稳定的、积极的态度，接下来消费者就会通过习惯持续购买商品。态度和习惯是一枚硬币的两面：一面是精神，一面是行为。习惯，是后天养成的行为模式，几乎，甚至可以说全部是无意识的，是认知的自然延伸，消费者实际上是习惯的动物。绝大多数消费行为都是习惯性的，这有 3 个原因：安全、简单和本能。

第一，无论消费者通过什么途径做出购买抉择(通过有意路径或无意路径)，如果消费者发现产品、品牌和服务不错，消费者会觉得安全，习惯就会促使消费者重复购买。

第二，习惯就是简单。如果考虑其他选择，消费者就必须进行判断、比较，然后再做出决定，又难、又费时，有时还要冒点险。

第三，因为习惯让消费者觉得安全和便捷，消费者的日常生活均按习惯行事。想象一下，你每做一次购买决定都要重新考虑一次，这根本不可能，也不现实。消费者在生活中必然会运用习惯。

广告主的最终目标就是要创造品牌忠诚。品牌忠诚是重复购买习惯和持续广告巩固的直接结果，是消费者通过注意或行为而表现出来的有意或无意持续购买某一品牌的后果。之所以会发生这样的事，是因为消费者认为他们购买的这个品牌具备合理的产品特性、形象、质量或价格。

2.1.4.4　态度与广告策略

广告的目的在于说服消费者购买广告传播的产品或劳务，而这种说服要想达到目的，必须改变消费者的态度，使其对商品或劳务产生积极的态度。广告策划及表现必须与消费者的态度紧密相连。

①广告信息本身必须与消费者的潜在需求有关。

②选择有效信息源。广告的有效性与信息源的有效性密切相关，要着重考虑以下几个因素：

第一，传递者的权威性。它是指传递者在有关领域或问题上的学识、经验和资历。

第二，传递者的可靠性。它是指传递者在信息传递过程中能否做到公正、客观和不存私利与偏见。

第三，传递者外表的吸引力。它是指传递者是否具有一些引人喜欢的外部特征。

第四，对传递者的喜爱程度。它是指受众或消费者对传递者的正面或负面情感。

③选择有效诉求方式。诉求方式包括感性诉求和理性诉求以及两者之间的结合方式。在应用上要考虑产品和顾客的特点，有些产品适合采用理性诉求，例如：汽车、家具、房产；有些产品适合感性诉求，例如：香水、口红等化妆品，以及香烟、酒等能使消费者自我满足的产品。

④在广告主题的设置上，要保持前后的连贯性。很多广告主在做产品宣传时，产品的定位及广告的定位往往会跟着当时的潮流改变而改变，这就产生一个问题——消费者很难在短时间内改变自己对该产品原有的认知，反而使消费者对产品产生不安全感。

2.2　广告战略的确立要素

2.2.1　广告与产品要素

广告的最终目的是促进产品的销售，既有宣传企业形象、观念方面的内容，也有商品的无形体现。因此，除了要了解消费者在消费过程中的一般行为规律，还要进行产品的分析，包括产品的设计方法、分类方法、定位方法、品牌策略和包装方法，上述任何一点都会影响到产品的广告方法。

2.2.1.1 产品的含义

在营销发展史上，人们最初将产品理解为具有某种物质形状，能提供某种用途的物质实体，它仅仅指产品的实际效用。在这种观念的指导下，企业只注意产品品质、功能上的改进，从而忽略了消费者的其他需求。20 世纪 60 年代末以后，在第三次科技革命的推动下，随之而来的是市场上产品急剧增加，市场已经从卖方市场转变为买方市场。在日益激烈的市场竞争中，一些企业逐渐认识到：一方面在科学技术的快速发展以及企业生产管理水平提高的条件下，不同企业提供的同类产品在品质上越来越接近，导致消费者选购产品越来越难了；另一方面，随着社会经济的发展和人民收入水平的提高，顾客对产品的非功能性利益越来越重视，在很多情况下甚至超过了对功能性利益的关注。于是产品的含义扩大为"不仅指产品自身的有形物质实体，还包括一切能够满足消费者需求和利润的无形服务及其他因素，即凡是能够满足消费者需要的因素都属于产品范畴"。

由现代产品的含义提出来，产品是一个整体概念，产品不仅包括有形的物质实体，而且也包括无形的服务。具体地说，它由 3 个层次组成：

第一层次的产品是核心产品，是指产品能给顾客提供的基本效用和利益，也就是传统意义上的产品，如轿车能够提供给消费者的核心价值和效用是代步的工具，这也是广告宣传产品的出发点。

第二层次的产品是形式产品，是核心产品所展示的外部特征，主要包括款式、质量、品牌、包装等，在广告宣传上往往把核心产品的价值与外观、品牌等结合起来宣传。

第三层次的产品是延伸产品，是指顾客因购买产品所得到的全部附加服务与利益，如保证、咨询、送货、安装、维修以及心理上的满足等。由于产品同质化严重，主要在延伸产品方面寻找广告诉求重点。

在现代市场经济条件下，广告创作只有从以上三个层次全面地理解、运用产品的整体概念去探寻广告诉求重点以及创意点，企业才能在市场竞争中赢得优势。

2.2.1.2 产品分类与组合

(1)产品分类

企业对自己产品分类的方法在确定产品概念和营销组合的过程中起着重要的作用。有形产品的划分方法很多，依据其用途与目的而分为消费品和工业品两大类。消费品又可分为日用品、选购品、特殊品 3 类；工业品即为生产资料，是为满足生产者生产需要而生产的商品，又可分为零部件以及半制成品和部件、装备和附属设备、原材料及消耗品三大类。与有形产品不同，服务是一些无形的利益，能满足人们的某些需求和欲望，本质上是一时性的，一般来自对某项任务的完成。铁路、民航服务就具有临时性——根据时间和距离安排用途与价格，能提供运送人员和货物这类基本的好处，同时也能提供心理上的享受，想象一下乘坐动车组旅行可以享受到快速、便捷的服务。铁路、民航属于一种设备型服务，与之相反，广告公司的服务，与律师事务所或银行的服务一样，是一种人员型服务。

(2)产品组合

广告策划对于产品的分析研究，不仅要求把握产品类别，而且还要深入了解产品的系列及品种的组合。产品组合又叫产品搭配，是指一个企业提供给市场的全部产品的品种和系列组成情况及企业经营产品的组合方式。

产品组合即一个特定企业生产或经营的全部产品线、产品项目的组合方式。例如：柯达照相器材公司所有产品，包括照相机、摄影器材、冲洗药品等都是公司的产品组合。照相机系列产品是其中的一种产品系列，而柯达公司生产的柯达牌快速照相机又是相机系列产品中一个产品项目。柯达公司在一定时期内向市场推出的产品组合就是由关联性较强的相机、摄影器材，冲洗药品构成。在创作广告时，要根据该企业产品类别及组合之间的关系来寻找广告诉求重点，可能会达到事半功倍的效果。

2.2.1.3 产品的价值

通常一种产品具有多种属性，这些属性从不同的方面满足消费者的需要，它们构成了产品的特定价值。其包括产品的实体及使用价值、产品的主观价值、产品的社会价值等。

(1)产品的实体及使用价值，是满足人们某种需要的物品效用。可以从产品的品质、原材料、构成成分、结构、性能等，产品的生产管理方法、生产过程、生产条件、生产环境、生产历史，产品的外观、包装、品牌或产品的用途和方法等发掘产品的价值。

(2)产品的主观价值，是人们对产品的感受、联想或象征意义的挖掘，它不是商品中的物质实在性的存在，但它可能在人的心理中存在，它存在于商品与人的心理和文化之间的一种精神性联系中。

(3)产品的社会价值，是指产品的价值不仅仅局限于消费者的个体消费价值，而且在社会中扩散，以产品的媒介而反映出产品对社会关系的影响力。

广告的策划与创意要抓住产品的某种或某一系列的独特价值，并以此为诉求重点。例如：达芙妮女鞋的经典D28广告就以产品的主观价值入手寻找广告诉求重点，画面上所展示的是每一个女孩小时候都有一个梦想——当漂亮和美丽的公主，同时每一个女孩小时候都有偷穿妈妈鞋子的经历，这些情景展现在画面上，触动了女人的心，把受众因回忆往事而在心中产生的温馨感受及对美的感受迁移到了达芙妮女鞋上，出色地完成了产品主观价值的展现。

2.2.1.4 产品的生命周期

营销人员提出理论，认为正像人类要经历从婴儿到死亡的各个生命阶段一样，产品尤其是产品品种也会经历产品生命周期，产品在生命周期中的位置会影响到所采取的广告形式。产品生命周期分为四个阶段：引入期、成长期、成熟期、衰退期。

(1)引入期

当企业向市场上推出某种新产品时，没人了解这种产品。为了引导消费者，企业不得不刺激市场的初级需求，即消费者对整个产品品种的需求，而不是对某一特定产品的需求。

例如：手机刚进入市场时消费者还不了解手机对其有何利益，广告主不得不首先培育足够的消费需求，以便将产品拉入分销渠道，我们把这种做法称为拉式战略。广告传播则向广大消费者宣传这种新产品及其系列，解释什么叫手机，它如何工作，以及拥有一部手机的好处。针对零售市场的销售推广力量采用推式战略——鼓励经销商和批发商储备、展示和宣传这种新产品。

在产品引入期，任何新产品品种都会让企业付出高额代价：引导顾客、建立广泛的经销网络、刺激需求。在该阶段，广告主必须花费大量的广告费建立自己的市场领导地位，力争在成长期开始前就赢得较大的市场份额。

(2)成长期

当销量飞速上升时，产品进入成长期。这一时期的特点是市场快速扩大，越来越多的顾客受大众广告和品牌的影响，竞争对手出现。但早已确立了领导地位的企业仍是最大的获利者。此时，按销售总额百分比计算，广告费支出所占比例会有所下降，企业首先实现大量利润。

(3)成熟期

进入成熟期，由于竞争产品的增加和新顾客人数的萎缩，市场逐渐饱和，企业销售趋于稳定，竞争进入白热化，利润减少。在此阶段，企业纷纷加强自己的促销力量，但着重向顾客突出选择性需求，强调自己品牌的微弱优势，销量的增长是以牺牲竞争对手为代价的。在这个淘汰过程中，市场细分战略、产品定位战略和价格促销战略都变得更为重要，广告在此时的作用变得更为单纯(提醒消费者购买、保持购买习惯及与其他同类产品比较)。

(4)衰退期

最后，由于过时、技术革新或新的消费需求的出现，产品进入衰退期。这时企业可能停止所有促销活动，迅速停止产品的生产，如卡带式录音机和密文唱片；或仅用少量的广告维持，让产品逐步自行消亡，大多数品牌就是这么做的。

2.2.1.5 产品定位

广告人员在掌握了产品所处的生命周期及其分类以后，便可以着手制定产品定位。产品定位战略的基本目的是在潜在消费者的心目中形成某个概念，例如：沃尔沃是“安全”、奔驰是“豪华”。并且，这一概念能满足受众的需求。

(1)产品定位与市场定位的区别；产品定位与广告定位的区别

在当前市场中，有很多的人对产品定位与市场定位不加区别，认为两者是同一个概念，其实两者是有一定区别的。具体说来，目标市场定位(简称市场定位)，是指企业对目标消费者或目标消费者市场的选择；而产品定位，是指企业对用什么样的产品来满足目标消费者或目标消费市场的需求。从理论上讲，应该先进行市场定位，然后才进行产品定位。产品定位是对目标市场的选择与企业产品结合的过程，也就是将市场定位企业化、产品化的工作。

产品定位与广告定位同样是两个不同的概念。广告定位是产品定位在广告中的体现，广告定位策划的任务，就是要解决在广告中给产品确定一个什么地位、突出一个什么形象、创造消费者对产品的何种特有印象等问题。广告定位离不开产品定位，在广告策划中广告定位要有利于进一步巩固产品定位。

(2)产品定位的策略

产品的定位有多种不同策略，通常根据它们所提供的利益的不同、它们针对的特定市场区隔或它们的分类方式进行排列。

第一，功能定位。功能定位就是通过对自己产品各种功能的表现、强调，给顾客提供比竞争对手更多的收益和满足，借此使顾客对产品留下印象，实现产品某类功能的定位。深圳的太太药业集团是保健品市场的后来者，该公司推出的太太口服液的功能定位，曾有过好几次的调整。起初该公司的产品诉求以治黄褐斑为重点，所谓“三个女人，一个黄”，但这个定位相对于女性保健需要而言，明显过窄了，产品知名度在提高，但市场扩大则受到了限制。20世纪90年代中期，公司决定用“祛斑、养颜、活血、滋阴”等作为产品的多种诉求，但这样就与众多的其他保健品没有了多大的区别，失去了特色。1996年以后，该公司重点强调产品含有F. L. A，能够调理内分泌，令肌肤重现真正天然美的纯中药制品等，并请出著名女影星陈冲做广告，“发自内在的魅力……挡也挡不住!”终于成功地实现了重点功能定位。

第二，品质定位。品质定位，即在广告中突出商品良好的具体品质对产品进行定位。通过消费者对产品良好品质的认同来增进购买欲望。如特仑苏牛奶广告词"自然之水，天养牧草，天地精华，成就3.3克优质乳蛋白——不是所有牛奶都叫特仑苏"。但是，这种定位容易被同行模仿，为他人做嫁衣。

第三，价格定位。价格定位就是依据产品的价格特征，把产品价格确定在某一区域，在顾客心中建立一种价格类别的形象，通过顾客对价格所留下的深刻印象，使产品在顾客的心目中占据一个较显著的位置，包括高价定位、中价定位、低价定位、固定价格定位(一种不折、不扣、不减价、明码实价的定位法，可以消除顾客对价格的不信任感受)。例如：大宝SOD蜜的电视广告是属于低价定位策略，其宣传广告主题及表现与产品定位一致，而且大多数的中低档化妆品不选电视媒体作为宣传手段，所以大宝SOD蜜的电视广告吸引了目标消费者的注意力。

第四，分类定位法。分类定位法是非常普遍的一种定位法。产品的生产并不是要和某一事实上竞争者竞争，而是要和同类产品互相竞争。当产品在市场上是属于新产品时，此法特别有效，不论是开发新市场，或为既有产品进行市场深耕。

2.2.1.6 品牌

(1)品牌的含义

在理论界对品牌没有统一的概念，但是，我们可以这样认为，品牌(Brand)是品质优异的核心体现，可以是一种识别标志、一种精神象征或者一种价值理念。一个优秀的品牌必须是一直发展的，在培育和创造品牌的过程中必须不断地创新，这样才能保证在激烈的市场竞争中立于不败之地，继而发展、巩固原有品牌资产，多层次、多角度、多领域地参与竞争。

(2)产品品牌的确立

确立产品品牌是一件很难的事情。企业首先决定给产品确定一定的品牌名称，之后就要决定是使用自己的品牌即制造商品牌，还是由中间商规定品牌即中间商品牌，或兼而有之。再进一步，决策如何使用品牌名称。

第一，采用独立品牌名称，生产厂家可以为自己生产的每一种产品确定一个名称。这类企业的每种产品一般各瞄准一块特定的目标市场。为每种品牌设计不同的个性和形象，但这种经营战略费用昂贵。例如：宝洁公司的洗发香波有去头屑的海飞丝、营养的潘婷、专业染烫的沙宣、柔顺的飘柔等品牌。

第二，采用家族品牌，在同一名称下推销不同产品。中国海尔集团生产的冰箱、空调、电脑、洗衣机、电视机等各种产品，都是以"海尔"作为品牌名称。但这种情况下，如果其中有一种产品不好，便会殃及所有同系列的其他产品。

第三，分类品牌名称及对不同的类别的产品，分别使用几个品牌来标示各类别内不同的产品项目。

第四，制造商品牌和经销商品牌，对生产厂家而言，推销制造商品牌的费用极其高昂，因此，一些企业便采用经销商品牌战略，将产品生产出来之后卖给转销商(经销商和批发商)，由他们冠以自家的品牌。经销商品牌一般在大型连锁店中以较低价格出售，如家乐福、沃尔玛内就有很多私家品牌，一般以食品、日用品为主。

(3)品牌资产

任何品牌的广告和促销活动的终极目的都是创造更大的品牌资产。品牌资产是消费者、经销商、批发商，甚至竞争对手经过较长时期形成的对某一品牌的全部感受和看法。简而言之，品牌资产就是品牌的资本价值。这种价值是超越生产、商品以及有形资产以外的价值。艾克教授提出品牌资产由五大要素组成，即品牌知名度、品牌品质认知度、品牌联想度、品牌忠诚度和品牌其他专业资产。高品牌资产能在很大程度上为产品的卖主保驾护航：顾客忠诚、价格稳定、利润持久。一名忠实顾客所能带来的利润可能是一名流动顾客的9倍。

产品需要通过广告创立品牌知名度和品牌的联想，而品牌是广告传播的基础，广告的诉求重点是什么、怎样来表现这些内容、选择什么样的媒体等，都是为推出品牌、扩大品牌品质认知度、加强品牌联想度服务的。企业要在创牌过程中，借助广告等传播方式加强与消费者的信息交流，加大品牌的影响，使品牌资产增大，使企业经营越来越好。

2.2.2 广告与价格因素

产品价格与什么因素有关？广告与产品价格之间有什么关系？很多企业，尤其是小型企业，要求其广告人员提供有关定价战略的思路，这是因为营销组合中的价格要素极大地影响着消费者的品牌感知。

企业一般根据市场对产品的需求量、生产成本、销售成本、竞争状况和企业目标来确定价格。根据预期的产品概念，企业往往有几种价格方案可供选择。

2.2.2.1 产品价格与市场需求

产品的供需关系是产品价格的风向标，当产品供应量比较固定，而对此产品的欲望(需求量)却增加，价格一般会上升；如果供过于求，价格则趋于下降。广告在此时最大的作用是供需之间的媒介平台，沟通产需。一些营销研究人员提出，在宣传新型耐用产品时，广告可以与口传方式结合起来，使消费者了解产品属性和产品利益。一旦消费者认为产品价值与其价格相符，销售就可能实现。随着产品使用经验的增加和信息的传播，使用新产品常见的风险会逐渐消失，进而使消费者更乐意以更高的价格购买产品。

2.2.2.2 产品价格与生产及分销成本

商品价格中有一部分是生产成本和分销成本，如果这些成本增加，必然会转嫁给消费者，否则，企业便无法冲抵其日常费用。这时常用的一种广告战略是在广告中突出表现产品的材料的性能，使消费者感受到产品原材料的价值，乐于出较高的价格购买。

2.2.2.3 企业目标与战略

企业的目标及产品的生命周期也会影响到价格，在推出新产品时，企业先期往往定出较高的价格，以抵消新产品的开发费用和启动费用。但是，企业目标也可以将产品定位为针对广大目标市场的便利商品，在这种情况下，广告应该强调产品的实惠。产品进入成熟期以后，企业目标便倾向增加(至少保持)市场份额。为了实现这一目标，企业经常使用竞争性广告和促销活动，价格开始下降。

价格还取决于企业的营销战略，可以运用形象广告来支持较高价格。例如，高档化妆品及香水的价格是依靠广告为其营造的。

2.2.3 广告与分销(场所)因素

广告与分销及分销场所有密切的关系，在进行广告创作前首先要决定产品的分销(或场所)要素。像价格一样，分销手段也必须与品牌形象保持一致，人们绝不可能在家乐福里购买如“劳力士”那么贵的手表。企业一般采用两种基本分销方法：直接法和间接法。

生产企业直接将产品出售给终端用户和消费者，叫做直接分销，例如，雅芳采用厂家销售代表而非零售商的形式将产品直接出售给消费者。大部分保险公司也常常将产品或服务直接出售或分销给客户，不通过经销商或零售商。在这种情况下，广告费用全部由生产厂家自行承担。

间接法是指生产厂家不直接向终端用户或消费者出售其产品。一般来说，大多数企业通过由中间商网络组成的分销渠道出售自己的产品。中间商是活动在生产厂家与消费者或采购员之间的商行，进行贸易而非生产活动。中间商包括代理商、批发商、厂家代表、经纪人和分销商。分销渠道由所有参与产品流通过程并对产品享有权益的商行或个人组成。

间接分销渠道使产品得以便利而实惠地流向消费者。例如，家电公司与某地区的独家代理商签订合同，由其从厂家购买产品，转卖给当地的经销商，再由经销商转卖给消费者。很多工业公司通过销售代表或代理商将产品卖给原始设备制造商，供他们当作部件用于自己的生产，然后将他们的产品卖给消费者。

企业的广告取决于企业采取什么样的产品分销方式，我们所看到的很多广告是由经销商或零售商而非生产厂家来承担的，分销渠道中的各成员会在促销上大力支持自己所代表的生产厂家。

2.3　广告信息收集——广告调研

每年，企业都会将大量资金投入广告创作与促销活动中，广告主希望自己的消费者与潜在消费者能够注意到这些活动，并因此与之发生购买关系，希望借此达到提高销售额或是树立品牌形象的目的。但是，如果没有很好地了解谁是自己的顾客、他们都接触些什么媒介、他们想要什么以及喜欢什么这些问题之前，广告主投入的资金可能就见不到应有的效果。因此，广告主必须事先进行相关调查，分析可以给营销决策和广告决策提供有力的依据。没有这些信息，广告主就只好凭直觉和猜测行事，而在如今这个飞速变化、高度竞争的全球经济状态下，这无异于自取灭亡。

2.3.1　广告调研的含义与类型

2.3.1.1　广告调研的含义

市场调查，就是指运用科学的方法，有目的地、系统地搜集、记录、整理有关市场营销信息和资料，分析市场情况，了解市场的现状及其发展趋势，为市场预测和营销决策提供客观的、正确的资料。市场调查内容非常繁杂，基本包括市场环境调查、市场状况调查、销售可能性调查，对消费者及消费需求、企业产品、产品价格、影响销售的社会和自然因素、销售渠道等开展调查。

广告调研是广告运作中的市场调查，又称为广告调查。广告调研的基本任务是提供与广告有关的资讯以作为广告决策的依据。一般来说，广告调查的主要内容分为信息研究、媒介研究和效果测定三类。广告调研是市场调研内容的一部分，并且是市场调研的纵深化。广告调研有其自身的特点：如资料来源特殊、技术复杂、覆盖面广等。

2.3.1.2　广告调研的类型

①按照调研的地域范围划分，有国际广告调研、全国性广告调研、地区性广

告调研。

②按照调研在整体广告活动中的目的划分，分为广告战略调研、广告创意概念调研、广告事前调研和广告事后调研。

③按照调研的工作方式不同划分，又可分为访谈调研、问卷调研、电话调研、观察调研、回函反应调研、日记调研等。

2.3.1.3 怎样提高广告调研的质量

对于广告调研的认识，中国的企业家从无到有，现在已经没有人否认广告调研的重要性了。但是广告调研的报告内容往往同企业营销调研报告内容重复，企业家往往会说："这个结论我早知道了，这些报告对我没有多大启发意义。"企业家丧失了对广告调研的兴趣，从而觉得花钱做调研不值得，如何提高调研的质量呢？从以下三方面入手：

(1)调研目标要明确

这是看起来是再简单不过的广告调研原则了，但是做到却最难。首先，把广告调研目标明确，把目标细化并精简，与营销调研目标相区分。其次，广告调研应是企业的一种日常工作，每一次广告策划前到广告播出后都要做调研。应以平和的心态来对待它，使调研成为一种常态。

(2)设计广告调研时，应使其操作性强

"工欲善其事，必先利其器"这句话对广告调研也非常适用。广告调研有很多不可控的因素，什么样的人都能碰到，什么样的事情都可能碰到。每个人都有防备别人的心理，尤其是对陌生人的访问。无论是调研问卷，还是访谈大纲，都仅仅是广告调研的工具和手段，目的都是为了尽可能地从被调研者那里获取有价值的信息。但是，从别人那里获取有价值的信息并不是一件那么简单的事情，既需要真诚的态度，拉近与被调研者的关系，让别人接受你，还需要在调研工具的设计上有更细致的考虑，不能让被调研者产生被别人探究个人隐私的心理，从而导致调研信息的失真。所以，广告调研应与心理学、逻辑学、统计学、经济学等多种学科综合运用，才能获取系统、科学、可信的信息资料。

(3)提高广告调研人员的素质

调研人员的素质是保证调研质量的关键。广告调研是一项专业性很强的工作，需要具有一定的专业知识。因此，在广告调研启动前，一定要对调研人员进行专业知识的培训，如明确调研目标、掌握各种访谈技巧、熟练使用各种信息收集工具、调研中突发问题的处理方法等。调研负责人的选择很重要，他应该具有深厚的调研知识，同时具有很强的组织能力和质量控制能力，领导团队完成调研任务。

2.3.2　广告调研的内容

2.3.2.1　广告市场调查

广告市场调查是在广告创意前开展的，为编制广告计划(主要包括产品概念的设定、目标受众的选择、信息要素的选择)的依据，具体调查内容包括广告市场所在的社会环境调查、企业形象调查、消费者调查和产品调查。通过这些调查要总结出两方面内容：广告信息要素的选择和广告媒体的选择。

(1)社会环境调查

社会环境构成的因素很多，在广告调查中，具体应该着重于以下几方面的调查：政治和法律环境的调查；经济环境的调查；广告市场的经济环境调查，主要包括目标市场所在地的经济发展水平和市场容量；文化环境的调查，了解广告产品所处环境的文化特征、文化禁忌等，使广告及广告产品能够与社会文化相融合。

(2)广告主企业经营状况调查

对于广告主企业的调查主要有几点内容：企业历史，主要了解广告主企业的地位及社会声望；企业设施、技术水平及生产环节；经营状况及管理，但是，有一些问题不是做广告就能解决的。广告主企业形象的调查，主要是知名度和美誉度。

(3)消费者调查

任何新产品所面临的最大困难，无一例外是预算问题，任何一家企业都不可能有足够的资金同时有效地覆盖所有地理定义或人口定义上的市场。因此，广告主便经常调查哪个市场对产品销售最重要，然后瞄准最有可能获得广告优势的市场。营销人员必须弄清哪些顾客是这种产品的主要用户，然后仔细研究他们的人口统计特征、地理特征、消费心态以及购买行为。

(4)产品调查

产品调查是指对预定的广告产品的调查，以了解其是否适销、符合市场的要求和消费者购买该产品的习惯。产品调查具体包括产品本身及产品附属性的调查和产品竞争结构的调查。这些调研信息能帮助广告主为品牌制定出有效的定位战略，经过一段时间以后，广告可以逐渐形成或修正品牌的位置和形象，事实上，这正是广告最重要的战略利益之一。

2.3.2.2　广告媒体调查

为了制定媒介战略、选择媒介载体并评估其效果，广告主会进行媒介调查。

媒介调查是广告调查的一个分支，不少广告公司向市场调查企业购买调查资料，这些市场调查资料主要包括地理区域媒介或是不同媒介，如广播、电视、报纸等的到达率和效果评定。

2.3.2.3　创意概念调查

我们可以通过广告市场调查对消费者的态度实施定性调查，从中找出大量潜在的广告诉求。通过广告诉求进行广告创意进而制作几条试探性广告设计作品（粗稿），然后，投放于特定的测试目标消费者，观察他们的反应以求检测创意思路正确与否，确定哪些信息要素能使消费者最有感觉。

2.3.2.4　广告效果调查

广告效果调查分为事前调查和事后调查。

事前调查又称广告试查，是指广告在实施前对广告的目标对象进行小范围的抽样调查，了解消费者对该广告的反应，以此改进广告策划及广告表现，提高随后的广告效果。这种调查是广告发布前所开展的工作。

事后调查是指在广告之后的一段时间里，对于广告的目标对象所进行的较大规模和较广泛范围的调查，通过对广大消费者对该广告活动的反应，来测定广告效果的调查工作。其目的在于测定广告预期目标与广告实际效果的差距，反馈广告的受众信息，为修正广告策略和随后进一步开展广告工作奠定量化基础，以便广告主或广告公司的广告活动更好地促进企业目标的实现。

2.3.3　广告调研的步骤

2.3.3.1　问题界定

营销调查过程的第一步是分析形势和界定问题。许多大型企业设有专门的调查部门，但大多数小企业没有这样的调查部门，他们获得营销信息的方法往往不够全面，他们往往觉得问题界定这个步骤既费时又费力。不过，如果问题界定错了，调查再好，也是浪费精力。

2.3.3.2　制定方案

制定调研方案就是对调研活动的策划和设计，它包括制定具体的调研目的和要求：调研的地区或范围，调研的对象总体；具体调研对象的选取方法；调查资料信息的收集方法；调研内容提纲；调研工具或手段（如仪器或调查表等）；调研的组织领导、人员分工、工作进度、时间安排等；最终成果及检验标准；调查预算和资金使用安排等内容。

2.3.3.3　实施调研

这个阶段主要的任务是组织调查人员进行定性调查及定量调查。为了获得对市场、消费者或产品的总体印象，广告主一般会先从定性调查入手。这种方法既可以使调研人员了解被抽取的样本人口的观点，又可以了解问题本身。然后，他们可以运用实地调查或其他定量调查方法找出有关具体营销形势的确凿数据，老练的广告公司会在这两种方法之间保持平衡，知道如何避免它们各自的缺陷并将两者结合起来。

2.3.3.4　整理分析资料

调查活动结束后，要对收集获取的有关资料进行整理分析。整理的主要内容：编校，数据、资料的核实和校订，对广告调研所得的数据、资料加以校对，去掉不准确的、不符合实际情况的部分，分析及处理数据，对数据进行分析及处理、综合研究，弄清调查对象的情况，找出各因素的内在联系，得出合乎实际的结论。

2.3.3.5　撰写调研报告

广告调研的最后阶段。广告调研报告包括 4 个部分：①引言，简要说明调查动机、要点和所要解答的问题；②正文，包括调查方法、取样方法、关键图表和数据；③结论与建议，对调查目的和问题的解答和可行性建议；④附录，资料来源、使用的统计方法、附属图表、公式、附属资料及鸣谢等。

2.3.4　广告调研的方法

2.3.4.1　文献调查

广告调研信息分两种：初级信息与二级信息。初级信息是指直接从市场收集到的有关某一具体问题的信息，其问题是费用昂贵，所需时间较长；二级信息是指本公司或其他机构过去收集或公布的信息(既可以是内部的，也可以是外部的)，这种信息是现成的，比收集初级信息更快捷、更便宜，但这种信息通常不是为本次广告调研而专门收集的。

企业内部的信息，来自于企业的记录，如产品发货数字、公司收入、保修卡记录、广告费支出、销售费用、顾客反应以及与销售人员的会谈记录等都是非常有用的内部信息；企业外部的信息可以来自如《中国统计年鉴》、《中国人口年鉴》、《中国城市年鉴》等，可以获得有关人口分布、年龄结构、职业构成、收入状况等信息。

2.3.4.2 实际调查

(1)定性调查的基本方法

投射技术——人员一般会通过投射技术，让消费者在无拘无束中表达自己对问题或产品的真实感觉，而不是通过直截了当的提问来了解人们潜藏的或下意识的感觉、态度、兴趣、观念、需求和动机。投射技术最初是心理医生用于临床诊断的。后来，营销调查也借鉴了这种技术，但该技术要求调研员具备很丰富的经验。

深度访谈技术——该方法是一种无结构的、直接的、一对一的访问形式。在进行深度访谈时，设计周密而结构松散的问题有助于访问员挖掘受访对象更深层的感受。深度访谈有助于揭示个体的动机，但这种方法代价高昂、费时较长，所得的资料难以进行统计处理和定量分析，而且对访问员的要求很高。

小组讨论——是最常见的一种定性调查技术。公司邀请6名以上消费者作为目标市场的典型代表参加小组座谈，就产品、服务或营销状况等展开讨论，座谈会时间一般以一小时或稍长为宜，由一位经验丰富的主持人控制与会者的自由漫谈。与会者之间的相互影响会揭示每个人对产品的真实感受或行为。通常在单向玻璃墙后面还有另一批调查人员对小组讨论实况进行记录、观察或录像。

(2)定量调查的基本方法

①事前事后实验调查。这种方法最简易可行，它的观察对象只有一组，所选定的实验单位事先要对实验前正常情况进行记录、测量，事后再测量实验后的情况，事前事后情况两相比较，进行对比分析，了解实验变量的效果。

②有控制组的事后实验。这种实验法同时设立实验组和控制组，进行横向比较，这样就可以排除由于对比时间不同而可能出现的外来变量的影响。但应注意控制组和实验组之间要有可比性，就是说除实验因素外，其他因素应基本相同，否则实验效果不佳，会产生很大的误差。

③有控制组的事前事后实验调查。这种实验法综合上述两种实验法，同时设立实验组和控制组，既有横向比较，又有纵向比较。

2.3.4.3 抽样调查

对广告受众进行调查，较多采用的还是抽样调查的方法。一般来说，广告受众为数多，又比较分散，不可能去全员调查。采用抽样调查的方法，就是运用科学统计方法，从事物总体中抽取少量单位作为样本进行调查观察，然后根据样本来推算总体，并能够经过修正和处理，有效地控制抽样误差。对广告受众进行抽样调查，可以节约时间、人力和费用，并且能够得到比较满意的数据资料。

思考题

1. 广告调研与市场调查有什么区别？
2. 广告对消费行为的作用。
3. 怎样提高消费者对广告的注意？
4. 怎样提高消费者对广告的记忆程度？
5. 怎样应用广告巩固或改变消费者对某产品的态度？
6. 广告战略的确立要素都是什么？
7. 怎样提高广告调研的质量？
8. 广告调研可分哪些类型？
9. 广告调研的内容有哪些？

第 3 章　广告策划

◈ **学习目标**

◈ 了解什么是广告策划及广告目标；了解影响制定广告目标的因素；理解广告目标与营销目标的关系；理解广告主题的含义；掌握广告策划的程序及广告目标的类型；掌握广告主题的提炼过程；掌握几种基本的广告预算方法。

◈ **学习重点**

◈ 熟练掌握广告策划的程序及方法，能够为企业编制广告目标；熟练掌握广告预算的方法。

◈ **学习难点**

◈ 灵活应用广告主题的提炼过程。

3.1　广告策划的含义及程序

3.1.1　广告策划的含义

策划，一般是指对某一活动的运筹和规划，是动态的计划。日本策划家和田创认为："策划是通过实践活动获取更佳效果的智慧，它是一种智慧创造行为"；美国哈佛企业管理丛书编纂委员会认为："策划是一种程序。在本质上是一种运用脑力的理性行为。基本上所有的策划都是关于未来的事物，也就是说，策划是针对未来要发生的事情做当前的决策"。策划可以应用在很多职业上，根据职业需要可以分成游戏策划、营销策划、广告策划、节目策划、房地产策划等。

广告策划是把策划运用于广告活动中，就是在市场调查的基础上，根据广告主的营销计划和目标，对一定时期和一定范围内的广告活动的战略和策略进行系统的整体筹划。广告策划可有广义和狭义之分。广义的广告策划是指为规模较大的、持续时间较长的、系列的、为实现同一目标而进行的广告活动组合的整体策划。它勾勒和规定着广告活动的基本方向，是系统的具有战略决策性质的策划。狭义的广告策划既为一个或几个单一性的广告进行策划，也可以称为单向广告活动策划。

广告策划包括广告战略策划和广告计划两部分。广告战略策划是从营销策略发展来的，更接近创意工作的一个步骤，是关于广告如何运作的一种连贯性的构思。广告计划，在明确广告战略策划的基础上，对企业一定时期内广告活动的整体安排，营销目标、广告战略策划等要求制定，并用图表、文字等形式说明广告活动的全面规划和具体行动方案。

3.1.2 广告策划程序

3.1.2.1 广告战略策划确立

广告战略策划是从营销策略中来的，由营销思想转化而来，是关于广告如何运作的一个连贯的创意性构思，在广告策划真正开展之前，头脑中要回答以下几个问题：

①广告将要做什么，即广告目标是什么?

②广告针对谁展开、广告内容是什么以及广告何时何地发布?

③消费者对广告信息内容的反应将会如何?

④广告信息的风格或基调是什么?

⑤广告发布时采用哪种媒体更能突显广告信息内容，以及更便利、更友好地被目标受众所接受?

3.1.2.2 广告策划的程序

广告策划是一项科学活动，不能盲目进行，应按一定的方法和步骤进行。虽然每个具体广告策划的工作细节不同，但每个成功的广告策划的产生过程，都有基本的方法和步骤，都有一定的程序。就广告活动的一般规律而言，在对广告战略策划大体有了思路后，广告策划可以依次分为4个阶段，即调查分析阶段、决策计划阶段、执行实施阶段和评价总结阶段。而每一个阶段又可细分为不同的步骤。

(1)调查分析阶段

这一阶段主要是进行市场调查与分析，收集有关信息和资料，在此基础上进行广告战略分析，有针对性地制定出广告战略方针。

第一步，召开广告意图说明会。由广告主(企业)的广告部或形象宣传部及经

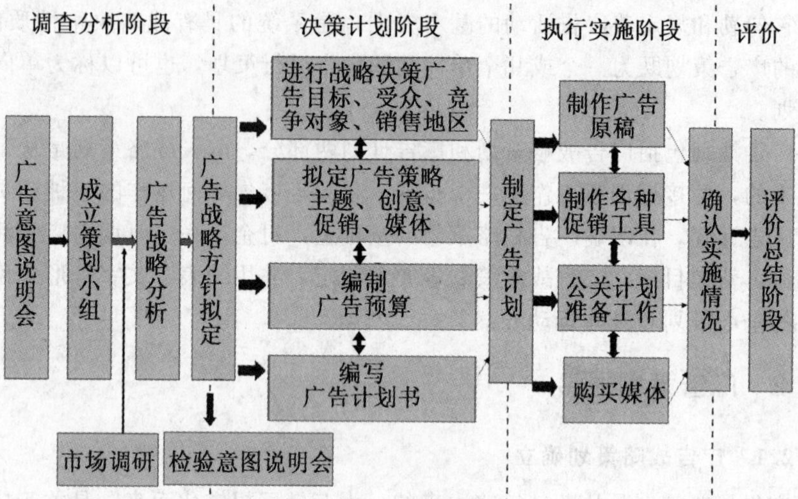

图 3-1 广告策划程序

营销售和广告公司的广告制作人员、市场研究分析员、媒体联络员、公共关系人员、心理学研究员等一同分析广告战略策划所涉及的问题，明确本次广告策划所要到达的目的。

第二步，成立策划小组。调查分析工作的开展由广告策划小组分工安排进行。策划小组应在调查工作开展前成立，具体负责某一特定的广告策划工作。小组成员一般包括业务经理、策划人员、文案创作员、美术设计指导、美术设计员、摄影员、市场研究分析员、市场调查人员、媒体联络员、公共关系人员、心理学研究员。

第三步，进行市场调查和研究。由专案策划小组针对广告环境、产品、消费者做细致真正的调查分析。

第四步，当以上调查结束后，必须对所得资料进行统计与分析，并写出市场调研报告，开展战略分析。

(2)决策计划阶段

这一阶段的主要内容是根据市场调研之后所得到的详细资料进行分析，拟定广告的战略方针及具体环节。

第一步，进行广告战略决策。着重解决以下 4 个方面的问题：

①制定广告目标。这是整个广告策划中最重要的部分。它确定了广告活动的基本方向和指导方针。对于如何制定广告目标，将在后面详细论述。

②确定商品的销售对象。任何一种商品，绝不可能适应所有人的需要，只能谋求适应其中一部分消费者的需要。

③确定在所有同类商品中，应以哪几种为竞争对象。市场同类商品多，绝不宜在初期便以所有同类商品为竞争对象，应分为几个层次，逐步挑战。当然，如果广告主有压倒性的优势，也未必不可。

④确定销售地区。在上述3点考虑确定以后，就应确定是准备进行全面性的促销或是区域性的促销、地域推广扩展的方式如何选择等。确定销售地区可以使广告计划编拟得更精确。

第二步，在明确了广告的战略任务后，接着便要制定实现这一战略任务的具体的广告策略，包括广告主题策划、广告创意策略、广告媒体策略。

第三步，编制广告预算。根据上述安排，详细编制一切广告费用。费用编排时，应力求精细，并要求做到表格化。同时广告费用总额需做到与广告主规定的预算总额大致相符，原则上以达到后者的95%为宜，余下的5%预算可列为临时所需调度之用。

第四步，编写广告计划。专案策划小组的案头研究工作至此已告完成。应将研讨的一切结论，由负责的策划人员编拟成完整的广告计划。

(3)执行实施阶段

这一阶段主要是执行并实施广告决策与计划。广告计划经批准后，即可进行广告的设计制作，制成广告作品，并对广告作品进行事前测定与评价，然后定稿并按计划发布。

第一步，制作广告原稿。

第二步，制作各种促销工具。

第三步，公关计划准备工作。

第四步，购买媒体。

(4)评价总结阶段

这一阶段主要是对广告发布后的传播效果和促销效果进行评估。

第一步，征集广告信息反馈，测定广告效果。

第二步，总结广告活动经验，写出总结报告。

3.1.2.3 广告计划书撰写

在广告策划中，广告目标一旦设定，就应拟定广告计划，撰写广告计划书。编制广告计划是为了给广告活动提供一个行动大纲，对复杂的广告活动的进程安排和行动予以协调。这是广告策划中必不可少的步骤，在广告活动中占有重要地位。它关系到企业整个广告活动的成败，同时也是测定和评价广告效果的重要依据。但是广告计划书撰写因为撰写者和个案的差异，并无固定要求。一般来说，完整的广告计划书主要包括标题、目录、正文、署名和日期四个部分。

(1)标题

标题是广告计划的名称，一般由两种因素构成。其一是内容因素。广告计划的标题应高度概括广告计划的内在，通常要说明某产品或某企业的广告计划。其二是文体因素。广告计划的标题还应说明其文体，通常要标明“计划书”、“策划书”等。如果是未定稿，还应标明“初稿”、“草案”。一般说来，广告计划的标题应该具体明确、规范准确、简明扼要。

(2)目录

目录指广告计划的内容简目。通常篇幅较长的广告计划，要在正文之前，标题之后附上目录。广告计划目录的作用有两个：一是便于说明内容，使读者在不用读完广告计划全文的情况下，根据目录对广告计划内容有一个大概的了解；另一个是便于查阅，使读者根据目录提示方便地检索感兴趣的部分。因而，广告计划的目录应该是说明广告计划各部分内容的小标题或提纲，是拟定计划提纲阶段的工作成果。

(3)正文

正文是广告计划的主要部分，一般由前言和内容两部分构成。

①广告战略策划概述：营销计划回顾；广告目标概述；广告战略概述；广告媒体概述；预算概述。

②形式分析：目标的营销形式；目标市场描述；营销目标；营销组合概述；广告在传播的预定角色。

③广告目标：主要或次要需求、直接或间接行为；广告目标的表述。

④广告创意策略：产品概念；目标受众的描述；广告信息(广告内容的描述、广告风格基调、制作要求)。

⑤媒体策略：媒体目标表达；媒体种类组合；媒体预算。

⑥广告预算。

⑦广告测定与评估。

(4)署名和日期

署名和日期是对广告计划拟定人和拟定时间的说明。署名有三种形式：一是署上计划部门名称，如××广告公司；二是署上法人代表名字，如×× 广告公司××经理；三是署上广告计划执笔人姓名。日期则是广告计划拟定的具体时间。

3.2 广告目标制定

3.2.1 广告目标的含义

3.2.1.1 广告目标定义

广告目标是广告活动所要达到的预期目的。作为广告规划的总体要求和广告策划中各项活动的中心，广告目标规定着广告活动的总任务，决定着广告活动的行动、发展方向。企业通过确立广告目标，对广告活动提出具体要求，来实现企业的营销目标。

3.2.1.2 广告目标与营销目标的关系

广告目标来源于营销目标，营销目标一般是企业市场活动所要达到的总体要求，它一般包括市场开拓目标、利润目标、销售增加率目标和市场占有率目标等。虽然，广告目标来源于营销目标，但是，不能完全将销售额作为广告目标。因为广告目标不是为营销目标服务的，广告目标应是广告作用的直接结果，是通过广告本身就可以实现的目标。广告是一种大众沟通，沟通的目的就是通过向消费者传递有关广告产品的特性、消费益处、品牌形象等信息，使其能够在产生购买行动前就对广告品牌形成一种良好的心理倾向，如对广告品牌的肯定认识、积极的情感反应、购买意向等。这些通过广告沟通所引起的对广告品牌的良好反应就是广告的沟通目标，也称作广告目标。但是，这种广告目标都有延迟效果，不是立竿见影的。如果销售额不能作为广告目标，那么，如何理解广告与销售额的关系呢？可以这样认为：销售额是广告的长远目标或最终目标，而广告的沟通目标是广告的近期目标或直接目标。

3.2.2 广告目标的类型

3.2.2.1 基于广告目标在市场营销不同阶段作用划分

这类广告目标是使用最多的，最普遍的广告目标形式。

(1)创牌广告目标

此类广告目标一般应用于新产品上市或新企业开展。广告目的在于提高消费者对新产品的知名度、理解度和品牌商标的记忆度。通过对产品的性能、特点、用途以及提供的新服务等的宣传介绍，使消费者产生初步的认识和需求，加深对产品及其品牌的印象。例如：在宝洁公司的舒肤佳香皂进入中国之前，力士香皂是市场上的领导品牌，力士香皂的广告诉求重点是“美容护肤”，这一产品定位以深入人心，舒肤佳香皂进入市场之初并不急于促进销售，而是在市场调查的基础上了解到健康是消费者最关心的，所以提出来“美容＋杀菌”的概念，为了劝导广告受众产生尝试舒肤佳香皂的想法，还获得了中华医学会的认可来提高在杀菌方面的形象，使消费者能够逐渐接受新产品，企业努力开拓新市场。

(2)保牌广告目标

保牌广告目标一般是当产品进入成长期及成熟期。广告目的在于巩固及增强消费者对广告产品的消费习惯和偏爱，确保已有的产品市场，并在此基础上进一步开发现潜在市场。一般采取广告主题相同、广告风格相近、广告表现形式不同的一系列广告，着重劝说和诱导消费者保持对产品已有的认识和形象，形成购买习惯。如麦当劳的广告歌“我就喜欢”。可口可乐、百事可乐公司在我国饮料市场上的系列广告宣传，即是这两家公司为实现保牌广告目标而采取的举措。

(3)竞争广告目标

竞争广告目标的目的在于提高广告产品的市场竞争能力。诉求重点在宣传本产品与其他产品的差异，突出本产品的优点，并努力转变消费者对竞争产品的偏好态度，促使广告受众转而购买和使用本企业的产品。如雕牌洗洁精的“无残留”主题广告，在雕牌洗洁精进入市场前消费者通过雕牌洗衣粉及肥皂已经非常熟悉这个品牌，当雕牌在推出洗洁精这个系列产品时，已有“不伤手”为广告定位的立白洗洁精和老牌的白猫洗洁精，因此雕牌把广告目标设立为突出宣传本产品与其他产品的差异，突出本产品的优点——“无残留”，创造了一个干净的容易判断的新标准，转变了消费者对立白或白猫等的使用偏好。

(4)形象广告目标

争取社会公众对本企业或产品的正确全面的了解，提高企业整体知名度和美誉度，树立良好的企业形象。诉求重点为企业整体形象的一切信息。

3.2.2.2 基于广告目标传播效果划分

(1)广告销售效果目标

广告销售效果目标是广告活动所要到达的促销指标，主要包括利润增长率、销售增长率、市场占有率等。但是，并不是所有的广告策划都适合制定销售效果目标的，只有能直接引起消费者行为反应的广告才适合制定销售效果目标。

(2)广告传播效果目标

广告传播效果目标是指广告活动所要达到的可测量的心理指标，主要包括广告受众对广告信息的收视率、阅读率、注意、记忆等内容。广告传播效果目标应该具体明确，要以数字和时间说明。例如：雕牌洗洁精“盘子会唱歌”。广告在确定广告效果目标时，在主要目标城市中，广告投放一个季度内，35岁以上的妇女对该品牌的认知度超过50%。

3.2.2.3　基于改变消费者行为的广告目标

当广告目标不能直接以最后销售制定时，可用消费者某种行为上的活动类型作为一种广告信息效果的测定标准。广告目标受众不一定是最终消费者，但广告的出发点和落脚点是最终消费者，可以根据改变消费者的行为状况来设定广告目标。第一步，根据顾客群体分析可以得到，所有的顾客可以分为三类：已有顾客群、购买其他品牌产品的顾客、不购买该产品的顾客。第二步，根据产品定位及广告定位制定广告主题，如：应用广告独特的诉求打动潜在消费者(潜在消费者从购买其他品牌产品的顾客或不购买该产品的顾客中挖掘)增加购买人群，增加消费者的品牌忠诚度，增加需求份额及消费频率。第三步，根据不同情况具体拟定广告目标。

3.2.3　影响广告目标制定的因素

3.2.3.1　企业经营战略目标

企业广告目标是企业营销目标的重要组成部分，而企业营销目标是企业经营战略目标的分支表现。

3.2.3.2　市场供求状况的变化

企业商品处于不同的供求状态下，广告目标必然不同。在商品供不应求的条件下进一步巩固企业和品牌形象就显得十分重要，此期的广告活动有可能带动企业的系列品牌销售，甚至是极好的连带促销良机。

3.2.3.3　商品所处生命周期的阶段

商品在市场上销售的过程，是商品的市场导入、成长、成熟和衰退的过程。商品在市场上处于不同的周期阶段时，所采取的广告目标必然有所不同。

3.2.3.4　市场状态

市场状态是指市场上的垄断与竞争态势。可以概括为4种模式：纯粹垄断市场状态、寡头垄断市场状态、垄断性竞争市场和纯粹竞争市场。

3.2.4　确定广告目标时应遵循的原则

广告目标是广告策划活动所要运用的方向和现实的目标，也是评定广告效果的标准。广告目标的确定是否得当，关系到广告计划的制定和实施，关系到广告效果的好坏，也直接影响到企业的经济效益。因此，广告目标的确定要遵循科学的原则，要注意以下 4 种。

3.2.4.1 广告目标要符合企业的营销目标

广告不是一项独立的活动，广告是企业营销活动中的一种促销手段，所以，广告目标必须在企业的整体营销计划指导下做出，但是，广告目标也不等于营销目标，不能把营销目标简单的套用在广告目标上，而且，广告目标要反映出整体营销计划中的考虑重点，如广告发挥影响的范围、时限、程度等，以便使广告活动配合整体营销活动。

3.2.4.2 广告目标要有协调性

广告活动是企业整体营销中的一个组成部分。为了配合企业的整体营销活动，在确定广告目标时，既要考虑到它与企业的其他促销手段的协调，又要考虑到与企业其他部门的活动相协调，以有利于实现企业的营销目标。

3.2.4.3 广告目标要明确具体、可操作、可衡量

广告目标是广告计划实施的向导，也是广告效果的评估依据，因此，制定的广告目标要简洁、可测量、切实可行。不能笼统地把广告目标确定为开拓市场，扩大市场份额，促进商品销售等，而是如介绍产品的新用途或旧产品的新用途、提高产品知名度、纠正消费者对企业产品的错误印象等，既具有可操作性又具有可衡量性。

3.2.4.4 广告目标要把即效性和延迟性统一

广告发挥着促销的作用但是并不具备直接销售商品的功能。广告的功能体现主要在吸引新顾客、保持老顾客忠诚度、培育消费者对产品的积极态度、影响品牌价位等方面，在制定广告目标时要克服一蹴而就、急于求成的心理。

3.3 广告主题制定

3.3.1 广告主题含义

3.3.1.1 广告主题的定义

国外广告学家认为，所谓主题，就是要找出商品的意义或定出商品的位置。具体地说，广告主题就是广告为达到某项目的而要说明的基本观念。观念是在广告商品中提炼出来的，对消费者有着实质的或心理上的价值。

确定广告说什么或广告主题，乍看起来，一句话就能概括，是一件轻而易举的事情。但在广告的实际创作中，却是一件十分困难的工作。这不仅在于要从广告商品众多的诉求重点中提炼出能引发消费者共鸣的广告诉求点，并且，广告主题本身要明确、迎合消费者的需求，广告创意的开展、广告表现的确立有着至关重要的作用，甚至广告主题一经定下就不要轻易改变，以免扰乱受众视听。例如：沃尔沃轿车的广告主题就是安全。

3.3.1.2　广告主题与广告定位、广告口号之间的关系

广告定位是指企业从消费者需求出发，把整个市场按照不同的标准分为不同的部分或购买群，并选择其中一个或几个市场部分进行广告调查、确立广告主题、选择广告媒体、编写广告文案、实施广告行为的系统广告营销策略。广告主题只是其中的一部分。如王老吉凉茶的广告“怕上火，喝王老吉”。王老吉本身历史很长，但是主要集中在南方销售。

广告口号是一种较长时期内反复使用的特定的商业用语。它的作用就是以最简短的文字把企业或商品的特性及优点表达出来，给人浓缩的广告信息。广告口号在一定时期表达广告主题的内涵，例如：戴比尔斯的钻石广告“钻石恒久远，一颗永流传”以及“左手轻摇摇篮，右手驾驭世界”。

3.3.2　广告主题的提炼

广告主题是商品广告的基本思想，是与消费者需求、消费者消费心理和广告目标相契合的商品最主要个性特征的概况。必须抓住商品的最主要的个性特征，这种特征必须是独一无二的，或者是别人未宣传过的，采用的特征必须切合顾客的消费需求和消费心理。首先，要挖掘广告商品最主要个性特征，要由简入繁、由具体到抽象。从产品的最本质的问题、质量、性能等现有的资料为基础，利用联系、推理充分挖掘产品价值。如图 3-2 所示，从整体产品的概念来看，一个产品的属性是多样的，提供某一种功能和效用的核心产品，同时产品的质量、样式、品牌等形态产品，附加产品也能给消费者提供一定的价值。而且，产品的价值，有些是消费者能够感知的，有些则是消费者未能感知的，把产品放在更广阔的关系中，结合马斯洛的消费者需求层次理论，挖掘产品的潜在价值，找到广告信息诉求重点，见图 3-3。

广告诉求重点在以下几个方面：①产品的核心价值；包括原料、产地、历史、与起源、原料品质等；②产品的制造方式，包括制造工艺上的特点、使用设备上的优势、制造技术上的先进等；③产品的效用，包括产品的视觉印象、听觉印象、触觉印象、使用上的方便性、使用绩效、使用上的趣味性、产品保险性、

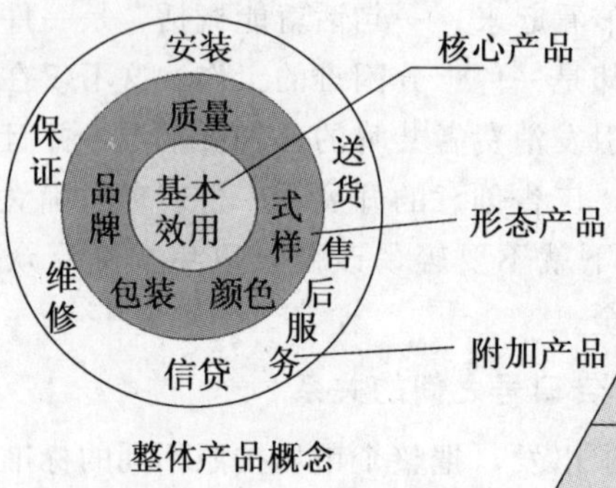

图 3-2　整体产品

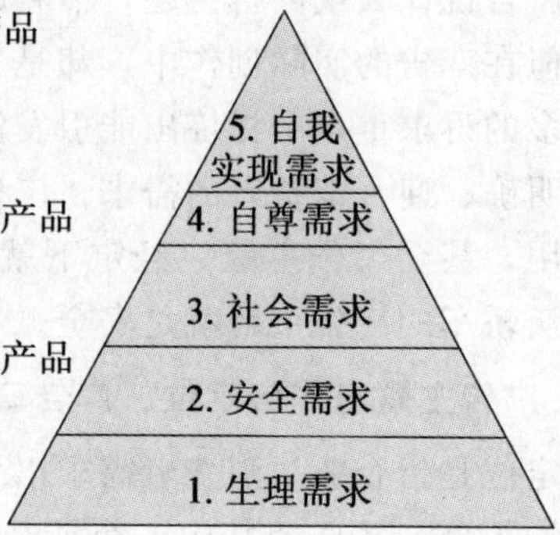

图 3-3　马斯洛需求层次理论

包装方面的特点、售后服务承诺等；④价值，包括价值与同类产品的比较、价格的便宜程度或昂贵、耐用性等；⑤制造商或经销商的经历、信誉等；⑥从消费者需求角度，例如：鲁花花生油率先诉求"压榨油才是健康"，见图 3-4。

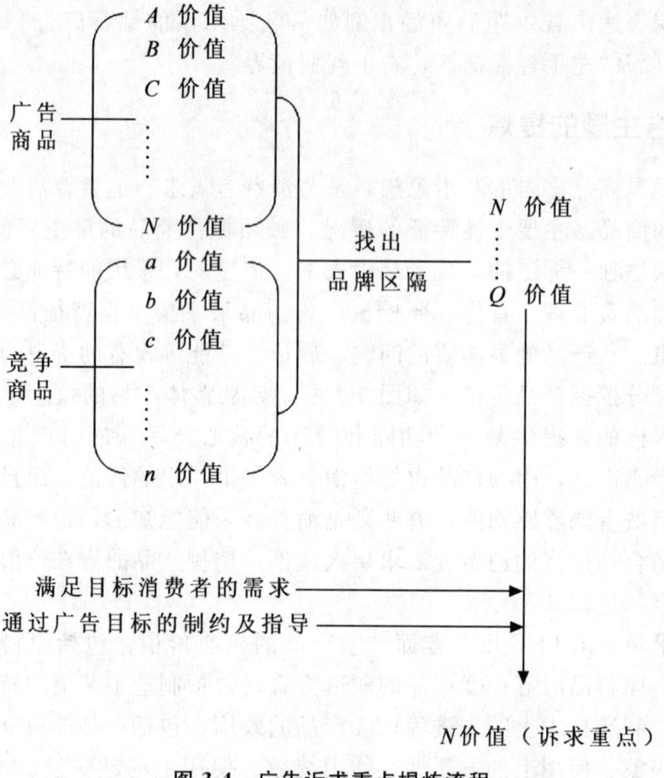

图 3-4　广告诉求重点提炼流程

广告主题提炼时应注意：① 为了保持品牌形象的一致性，在一定时期内广告主题应保持统一性和连贯性，但根据不同时期的市场态势，可进行广告主题的演化及更新。② 广告如能产生实际销售效用，那广告主题一定在宣传消费者可以得到哪些利益。③ 广告主题应简明。

例如：50年前，借着一句“钻石恒久远，一颗永流传”，戴比尔斯不仅让钻石走入寻常百姓家，更让自己成为家喻户晓的钻石的代言词。近年来，不断发展的经济和变化的社会，都极大地影响和改变了消费者的需求与行为，然而戴比尔斯并没有因此被淘汰，反而获得了一次又一次的成功，保持了其百年飞来的钻石王国的地位。我们探讨戴比尔广告主题是怎样变化的。第一阶段，1993年，戴比尔斯正式进入中国。在当时中国人的意识中，钻石与爱情之间并不存在什么联系；在婚礼与订婚仪式上，也没有赠送钻石首饰的习惯。于是，公司所面临的最大的挑战就是如何在中国市场创造出钻石与爱情的文化氛围，而成功的关键则在于能否洞悉中国女性的心理特征，通过全方位的广告沟通，使中国消费者将两者有机地结合起来。1995年，第一支电视广告“月亮门”篇和“彩虹”篇。在中国全方位投放。“月亮门”以传统的中国民宅大院为背景，月亮门内、月亮门下、月亮门外，一对恋人演绎了一场两小无猜、青梅竹马到长大之后执子之手的浪漫爱情故事。而“彩虹”篇，则以现代场景为背景的，继续宣扬“一生的爱情”。随后，戴比尔斯推出了新的电视广告“日出”篇，开始在家庭与未来方面渲染笔墨，传播的信息不再是“挚爱一生”，而是“美满将来”。此时，随着时代的发展，女性对婚姻的要求不再仅仅局限于浪漫而美丽的爱情，在考虑婚姻时，经济基础、门当户对、事业发展等也成了考虑的重要指标。中国女性特别希望通过婚姻进入长久稳定的生活，对双方的未来充满了憧憬和希望。

第二阶段，随着时代的发展，女性的独立性越来越强，其所扮演的社会角色也迅速发生着变化。洞察到这一趋势，戴比尔斯的广告沟通目标逐渐从“恋人、家庭”转为“女性自身”。1996年，戴比尔斯率先推出了“最好的朋友”电视广告，将钻石与中国现代女性生活中最重要的方面联系起来。随后又投放了电视广告“完全女性篇”。与以往不同的是，它不仅反映了女性传统的幸福概念、更反映了女性自身的事业、自我的美丽、品位和时尚。第三阶段，统计，1999年国内的钻饰销售额已达60亿元人民币，其中女性钻饰占74%，全国5%的城市女性拥有至少一件以上的钻饰。在这些女性钻饰购买者中，20世纪70年代后出生的那批是主流。她们大多是职业女性，个性独立、大胆出位、反传统、穿戴时尚、喜欢特立独行引人注目，同时更加年轻，更加都市化。对于钻饰，她们喜欢前卫醒目，并且不再一生只等待一钻，她们会为了毕业、升职、恋爱、生子等各种理由买钻饰，或者就纯粹为了紧跟潮流。

此时的戴比尔斯钻饰成了女性“自信”、“魅力”的标志，女性自身生活方式的变化成为戴比尔斯新的沟通题材。

2000 年，戴比尔斯推出了含“钻石女人要你放在眼里”广告语的广告片，体现了女性的睿智和主见，自己的生活自己掌握。

2001 年，戴比尔斯推出的广告主题是“自由、自在、自然、自信”：

自由——现代生活多姿多彩，它让你感受在任何场合舒展自如。

自在——设计时尚新颖而且典雅，拥有它就拥有一份舒心。

自然——钻石源自天然，它内在的美丽让你也感染到它的坦然和闲适。

自信——钻石璀璨闪动的本质无与伦比，它的魅力显而易见，它让你有足够的自信来展现真正的自我：现代、睿智、品位十足。

2002 年，“都是钻石惹的祸”煽动系列钻石广告播出。广告展现了现代女性不仅对自己呵护备至，而且敢于大胆地爱自己、展现自己的美丽。广告风格大胆、幽默、直白。

2003 年，“惹火”系列钻石广告推出。钻石成为女主人公展现自身特有魅力的绝佳道具，熠熠闪光的钻石配上风姿绰约的佳丽，吸引了其他人的忘情注目。

综上所述，我们不难发现戴比尔斯品牌传播的主要做法在于，敏锐地洞察目标消费者生活形态和价值观的微妙变化，以此作为广告主题，并进行广告创意，不断地赋予钻饰新的价值与寓意，获得目标消费者的共鸣。其天然的美丽与时代同步，长久不衰。

3.4 广告预算制定

3.4.1 广告预算内容

3.4.1.1 广告预算的概念

广告预算是企业和广告部门对广告活动所需费用的计划和匡算，它规定了广告计划期内开展广告活动所需的费用总额、使用范围和使用方法。

广告预算可以按不同的标准划分为许多种类。按广告计划期限长短可分为长期广告预算和短期广告预算；按广告计划范围大小可分为总的广告预算和单一商品的广告预算；按产品所处生命周期阶段，可以分为新产品广告预算和成熟产品广告预算。另外，按不同广告媒体、不同广告地区，还可以划分多种不同种类的广告预算。

3.4.1.2　广告预算的意义

首先，编制广告预算，可以合理地解决广告费与企业利益的关系。对一个企业而言，广告费既不是越少越好，也不是多多益善。广告活动的规模和广告费用的大小，应与企业的生产和流通规模相适应。在正常的情况下，商品的销售量与广告的相对费用是成反比的。由于广告促进了商品销售，也就促使生产成本和销售成本降低，也包括单位广告成本的降低，因此，广告宣传费用的投入是有其利益产生的。但是从经济学的角度来考察，任何现实投入都存在着边际产出的问题，过度的广告投入不但不会使投入产出比增加，相反会引起投入产出的降低，使产品的生产和流通成本增加。因此，广告宣传也必须掌握适度原则。其次，通过编制广告预算可以有计划的、合理的使用广告费用、减少浪费。最后，对广告预算的事先编制、事后评估，无形中加强了广告策划及广告制作等人员的责任心。

3.4.1.3　广告费用的内容

广告费一般是指开展广告活动所需的一系列费用。第一，必须算作广告费的各项开支，其中主要包括三大块费用，如广告制作费、购买媒体费、管理费及杂费等项目。第二，可以列入广告费用的各项开支，如样本费、示范费、客户访问费、研究调查费。第三，不能列入广告费用的各项开支，如社会慈善费、旅游费、赠品费、包装费等。美国《Printer's Ink》杂志，将广告费分为白、灰、黑三色，白色单系可支出的广告费，灰色单系考虑是否支出的广告费，黑色单系不得支出的广告费，详见表 3-1。

表 3-1　广告费用分类表

白色单	可支出的广告费	广告媒体	报纸、杂志、电视、电台、电影、户外、pop 宣传品、DM、幻灯、招贴、展示等
		制作费	美术、印刷、制版、照相、电台与电视设计、与广告有关的制作费
		管理费	广告部门薪金、广告部门事务费、顾问费、推销员费、房租费以及广告部门人员的工作旅费
		杂费	广告材料运费、邮费、橱窗展示安装费、其他
灰色单	考虑支出广告费	样本费、示范费、客户访问费、宣传卡用纸费、赠品、办公室报刊费、研究调查费	
黑色单	不得支出广告费	社会慈善费、旅游费、赠品费、包装费、广告部门以外消耗品费、潜在顾客招待费、从业人员福利费等	

3.4.1.4 广告预算的编制程序

广告预算由一系列预测、规划、计算、协调等工作组成。广告预算的基本程序大体如下：

(1)确定广告投资的额度

在广告预算中，由于产品形成不同常常造成广告预算所面对的问题也截然不同。其中为老产品制定预算和为新产品制定预算，通常需要广告计划人员采取不同的思考方式和预算模式。首先，根据产品的新旧来采取不同的预算模式。其次，通过分析企业的整体营销计划和企业的产品市场环境，预测这一年度企业的促销重点及最佳的促销组合，提出广告投资大体额度及广告投资的计算方法的理由。

(2)分析上一年度的销售额

广告的投资额度是由两方面控制的，首先是根据预测之一年度企业的促销重点及最佳的促销组合，其次是上一年度的销售量(利润)，因为，企业在做预测时要量力而行。最后，了解上一年度的实际销售额、销售额是否符合上一年度的预测销售单位和预测销售额。由此分析这一年度的销售量，合理安排广告费用。

(3)以广告产品的销售周期为依据，制定广告预算的时间分配

大部分产品在一年的销售中，都会呈现出一定的、稳定的周期变化，也就是人们常说的淡季、旺季、平季。通过对销售周期的分析，可以为广告总预算提供依据。最后，根据这一年度广告投资额度、销售量、产品的销售周期，确定年度内广告经费总的分配方法。

(4)制定控制与评价标准

在完成上述广告费用的分配后，应立刻确定各项广告开支所要达到的效果，以及对每个时期每一项广告开支的记录方法。通过这些标准的制定，再结合广告效果评价工作，就可以对广告费用开支进行控制和评价了。

(5)确定机动经费的投入条件、时机、效果的评价方法

广告预算中除去绝大部分的固定开支外，还需要对一定比例的变动开支做出预算，如在什么情况下方可投入变动开支，变动开支如何与固定开支协调，怎样评价变动开支带来的效果等。

3.4.2 编制广告预算的方法

制定广告预算的方法目前有数十种之多，常见的有五种：定律计算法，目标任务发，竞争对抗法，量力而行法，通信订货法。

3.4.2.1 定律计算法

这种方法是以销售额或利润额的一定比率确定广告预算的方法，包括销售额百分比法、利润百分比法、销售单位法。这种方法计算虽然快捷但是适用性及准确性较差，很多的产品或企业无法应用该方法制定广告预算。

(1)销售额百分比法

销售额百分比法是一种运用范围最广的广告预算方法，这种匡算方法是以一定期限内的销售额的一定比例计算广告费总额。由于执行的内容与形式不同，又可以分为计划销售额百分比法、上年销售额百分比法等。

计划销售额百分比法，就是依照广告主下一年所制定的销售计划里要达到的产品销量，确定一定百分比数额的费用用于广告预算经费；上年销售额百分比法，是依照上一年度产品销量状况确定一定百分比数额的费用充作现年度的广告预算。此外，还有平均折中销售额百分比法(计划销售额百分比法与上年销售额百分比法的综合)，以及计划销售增加百分比法等销售百分比预算法。

这种方法的优点是：计算简单、企业不容易感到财务的压力。但是，该方法最大的缺陷是因果倒置，广告成了销售的结果，而不是一种主动促销的措施。当市场萎缩，产品滞销时广告投入反而越少，无法完成刺激消费，抑制或延迟企业的萧条、衰退，形成恶性循环。并且新产品无法应用这种方法编制广告预算。

(2)利润百分比法

利润百分比是一种体现投资收益的方法，即在利润额(净利润或毛利润)划出一定百分比费用作为广告费用。其计算法与销售额百分比法类似。这种方法使广告费与利润挂钩，适宜不同产品之间的广告费用分配，但需注意新产品上市时的广告开支比例应该比较大。

(3)销售单位法

以每件产品的广告费摊分来计算广告预算。按计划销售数为基数计算，方法简便，尤其适用于薄利多销的产品，并易于掌握各种商品的广告费开支及其变化规律。广告预算公式如下：

广告预算＝上年广告费÷上年产品销售件数×本年产品计划销售件数

3.4.2.2 目标达成法

这种方法是根据企业的市场战略和销售目标，具体确立广告的目标，再根据广告目标要求所需要采取的广告战略，制定出广告计划，再进行广告预算。这一方法比较科学，尤其对新上市产品发动强力推销是很有益处的，可以灵活地适应市场营销的变化。广告阶段不同，广告攻势强弱不同，费用可自由调整。目标达成法以广告计划来决定广告预算。广告目标明确也有利于检查广告效果，其公式为：

广告费＝目标人数×平均每人每次广告到达费用×广告次数

3.4.2.3 竞争对抗法

这一方法是根据广告产品的竞争对手的广告费开支来确定本企业的广告预算。在这里，广告主明确地把广告当成了进行市场竞争的工具。其具体的计算方法又有两种：一是市场占有率法，一是增减百分比法。市场占有率法的计算公式如下：

广告预算＝(对手广告费用/对手市场占有率)×本企业预期市场占有率

增减百分比法的计算公式如下：

广告预算＝(1±竞争者广告费增减率)×上年广告费(注：此法费用较大，采用时一定谨慎。)

这种广告预算方法比较适合大企业或资金较雄厚的企业应用，资金不足的中小企业不适宜应用此预算方法。这种广告预算方式的优点：可以使企业在市场上建立强有力的队伍。主要缺点：竞争对手对其广告费用的封锁致使信息不实，造成失误。

3.4.2.4 量力而行法

这是根据企业的财政状况可能支出多少广告费来设定预算的方法，适宜一般财力的企业。所谓“量力而行”，就是广告主将不可避免的投资及支出去除后再确定广告预算的具体规模。其计算方法大致如下：

销售价－零售商利润＝批发价

批发价－批发商利润＝制造商价

制造商价－生产成本＝制造商收益

制造商收益－目标收益＝推广费用(包括广告费用)

尽管比较保守，但体现了一种财务安全的稳健观念，操作也比较容易，是一般小型企业计算广告费用的好方法。

3.4.2.5 通信订货法

通信订货法是企业以直邮广告的形式进行广告宣传时常用的一种编制预算的方法。该方法是根据特定的广告带来的询价和订货的统计人数测算广告费用。

单位产品的广告费用＝(产品目录印刷费＋直邮广告印刷费＋信件邮费)÷已销售产品数量

3.4.3　广告预算分配

在确定广告预算之后，要针对广告计划的各项细目的要求，将广告预算总额摊分到各个广告活动的项目。这是通过广告预算对广告活动进行组织、协调和控制广告计划实施的手段，根据侧重点的不同，主要采用以下几种分配的方式。

3.4.3.1　媒介预算分配

首先是媒介间分配，即根据广告的媒介策略及广告计划，将广告预算划块分配用于选定的几个媒体上。如报纸广告占多少，电视广告占多少。

其次是媒介内分配，即将媒介间分配在某一类媒介的结果，再分配在同类媒介的不同单位中。如电视广告项中，各个电视台分配多少。

3.4.3.2　时间预算分配

这其实是运用广告预算的纵向计划。广告主一般应将某一特定时间分为若干个时间段，按照时间流程有所侧重地分配预算。这个时间段可长可短，长期的广告计划有年度广告费用的分配，年度计划则有季度、月度广告费用的分配等。

另外，在时间预算分配中还应该注意的是，比如，在一些时间段内有重要节日、纪念日、假期等，广告主应该针对这些特殊时间段的广告预算另行决策。

结合媒介策略与相应的媒介预算分配，广告频次及广告连续性的问题也是时间预算分配要着重考虑的方面。

3.4.3.3　地域预算分配

这种预算分配是广告主将某个市场或市场分割部分分解成若干个地理区域，而后再将广告经费对各个地理区域予以分配。采取平均分配，虽简单但无法兼顾各个地区的不同实际情况；为解决与各地区实际情况脱节的问题，广告主通常将某几个地区的广告经费拨给在某一特定区域的经营机构(地区性业务部、代表处等)，由这些机构再进行重新分配。地域的切块有国内外、南北方、城乡间等。

3.4.3.4　产品预算分配

它是按照生产的产品数量，按比例、有侧重地在不同产品之间分配广告预算的方式。这主要涉及企业产品结构、产品策略问题。除此之外，公共关系、企业形象广告等也要分摊一部分费用。

3.4.3.5　广告对象预算分配

按照广告计划中的不同广告对象，如团体用户、生产企业用户、最终消费者等分配广告预算。一般来说，最终消费者应分配较多广告费用。团体用户、生产企业用户则会在其他营销费用中得到更多份额。

3.4.3.6 部门内预算分配

广告业务部门进行费用细分，如行政管理及财务部、客户服务部、创作部、媒介部等。

思考题

1. 简述下列概念：广告策划；广告目标；广告主题；广告预算。
2. 广告计划书的撰写方法？
3. 有哪些因素影响广告目标的制定？
4. 以达芙妮女鞋“D28”的广告为例说明怎样挖掘广告主题？
5. 有哪几种最常用的广告预算方法？其优缺点各是什么？

第4章 广告创意

◆ **学习目标**

◇ 通过本章的学习，了解广告创意的含义，理解广告创意的原理及原则，熟悉各种广告创意方法策略，掌握广告创意的各种思考方法。

◆ **学习重点**

◇ 广告创意策略及广告创意思考方法的应用。

◆ **学习难点**

◇ 广告创意策略的现实应用。

4.1 广告创意的内涵及原理

4.1.1 创意与广告创意

4.1.1.1 什么是创意

创意并不是广告公司的特权和专利，在现代商业社会中"创意"一词非常流行，我们常常看到一个好的创意能起到神奇的作用。但是，什么是创意？有人说创意就是点子，也有人说创意就是新奇，创意就是与众不同。但是，在给创意下科学的定义时，仁者见仁智者见智，很难形成统一的认识。

"创意"一词早在公元1世纪东汉王充所写的《论衡》一书中就已出现过，"孔子得史记以作《春秋》，及其立义创意，褒贬赏诛，不復因史记者，眇思自出於胸中也。"其意是指写文章能有新意。在以后的作品中，却很少有人使用创意一词，可见"创意"一词并没有形成一个固定的词汇广泛的流传开来，甚至在1989年版的《辞海》中仍然查不到"创意"一词。在英语中，我们常常用 creative 表示"创意"。creative，其意指创造、创作、引起、造成。另有一些文献中的 ideas 也表示"创意"，广告大师詹姆斯·韦伯·扬(James Webb Young)的广告名著《产生创意的方法》中应用 idea 一词表示"创意"，此后被大家认同。idea，其英文原意指想法、念头、意见、主意、思想、观念、概念等。

通过对中英文创意一词的分析，我们可以看到"创意"有两种解释：一是作为动词，是提出有创造性的想法，构思，把这些想法构思转化成效益的这种创造性的思维活动过程。二是作为名词，指有创造性的想法，构思是创作者创造性思维运动的结果。

创意的产生必须要有前提条件，第一个就是动机，这个动机也许是无意识的但是必不可少。其次，必须要有大量的材料积累，包括专业知识材料积累、实践经验与生活经验的积累。如雕牌洗洁精"盘子会唱歌"的广告，广告主题表现该品牌洗洁精的产品原材料不易残留在盘子表面这一特性，创意点就来源于生活中洗盘子的感受。

4.1.1.2 什么是广告创意

广告创意指的是什么？其内涵怎么界定？我们看一下广告大师的想法：

①"旧元素，新组合"，这是美国广告大师詹姆斯·韦伯·扬(James Webb Young)在 20 世纪 60 年代提出的。有一点非常明确——广告创意不是发明创造，创造是无中生有，而广告创意是将一些司空见惯的元素以意想不到的方式展现给消费者，从而令消费者和品牌之间建立某种关系。

②芝加哥 Marvin H. F 广告公司的创意总监说："创意人员的责任是收集所有能帮助解决问题的材料，像产品事实、产品定位、媒体状况、各种市场调查数据、广告费等，把这些材料分类、整理，归纳出所需传达的信息，最后转换为一种极富戏剧性的形式。"

③美国广告专家 Shirey Polkoff 认为："创意就是用一种新颖而与众不同的方式来传达单个意念的技巧与才能，即所谓客观的思索，然后天才地表现。"

总结以上对广告创意的定义，我们可以从广义及狭义两方面归纳及界定广告创意：

从广义来说，广告创意存在于整个广告活动之中，广告创意是广告策划的一系列思维活动，对题材的选择、主题的提炼、形象的典型化、文字的精炼、图画的意境、以载体表现方式和风格的总体思考和想象。

从狭义来说，广告创意即是广告的艺术构思，介于广告策划与广告制作之间的艺术构思活动。也就是紧扣广告主题，经过精心思考和策划，运用艺术手段把所掌握的材料进行创造性的组合，以塑造一个意象的过程。

对于广告创意的这个定义，我们可以从以下 3 个方面理解：

(1)广告创意的前提是科学的调查分析

广告创意必须符合广告产品的整体营销目标，为此，广告创意人员就必须充分掌握产品、市场竞争对手以及目标消费者的消费心理等各类信息，以期从中发现或开发出能够有效地达成营销目标的创意主题。

(2)广告创意需要严密的精准的广告策划作为保证

广告活动的基础是策划，广告表现的核心是创意；策划是明确方向，创意是动力加速。我们可以把广告策划比作是一辆汽车的方向盘，而把广告创意比作是汽车的发动机：如果方向正确再加上动力强劲自然可以到达甚至提前到达预定目标；如果方向正确而动力不足自然也能到达预定目的，但需要付出更多的成本(时间、资源、人力等)；如果方向不正确却动力强劲的话，那么或者是离预定目标越来越远，或者加速坠入深渊，后果不堪设想。

(3)广告创意是创造性的思维活动

广告创意，关键就在一个“创”字。创造意味着产生并构想过去不曾有过的事物或观念，或者，将过去毫不相干的两件或更多的事物或观念组合成新的事物或观念。

广告活动是否能完成其告知和劝服的职责，在很大程度上要依赖于广告作品是否具有创造性。精彩的广告创意作品使广告诉求信息更形象、更生动、更有说服力。

4.1.2 广告创意的原理

广告创意，究其本质是指具象而艺术地表现抽象的产品概念的过程，即概念(广告主题)的可视化。加以详析：第一步，寻找到能够表达概念及广告主题意念的客观形象或符号；第二步，在根据客观形象或符号进行艺术加工以求使符号具有特定含义；第三步，在进行艺术加工的同时加入作者的感情、思想，赋予广告一定意义和意韵。

4.1.2.1 客观形象或符号的选择

在广告创意过程中，客观形象的选择非常重要，因为它是传递客观事物信息的符号。一方面，它必须要比较准确地反映被表现事物的本质特征或广告主希望表现的方面。另一方面，必须为公众所能接受，也就是公众在该形象和被反映的事物之间能产生合理的联想，而不至于曲解。而且，形象的新颖性非常重要，通过形象能够使受众注意到广告产品。最后，该形象所体现的意义应有一定的复杂性，使该形象在受众心中产生多层次、多维度、多重性的感觉和理解，增强广告形象的魅力。例如：海王银杏叶片“篮球篇”电视广告的广告词“30 岁的人，60 岁的心脏，60 岁的人，30 岁的心脏”。这针对现代生活节奏加快，工作压力日增，心脑血管病年轻化，心脏的活力并不是与人的实际年龄一致，年轻人应认识到心脑血管病的危害。其中就应用了篮球来比喻心脏活力，篮球这一形象使消费者直白地明确地了解了广告主题。

4.1.2.2 艺术的加工

艺术的加工就是把客观形象进行艺术的加工创造，使客观形象更加形象地反映广告主题，包括变形、拟人、夸张、错位、嵌合、替代、嫁接等。

(1)变形

变形法是广告创意者根据广告主题表达的需要，以改变客观形象的基本形体，固有特征或局部特征，在夸张的基础上，有意识地对自然原形在某种程序上加以改变，使其偏离正常的标准、比例、结构、性质形态，起到烘托、渲染主题的作用。变形包括文字变形、画面变形、声音变形、动作变形等。变形法常用于辅助认知的广告当中，它加强了广告的刺激结果，让人的无意注意变成了有意注意。变形法的运用，要注意把握形的分寸，变形过头，超过人的心理承受程度的形象，会引起受众的反感或回避这幅广告，这样就适得其反。

(2)拟人

把物当人来写，赋予物以人的言行或思想感情，拟人化的效果使产品更富人性化，从而很容易被接受。在广告创意中拟人手法常常被应用，如“图堡”(Tuborg，又译“杜柏”)是丹麦的一个古老啤酒品牌，目前已经被世界闻名的嘉士伯(Carlsberg)啤酒公司收购。其“嘻哈聚会(Hip-Hop Party)”中只有三瓶啤酒，共同的特点是瓶口的易拉环扬起，瓶身上的酒标几欲滑脱，前景的二瓶啤酒呈“八”字形，背影的光影烘托出旋转的气氛，让人联想起“嘻哈少年”不羁的舞姿。

(3)合理夸张

借助想象，对广告作品中所宣传的对象的品质或特性的某个方面进行相当明显的过分夸大，以加深或扩大这些特征的认识。文学家高尔基指出：“夸张是创作的基本原则。”通过这种手法能更鲜明地强调或揭示事物的实质，加强作品的艺术效果。夸张是一般中求新奇变化，通过虚构把对象的特点和个性中美的方面进行夸大，赋予人们一种新奇与变化的情趣。按其表现的特征，夸张可以分为形态夸张和神情夸张两种类型，前者为表象性的处理品，后者则为含蓄性的情态处理品。通过夸张手法的运用，为广告的艺术美注入了浓郁的感情色彩，使产品的特征性鲜明、突出、动人。

(4)错位

错位是指广告创意中的错位，是将事物自然状态的位置、关系进行人为地超乎寻常地改变，以创造出让受众惊奇的错位意象。如图 4-1 所示，FALKE 袜子于 2004 年戛纳广告节中获得银狮子的作品“FALKE 袜子 ——值得你炫耀在外”，鞋子本来应该在外面，袜子本来应该在里面，颠倒一下顺序，因为这袜子是多么值得你炫耀在外啊。由于这种颠倒是超常规的，即引起了消费者有意识注意，又在看到这样广告会意一笑，记住了你的传播信息所在，广告的目的就达到了。

图 4-1　FALKE 袜子广告

(5)嵌合

嵌合是指广告创意中根据广告主题表现的需要，将一个形象嵌入另一个形象之中，从而形成具有一定意义体系的新形象。如图 4-2 所示，Brandt 冰箱广告“Don't Let Smells Mix”—— 别让你的冰箱闻起来乱七八糟的。画面上把兔子与奶酪嵌合在一起、梨与鱼嵌合在一起、西瓜与公鸡嵌合在一起表达串味，很好地表现了主题。

(6)替代

替代法就是在选用的客观形象中，去掉一部分形象，并用另外一种形象替代，从而达到意念传达的目的。这种方法经常用到，如图 4-3 所示，S & W 罐头平面广告，画面为一条被切成七段的大鲑鱼，鱼身上最肥美的那一段被 S & W罐头所替代。

(7)嫁接

根据广告主题的要求，将表现该产品的客观形象与其他的人物、事物进行组合嫁接形成一个新的形象，这个新形象具有新的感觉、新的印象、新的意味，以使广告信息借势传播。如：洗衣机广告把洗过的衣服与仙人掌嫁接，非常精炼地表现出“你洗衣服的方式决定了它将如何对待你”的广告文案。

图 4-2　Brandt 冰箱广告

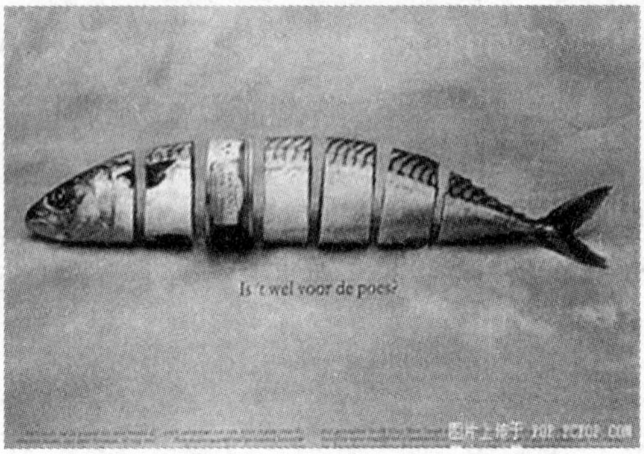

图 4-3　S&W 罐头广告

4.1.2.3　加入作者的感情、思想，赋予广告一定意义和意蕴

只是艺术的加工还不够，因为艺术的加工只是浅层次。实现形象上的近似，还需要对形象赋予一定的意义和意蕴，也就是构建情感。“感人心者，莫先乎情”，人们可以拒绝赤裸裸的商品叫卖，却拒绝不了温柔的初恋、无私的母爱、纯洁的友情。因此，在广告创意过程中必须依托民族传统文化或流行时尚文化等，对受众进行感情诱发，增加广告创意的感染力。

情感包括亲情、友情、爱情、人情、文化语境，也可以挖掘乡情、怀旧的文化语境，让受众在信息符号的刺激下产生情感的震动或者感动，进而形成对商品或者服务的偏好。

4.1.3 广告创意的原则

所谓"原则"是指从无数事实中概括提炼出的一种明确的，可以永久和共享的客观知识。与广告创意没有明确的概念一样，广告创意也没有一定的方程式，对于广告创意讲"原则"似乎违背了创意的独特性、突发性、变通性等特点。但是，广告创意不是为创意而创意，广告是一种功利性、实用性很强的经济行为，其最终的目的是促进产品的销售、树立良好的品牌或企业形象。在广告中广告创意只是一种达到目的的手段，是消费者和企业商品间的桥梁。因此，广告创意必须有其原则。

4.1.3.1 目的性原则

任何广告创意的构想及广告表现的营造都是为了刺激消费者的欲望，以促成购买的实现，或是在消费者心中建立良好的企业或品牌形象。就像广告大师大卫·奥格威说："我们的目的是销售，否则便不是广告。"一个成功的广告是妙不可言的创意和"步步为营"的广告目标结合在一起的。

4.1.3.2 关联性原则

广告创意相关性就是广告创意必须与产品个性、企业形象相关联。创意把概念化的主题转化为视听符号，直观性强，但也会产生多义性，为了避免产生歧义，广告传递的信息必须与商品或企业相关，让受众一看或一听就知道是某商品或企业的信息，而不能含糊不清或喧宾夺主。有些产品起用明星做广告，但却没能找到明星与产品之间的联系，创意缺乏相关性，受众看了广告之后只记得某明星做了一则广告，却把广告所应该表达的主要信息——产品信息给忘了，这种创意无疑是失败的。

4.1.3.3 震撼性原则

广告创意能够深入到受众的心灵深处，对他们产生强烈的冲击。一个人每天要接收到大量的广告，要想受众对广告留下美好的印象，就必须具有震撼力。刺激越强，造成的视听冲击越大，就越容易给受众留下印象。具体来说，画面、音响、富有哲理的广告语、情节，都能不同程度地造成一定的冲击力。这种震撼性应使受众产生对广告主希望传达的商品某一特点产生兴趣及记忆或是对该品牌或企业的名称、美誉度等方面产生兴趣及记忆，这点是至关重要的。

4.1.3.4　简洁性原则

牛顿说："自然界喜欢简单。"这揭示自然界普遍规律的表达方式都是异乎寻常的简单。并且，广告创意大师伯恩巴克也曾说："在创意的表现上光是求新求变、与众不同并不够。杰出的广告既不是夸大，也不是虚饰，而是要竭尽你的智慧使广告信息单纯化、清晰化、戏剧化，使它在消费者脑海里留下深而难以磨灭的记忆，广告最难的就是将广告信息排除众多纷杂的事务而被消费者认知感受。"如果过于追求创意表现的情节化，必然使广告信息模糊，令人不知所云。近年来国际上流行的创意风格越来越简单、明快。例如：麦当劳的一则电视广告，画面是一个婴儿在摇篮中荡来荡去，一会儿哭一会儿笑。笑是因为摇篮荡上去时他看见了麦当劳的标识，哭是因为摇篮荡下来时看不到标识。整个广告极其简洁，没有任何多余的东西，但却形象的将广告所要表达的信息完整地传达给目标受众。这则广告被评为戛纳广告节金奖可以说是名至实归。

4.1.3.5　合规性原则

合规性原则是指广告创意必须符合广告法规和广告发布地的伦理道德、风俗习惯。由于各个国家和地区的广告法规和风俗习惯都有所不同，因此在广告创意时一定要做到符合规范。比如：香烟广告在很多国家都被禁止在公共场合发布。在我国，不能做比较广告和以"性"为诉求点的广告，而在一些西方国家是允许的。例如：日本索尼公司为了在泰国推销收录机，煞费苦心的想出了一个高招：用释迦牟尼做广告。在电视广告中，佛祖安详侧卧，双目紧闭，进入物我两忘的境界。不一会儿，画面上的索尼收录机放出美妙的音乐。佛祖听了居然凡心萌动，全身随音乐不停摆动，最后睁开双眼。但佛教是泰国的国教，对释迦牟尼甚为崇敬，人们认为此广告是对佛祖的莫大侮辱，是对泰国的公然挑衅，不少人进行游行抗议。泰国当局通过外交途径向索尼公司提出抗议，索尼公司不得不立即停播此广告，并公开道歉。

4.2　广告创意的策略

广告创意策略与广告一样没有明确定义，不过把各广告创意策略综合起来看，广告创意策略包含两方面：如何构成广告内容和如何表现广告内容。在广告内容方面，Frazer 对广告创意策略下的定义，即所谓广告创意策略是指"具体广告内容的属性与特性的政策或指导性的原则"。根据这个定义，他提出由 7 个策略构成的广告创意策略分类体系——一般性策略、抢先性策略、USP 策略、品牌形象策略、定位策略、共鸣策略、反常情感策略。在广告内容表现方面，根据广告信息内容的侧重点不同，提出的广告创意表现策略包括信息广告策略和迁移广告策略。

4.2.1　广告创意策略的经典理论

从 20 世纪 50 年代至今，广告创意策略理论不断地发展及演变，从而形成了丰富多彩、各具特色的理论流派。依据理论提出的时间顺序，广告创意策略经典理论主要包括李奥·贝纳的固有刺激法、罗素·瑞夫斯的 USP 理论、大卫·奥格威的品牌形象法、艾尔·里斯和杰克·特劳特的定位法、威廉·伯恩巴克的 ROI 理论、共鸣理论。这些理论在当时经济环境、时代背景中对广告创意起着指导性的作用。

4.2.1.1　李奥·贝纳的固有刺激法

李奥·贝纳(Leo Burnett，1892—1971)早年在芝加哥的欧文广告公司任职。1935 年，他离开了欧文广告公司，创办了自己的李奥·贝纳广告公司。后来，他又创办了芝加哥广告学校。李奥·贝纳以其特有的广告哲学闻名，他和他的追随者们被称为“芝加哥学派”。

固有刺激法是李奥·贝纳提出的创意策略，该理论认为：广告的秘诀就在于找出产品本身固有刺激，即“与生俱来的戏剧性”。这种创意策略的关键首先是要发现企业生产这种产品的原因以及消费者要购买该产品的原因；其次，依据产品和消费的互动作用，根据固有刺激进行创意，设计出令人信服的广告。

李奥·贝纳和他的公司利用的该创意理念，创作了许多著名的广告，造就了许多著名的品牌。“绿色巨人乔利”、“炸面包人皮尔斯伯里”、“金枪鱼查理”以及凯洛格食品公司的“老虎托尼”。其中，“青豆巨人”是李奥·贝纳运用固有刺激法最成功的一个例子。广告的标题：月光下的收成。文案为：“无论日间或夜晚，青豆巨人的豌豆都在转瞬间选妥，风味绝佳……从产地到装罐不超过 3 个小时。”这个文案向消费者传达青豆从收获到包装过程中表现出来的精心细致，以及消费者对“新鲜”的渴望。李奥·贝纳解释道，如果用新罐装做标题是非常容易说的，但是月光下的收成则兼具新鲜的价值和浪漫的气氛，并包含着特别的关切。“在月光下收成”，这在罐装豌豆的广告中的确是难得一见的妙句。

“固有刺激法”是有其时代局限性的，因为该种方法的创意出发点是产品，从产品出发去寻找消费者心中对应的兴趣点，认为产品中必然包含有消费者感兴趣的东西。因此，我们可以认为，这种创意的方法带有产品至上年代的思考特征。

4.2.1.2 罗素·瑞夫斯的USP理论

罗素·瑞夫斯是极具传奇性色彩的广告的大师，也是世界十大广告公司之一的达彼斯广告公司的董事长，在国际广告界享有崇高的地位。罗素·瑞夫斯个人经历非常丰富，毕业于维吉尼亚的州立大学新闻系，其后从事过新闻记者、小说家、广告公司的文案主管等各项工作，爱好广泛，精通国际象棋，能驾驶飞机。其丰富的经历为其提出USP理论奠定基础，1961年，瑞夫斯出了一本著作——《实效广告》(Reality in Advertising)，这本书是他第一部也是最重要的一部著作，使他成为广告业的真正领袖。《实效广告》全面解说了“实效广告”的思想。瑞夫斯在序言中写道：“如果说此书成本高达10亿美元，我觉得并不为过，我们就是花了客户那么多钱，还犯了许多错误才总结出这些原则的。”书中所提出的USP——“独特的销售主张”(Unique Selling Proposition)是广告发展史上最早提出的一个具有广泛深远影响的广告理论，对广告界产生了长久的影响。

瑞夫斯指出只有当广告能指出产品的独特之处时才能行之有效，即应在传达内容时发现和发展自己的独特销售主体，然后反复使用它，并将它传达给受众。

(1)成功的USP必须具备以下3个条件：

第一，必须包含特定商品的效用。即每一个广告都必须向消费者提出一个说辞。说辞不是光依赖文字，不只是对产品的吹嘘，也不只是巨幅的画面。每则广告一定要给消费者一个明确的利益承诺。

第二，提出的这个销售说辞必须是独特的、唯一的，是竞争对手没有提出或无法提出的，并且无论在品牌方面还是承诺方面都要独具一格。

第三，提出的销售说辞必须要有足够的力量吸引众多的消费者，也就是说，销售说辞要有力与促进销售。

“独特销售说辞”的著名案例之一是罗瑟·瑞夫斯为M&M巧克力所做的广告。这个广告创意的诞生颇具传奇色彩。1954年的一天，M&M糖果公司的总经理约翰·麦克那马拉来到罗瑟·瑞夫斯的办公室。约翰·麦克那马拉认为原来的广告并不成功，他想让罗瑟·瑞夫斯为自己的巧克力做一个广告，广告创意必须能为他招来更多的消费者。于是，双方进行了一番谈话(相当于广告客户的定向说明会)，谈话内容是介绍关于产品价值的独特之处。罗瑟·瑞夫斯认为在这个产品之中，他已经找到了客户想要的创意。当时，M&M巧克力是美国唯一一种用糖衣包裹的巧克力。罗瑟·瑞夫斯认为独特的销售说辞正在于此。下一步，怎样把这一独特的销售说辞体现在广告中呢？最后，在M&M巧克力的广告中，他把两只手摆在画面中，然后说：“哪只手里有M&M巧克力呢？不是这只脏手，而是这只手。因为，M&M巧克力——只溶在口，不溶在手。”

(2)USP理论的主要局限性

USP理论产生于20世纪50年代，当时还处于产品推销时代，所以它不可能逃脱历史对其的限制。USP理论的主要局限性有：

第一，从生产者角度出发，以生产者为中心。过分强调生产者的作用和利益，而很少考虑到消费者的心理层面的利益，并且只是一种单向传播。

第二，广告目标只是为了销售，而忽略与消费者在更深层次上的沟通。有时为了达到短期的销售效果而不惜牺牲品牌形象，这对品牌价值长期建设十分有害。

第三，USP重点强调产品的独特性，随着科技的发展，产品之间的差异越来越少，只是片面的从产品角度出发去寻找那种差异，而没有考虑到品牌的差异性。

4.2.1.3 大卫·奥格威的品牌形象法

大卫·奥格威(David Ogilvy，1911—1999)，这个富有传奇色彩的广告大师以创作简洁、富有冲击力的广告而闻名于世。他是奥美广告公司的创办人。他的广告作品的特点是文辞华丽却又切合实际、尊重消费者而不失幽默机敏。他为世人留下了许多杰出的广告创意：哈撒韦衬衫、壳牌石油、西尔斯连锁零售点、IBM、罗斯—罗依斯汽车、运通卡、国际纸业公司等。

(1)品牌形象策略的理论核心

大卫·奥格威提出的“品牌形象法”是随着他所写的《一个广告人的自白》一书而于20世纪60年代开始在广告界风行的。

他认为品牌形象并不是产品固有的，而是消费者产品的质量、价格、历史等，在外在因素的诱导、辅助下形成的。每一个广告都是对整个品牌的长程投资，任何产品的品牌形象都可以依靠广告建立起来。根据品牌形象的理论，由于一个产品具有它的品牌形象，消费者所购买的是产品能够提供的物质利益和心理利益，而不是产品本身。因此，广告活动应该以树立和保持品牌形象这种长期投资为基础。

利用品牌形象法获得成功的著名案例是万宝路香烟。万宝路曾是带有明显女性诉求的过滤嘴香烟，但是不被消费者认可。为了扩大销售量，万宝路改变了诉求对象。自20世纪50年代中期开始，万宝路香烟开始和“牛仔”、“骏马”、“草原”的形象结合在一起，树立起粗犷豪迈的男人形象。这一形象从此深入世人之心，获得了前所未有的成功。

(2)品牌形象策略的主要局限性

品牌形象的理论在提出后令广告观念的发生变革。这种广告创意策略把对产品品牌的长程投资放在首要地位，一旦以长程投资为目标，企业在有些时候就必须牺牲短期利润。长期利润和短期利润的平衡问题近年来已经成为令企业和广告界最为头痛的问题之一。按照大卫·奥格威的看法，产品的品牌形象一旦培植到出众的地位，生产该产品的企业将会以最高利润获得最大的市场份额。但是，在商品竞争日趋激烈的环境中，事实并非如此，一方面，维持品牌形象的活力和领导地位的广告费用越来越大，企业的利润开始降低，许多企业把广告作为开支来看待，为了保证利润，广告预算成为削减首位“开刀”对象。越演越烈的促销战等短期获利行为使许多企业对长程投资望洋兴叹。

4.2.1.4 艾尔·里斯和杰克·特劳特的定位理论

艾尔·里斯(Al Reis)和杰克·特劳特(Jack Trout)于19世纪70年代初在《产业营销》(Industrial Marketing)和《广告时代》(Advertising Age)上发表了一系列的文章，介绍和阐述了“定位”(Positing)观念。这种观念自从提出后，被不断加以修正和发展，时至今日已经成为一种最为基本的广告创意方法。

(1)定位的核心理论

定位的概念是用广告为产品在消费者的心智中找出一个位置。认为创作广告的目的应当是替处于竞争中的产品树立一些便于记忆、新颖别致的东西，从而在消费者心目中站位脚跟。

(2)常用的定位的方法

①首次定位。定位对象首次进入空白心智，对于受众来说，这方面的信息是心理第一次感知的，要占得最先与最大。比如：农夫山泉第一个提出“有点甜”这一概念特征，同时第一个采用特殊瓶盖，靠着两个方面的首次定位，农夫山泉很快被消费者接受，迅速畅销于市场。

②关联定位。使定位对象与竞争对手发生关联，并确立与竞争对象的定位相反的或可比的定位概念。使宣传的品牌既与现有商品类别有关联，又有区别。日本一家经济暖气机同时兼有中央暖气系统和石油或瓦斯暖气炉两种商品的特性。中央暖气系统费用高昂又不适合小房间，石油或瓦斯暖气炉有油烟气味，经济暖气机排除了两者的缺点。经权衡得失，厂商决定采用与中央暖气系统造成关联的商品定位，并以“中央暖气系统新发现——小房间专用”为广告标题，因而获得意外的销售业绩。

③特色定位。在遇到同行业中领导者地位的竞争对手的情况下，可利用自己在潜在受众心理中所拥有的地位，并巩固之，使之确立为心理中同类对象的新位置。

④类别品牌定位。当一个强大的品牌名称成了产品类别名的代表或代替物

时，必须给公司的一个真正成功的新产品以一个新的名称，而不能采用搭便车的做法，沿袭公司原有产品的名称。当“小天鹅”成了洗衣机的名牌产品，同时又成为洗衣机代名词的时候，小天鹅公司开发空调产品时，就没有沿用“小天鹅”商标，而是重新塑造一个“波尔卡”品牌，采用的就是这种定位策略。

⑤销售量定位。前面说到，消费者由于缺乏安全感，喜欢买跟别人一样的东西，有着较强的从众心理。所以那些在同行中有较好销量的企业经常宣传自己的销量领先，以便所消费者产生一种信任感，如“民星饲料，国有饲料销量第一”、“波斯登羽绒服，连续六年全国销量遥遥领先”。还有美国山咖(Sanka)咖啡的广播广告说：“我们在美国是销售第三大的咖啡。”又如“艾维斯(Avis)在出租行业只是第二位，那么为什么租我们的车？我们更加努力呀！”

⑥再定位。也叫重新定位，即打破事物在消费者心理中所保持的原有位置与结构，使事物按照新的观念在消费者心理中重新排位，调理关系，以创造一个利于自己的新的秩序。李奥·贝纳用“牛仔”形象为万宝路香烟重新定位，使原先一直销路不畅的女士香烟一跃成为全球第一品牌。大卫·奥格威设计的戴眼罩的模特，使默默无闻 116 年的“哈撒韦”衬衫一下子走红美国。这都是广告界著名的再定位案例。

4.2.1.5　威廉·伯恩巴克的 ROI 理论

(1)威廉·伯恩巴克

威廉·伯恩巴克(William Bernbach)可能是至今在广告创意领域最有影响的人物。与 David Ogilvy 和 Leo Bernard 被誉为 20 世纪 60 年代美国广告“创意革命”的三大旗手之一，是广告文学派的代表，倡导广告创意的先锋，DDB 广告公司的创始人。1949 年，伯恩巴克和道尔(N. Doyle)及戴恩(M. Dane)在麦迪逊大道上共同创办了 DDB 广告公司(Doyle Dane Bernbach)。

(2)ROI 核心理论

ROI 理论是 20 世纪 60 年代由威廉·伯恩巴克根自身的广告创作积累总结出来的一套创意理论，其基本要点是：

第一，优秀的广告应具备 3 个基本特质：关联性(relevance)、原创性(originality)、震撼性(impact)。

第二，广告与商品没有关联性，就失去了意义；广告本身没有原创性，就欠缺吸引力和生命力；广告没有震撼性，就不会给消费者留下深刻印象。首先是广告与所宣传的产品关联性到底如何。一些广告，广告创意人及广告主都觉得有创意，能在众多的信息中跳出来，但与所宣传的产品关联不大，消费者看了后，根本不知道是宣传什么，不管其有多创意，都是失败了，因为忘了广告本身的经济功能。还有，一些广告请明星做代言，很多都变成了这明星的宣传片，受众记住了明星，而不知道产品，特别是一位明星做多个产品的形象代言人时，其广告效果更差。强调了广告与产品的关联度后，我们说，原创性是评价一则广告好坏的重要指标，因此广告是否具有原创性作为各大广告奖项评奖的重要指标。从消费者的角度看，原创性的东西，新异的刺激容易引起消费者的注意。人云亦云的广告只能被其他信息淹没，甚至，使消费者产生东施效颦印象，而产生反感，起到消极的宣传效果。广告的原创性，易引起消费者的注意，但一则好广告，引起消费者注意只是广告目的的第一步，最终要震撼消费者，引起消费者的兴趣，产生共鸣，使其对宣传的产品产生好感，从而产生一种购买欲望，最终产生一种购买行为。

第三，达到 ROI 必须具体明确地解决以下五个问题：

广告的目的是什么？

广告做给谁看？

有什么竞争利益点可以做广告承诺？有什么支持点？

品牌有什么独特的个性？

选择什么媒体是合适的？受众的突破口或切入口在哪里？

(3)ROI 策略的主要局限性

第一，他的理论没有也不可能涉及到品牌形象和受众心理，在今天的创作中，在坚持这 3 个原则的前提下，应实现从满足消费者的实际利益到满足消费者的心理感受，从诉求独特功能到表现品牌个性的另一个大的转变，更切合当今中国的社会现实。

第二，威廉·伯恩巴克的理论重心在广告的艺术表现里，也只局限在广告创作这一环节，这一理论更适合于产品和服务类广告，我们在应用时应该有所甄别。

第三，它的三原则具体所指的内容在今天看来已经不够确切，需要我们进一步的补充和发展它的内涵，比如关联性还应该包含“环境适应性”，在国际和地区交流加剧的今天，受众的文化环境对广告的创作影响极大，必须考虑；关于原创性我们可以在求异的基础上加入定位的思想因子，还有，ROI 无法概括出广告创作的诸多情况，但却指出了一个基本原则，我们的创作应该遵守这一原则，但不应该固守这一原则。

4.2.1.6 共鸣论

(1)共鸣核心理论

共鸣理论是 20 世纪 80 年代在美国广告界广泛运用的，但该理论的提出者则无法考证。共鸣理论主张在广告中述说目标对象珍贵的、难以忘怀的生活经历、人生体验和感受，以唤起并激发其内心深处的回忆，同时赋予品牌特定的内涵和象征意义，建立目标对象的移情联想。通过广告与生活经历的共鸣作用而产生效果和震撼。

(2)共鸣理论的策略要点

第一，共鸣论最适合大众化的产品或服务，在拟定广告主题内容前，必须深入理解和掌握目标消费者。

第二，通常选择目标对象所盛行的生活方式加以模仿。

第三，运用共鸣论取得成功的关键是要构造一种能与目标对象所珍藏的经历相匹配的氛围或环境，使之能与目标对象真实的或想象的经历连接起来。

第四，共鸣论侧重的主题内容是爱情、童年回忆、亲情。

建立在共鸣论基础上的优秀广告并不鲜见，影响和传播效果非常出色的香港“铁时达”手表的广告是一个典型的案例。“不在乎天长地久，只在乎曾经拥有”的广告词配以兵荒马乱战争年代的动人爱情场面，使消费者对该品牌产生强烈的共鸣。又如“南方”黑芝麻糊的电视广告，故事在一片以橘黄色为基调的暖色中展开：典型的南方麻石小巷，橘灯摇曳，随着一声“黑芝麻糊咯”的吆喝，一个身着棉帽布衫的少年推门探出头来，不停地搓手、呵气，眼中充满渴望，慈爱的大婶把一大勺浓稠的芝麻糊舀到碗里，男孩急不可耐地搓手、咬唇，一副“馋猫”样。大婶递过香浓的芝麻糊，他迫不及待大口大口地吃，完了还捧着碗不停地舔吮，引得一旁碾磨芝麻的小女孩掩嘴窃笑。大婶怜爱地多舀了一勺给他，男孩吃完，满足地抹了一下嘴角，此时画外传来男声旁白：抹不去的记忆，“南方”黑芝麻糊。“南方”黑芝麻糊广告不正面体现产品的营养价值，在广告片的前3/4时间内没有出现产品包装，而以怀旧的情愫、温馨的镜头描绘了童年的一段温暖记忆。热腾腾的锅，浓香扑鼻的芝麻糊，男孩天真贪婪的吃相，大婶关爱的目光，无不令人联想，让人相信，画面中那充满诱惑的黑芝麻糊就是“南方”带给我们的美味享受。

4.2.2 广告创意表现策略

广告内容可以分“硬性内容”和“软性内容”两部分。广告的“硬性内容”一般以信息为主，传递相关产品或服务信息，向消费者阐明购买产品或服务的理由，使消费者做出合理的购买策略，又称为“信息广告”；而广告的“软性内容”一般以情感为主，主要以感性的方法接近消费者，诱导消费者对企业或品牌的偏好，又称为“迁移广告”。因此，广告创意表现策略又分为信息广告策略和迁移广告策略两部分。

4.2.2.1 信息广告策略

信息广告是指向受众提供明确而有逻辑性的事实性信息的广告。信息广告一般是通过满足消费者实用性或效用性的需求，以消费者的否定情绪作为提供信息的线索。这里的否定情绪是指消费者遇到问题但没有找到合适的解决方法的时候，或因问题处于不满意状态时产生的心理不协调状态。在广告里提示消费者的这些否定情绪时，应该紧接着提供广告中有关产品能带来的效应。如果现实中目标消费者或是潜在消费者没有否定情绪，可以在广告中塑造带有否定情绪的人物。例如：保险公司的广告中，先提示有关意想不到的事故或死亡方面的内容，再提示能够解决这些问题的方法，即参加人身保险的内容。

理性的消费者会通过信息广告获得相关的产品信息，并根据这些信息区别产品的特性，做出购买决策。虽然有时消费者缺乏理性，不太注意产品信息的搜索，但如果广告所强调的消费者购买理由是富有逻辑性的，并能提供有趣的、符合事实的、新的、重要的信息，那么这一信息广告就能充分影响或刺激消费者。特别是那些技能性产品更需要采取信息广告的方式。

广告内容的信息不仅对作为广告主的企业，而且对作为广告对象的消费者来说都很重要。企业要引起消费者对广告的注意就要向消费者提供能知觉的信息；而对消费者来说，广告是获得有关产品或服务信息的最主要渠道之一。

为测定广告所提供的信息，Resnik 和 Stern 对信息广告进行明确确定，即信息广告传递的是帮助消费者收看广告以后作出合理购买决策的信息。根据这一概念他们确定了 14 个区分信息广告的标准，并规定至少传递一条信息的广告为信息广告，从而使信息广告概念具有可操作性。

Resnik 和 Stern 的 14 个信息广告区分标准如下：①价格或价值；②质量；③性能；④成分或内容物；⑤购买处；⑥特别提供；⑦味道；⑧营养；⑨包装/形状/设计；⑩保证；⑪安全性；⑫独立机构调查；⑬本公司调查；⑭新构想。

Resnik 和 Stern 的信息广告分类体系反映了产品的基本特性，为广告信息研究提供了定量分析框架。

4.2.2.2 迁移广告策略

迁移广告是指帮助接触广告的消费者联系消费经验、体会，对相关企业或产品产生肯定方面心理反应的广告。有时消费者对广告的反应取决于感觉或积极情绪的满意程度。积极情绪是指有感觉满意、好奇心满足、社会认可等欲望的心理状态。强调通过产品的使用满足这些欲望的广告就是迁移广告。从某种意义上来讲，迁移广告就是情感广告。如一位消费者购买钻石产品，从钻石可提供的功能和效用来讲，作为装饰的钻石没有多大价值，虽然钻石作为稀缺产品，即可通过出售获得相应价值，但消费者购买钻石产品往往不是为了出售，而是为了满足持有钻石产品而获得的社会认可的特殊心理要求，即情感方面的诉求。

迁移广告是给消费者满足情绪上需求的产品，即使用时具有象征性意义的产品。而且，消费者使用产品时，满足情绪性需求的欲望越强烈，象征性或幻想性的因素所起的作用也就越大。机能性产品利用迁移广告的情绪性诉求方式，会成为比其竞争产品更有优势的产品。

4.3 广告创意的思维方法

每个提到广告创意的人都会想到灵感，广告创意都是由灵感激发而来的，并认为“灵感”是可遇而不可求的，真的是这样吗？资深的广告人会告诉我们，如果我们按照一定的思维方式去工作，富有灵感的想法就会源源不断地浮出我们的脑海。下面我们主要介绍3种思维方法：垂直型思维方式、水平型思维方式、头脑风暴式思维方法。

4.3.1 垂直型思维方式

所谓垂直型思维方式，又称直接思考法、逻辑思考法，即按照一定的方向和路线，运用逻辑思维的方式，如归纳与演绎等，对问题进行一定范围内的纵深挖掘的思考方法。垂直型思维方式的优点是可预测的，有一个较为明确的思考方式及思考方向、比较稳妥。但垂直型思维方式也有一个很大的缺陷，那就是这种思考方法偏重于以往的经验、模式跳不出老框框，只不过对旧意识进行重版或改良。因为旧的经验、旧的观念对人们的思考具有强烈的影响力，会包围其思考方向，使其难以产生新的创意。

案例：广州至诚广告公司海尔品牌小组在2001年12月受海尔的正式委托，全面策划海尔007系列冰箱的上市案。独有的－7℃度保鲜技术，目前保鲜最精确的中高档冰箱。这样，产品的销售概念已经非常明确，那就是新鲜。但接下来的问题是用什么样的形象元素来表达这一概念，创意人员开始连续几个日夜冥思苦想，但跳出来的答案总是缺乏个性，没有震撼力。最后，广告人员来了一次垂直型思考。创意小组很快便找到了创意的表现元素："弹簧"。广告主题和创作表现自然也就水到渠成，"－7℃弹簧，当然弹性十足"，如图4-4所示。

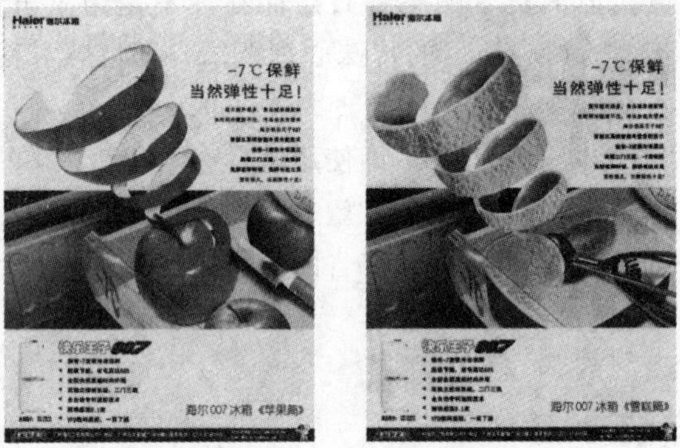

图 4-4　海尔 007 系列冰箱广告

第一步，新鲜是什么（天然原汁原味）
第二步，由天然原汁原味会想到什么（活力）
第三步，由新鲜活力会想到什么（活蹦乱跳）
第四步，由活蹦乱跳会想到什么（有弹性）
第五步，由弹性会想到什么（最终有标志的弹簧）——弹簧

4.3.2　水平型思维方式

水平型思维方式是英国生态心理学家艾德华·戴博诺博士（Dr. Edward Debono）所提出的"戴博诺理论"，是指在条件接近的情况下，对相似事物的发展情况进行比较，从中找出差距，发现问题，然后再提出解决问题的办法的一种思维活动。这种思维方式不一定是有顺序的，同时也是不能预测的。但由于水平型思维方式改变了解决问题的一般思维，尝试从别的方面、方向入手，从而使思维的高度大大增加，有可能从其他领域中得到解决问题的启示。因此，水平型思维方式在广告创意活动中起着巨大的作用。

水平型思维方式确实有益于产生新的创意，其有助于打破习惯思维，冲破旧观念、旧秩序的束缚，更容易产生新观点，从而有利于推动对问题的解决。但水平型思维方式并不能取代垂直型思维方式，水平型思维方式与垂直型思维方式正好可以互为补充。任何构想的思考，仍应先用垂直型思维方式，因为垂直型思维方式的分析与挖掘可靠性高。同时，水平型思维方式又可提醒创意者在思考时不能故步自封，墨守成规。两种方法相互配合，加以灵活运用，可收到事半功倍的效果。这两种思维方式的比较可见表 4-1。

表4-1 垂直型思维方式与水平型思维方式比较

	思维方式	思维的要求	思考的关键	思考时的心态	举例数学解题
垂直型思维方式	逻辑式思考判断能力	严谨顺序推理合理性	判断力		计算和推演
水平型思维方式	天马行空自由联想非逻辑式思考	意念的数量和流畅性(让内心的想法自由流淌出来)	联想力	打破寻找"正确解题方法"的心态	寻找有多少种解题的方法

水平型思维方式具体技术如下。

4.3.2.1 衍生其他选择

水平型思维方式的最基本原则，就是任何看待事物的特别方式都是其他多种可能方式中一种而已。这里着重考虑各种不同选择的方式，我们纯粹是为了产生不同选择才这么做，而不是为了找出看待事物的最佳方式。最佳的方式可能在过程中浮现，但事实上我们用不着刻意地去寻找它。如果我们只是在找最好的方法，一旦找到近乎最佳选择的方法时，我们便会立刻停止。然而，我们非但不能停止，反而要为了产生各种不同选择而继续下去。此程序的目的，在于松弛呆板地看待事物的方式，如果试图去找寻各种不同选择时，它们会自然出现，这有助于我们养成重组型的习惯。

4.3.2.2 反向型激发

反向意味着先找出做事情的"正常"或者常规方向，然后提出与这个方向相反的激发。激发导致的主意不一定要和原来的焦点相关。例如：

"我早餐喝橙汁。"

反向，早餐的橙汁喝我。

想象"早餐的橙汁喝我"，我掉进了一大杯橙汁里面，当我爬出来的时候身上散发着橙汁味道，这可以成为某品牌灌装橙汁的广告创意点。

4.3.2.3 随机刺激或随机输入

这是具有创造力的技巧中最简单的一种。任何组织和个人，比如摇滚乐团、剧作家，都可以运用这一技巧来获得精彩的创意。创造性的思考有时是偶发事件激发出来的，例如牛顿万有引力学说和阿基米德原理，所以我们也可以创造出类似偶发事件的随机。

随机输入的东西可以引导出新的切入点，来考虑当前所面临的问题。一个图示表示某个情境，和它依照自然途径发展的结果。然后加入一个随机插入的刺激，并且产生了情境和这个刺激之间的连接。结果得到了一个新的切入点，而原始情境的发展路线也可能因而改变。

例如：我们为某品牌办公室复印机做创意就可以，先应用垂直思维方式找到一个切入点，再沿着切入点做常规思考。做出一个图表，然后，再从词典里、报纸上或者单词表中任意地选取一个名词，然后把两者联系起来，进行创造性思考。

4.3.3 头脑风暴式思维方法

头脑风暴式思维方法(brainstorming)，又简称头脑风暴法。即集体自由研讨，发明者是现代创造学的创始人、美国学者阿历克斯·奥斯本。他于1938年首次提出头脑风暴法，brainstorming 原指精神病患者头脑中短时间出现的思维紊乱现象，病人会产生大量的胡思乱想。奥斯本借用这个概念来比喻思维高度活跃，打破常规的思维方式而产生大量创造性设想的状况。

头脑风暴法原意为由两人或两人以上聚在一起针对某条广告的诉求主题共同构思创意。头脑风暴法可分为直接头脑风暴法(通常简称为头脑风暴法)和质疑头脑风暴法(也称反头脑风暴法)。前者是在专家群体决策尽可能激发创造性，产生尽可能多的设想的方法，后者则是对前者提出的设想、方案逐一质疑，分析其现实可行性的方法。

4.3.3.1 头脑风暴式思维方法的运用

(1)会议准备

①选择会议主持人。合适的会议主持人是本方法能否成功碰撞出创意灵感的关键所在。主持人应具备以下基本条件：熟悉头脑风暴法的基本方法与召开此种会议的基本程序，有一定的组织能力，对会议所要解决的创意问题有明确而清晰的理解，以便在会议中作启示诱导；能坚持会议的有关规定和原则，以充分发挥与会人员相互启发、相互碰撞以催生出广告创意的灵感火花的作用机制；能灵活地处理会议中出现的各种情况，以保证会议按预定程序进行。

②确定会议参加人员。就广告公司而言，头脑风暴会议的人数以5～11人为宜。如果人数过少，会造成知识面的过分狭窄，难以达到解决问题所需的不同领域足够的知识互补，同时也难以形成信息碰撞和思维共振的环境和气氛，影响群体互相碰撞的效果。如果人数过多，则又会增加对问题理解的，使会议的思维方向过于分散而无法保证与会者有充分表达构思的机会，降低群体碰撞的效果。

③提前下达会议通知。提前几天将会议通知下达给与会者，有利于与会人员

在思想上有所准备并提前酝酿解决问题的设想。会议通知最好以书面请柬为宜，写明会议日期、地点、要解决的问题及其背景，若能附加几个设想示例则更理想。

(2)明确问题

在会议前制定此次会议明确的目的。这个阶段的目的是与会人员对会议所要解决的有关问题，包括广告商品的背景、特征、使用特点、目标消费者的特征、同类商品的有关情况分析等，以使与会人员对广告创意的有关背景结论有一个明确的了解。这些内容由主持人介绍，介绍时主持人应注意掌握简明扼要和启发性原则。

(3)自由畅谈

这一阶段是头脑风暴式思维方法成功与否的关键阶段，这一阶段的要点是想方设法造成一种高度激励的气氛，使与会者能突破种种思维障碍和心理约束，让思维自由驰骋，借助与会人员之间的相互碰撞提出大量有价值的构思。

(4)加工整理

畅谈结束后，一般的情况下应该会有比较令人满意的创意构思诞生，会议主持者应对大家一致认可的创意构思指定专人进行具体的创作，以便在较短的时间内拿出广告创意作品初稿来。到此，头脑风暴会议就完成了预期的目的。如果在本次头脑风暴会议中仍然没有碰撞出创意灵感的话，还可以召开第二次会议。

4.3.3.2　头脑风暴式思维方法应遵守如下原则

①庭外判决原则。对各种意见、方案的评判必须放到最后阶段，此前不能对别人的意见提出批评和评价，不要相互指责。认真对待任何一种设想，而不管其是否适当和可行。

②每人每次只提一个建议，循环进行，没有建议时说“过”。

③除提出自已的意见外，鼓励参加者对他人已经提出的设想进行补充、改进和综合。

④欢迎各抒已见、自由鸣放。创造一种自由的气氛，激发参加者提出各种荒诞的想法，可以使用适当的幽默。

⑤追求数量。意见越多，产生好意见的可能性越大。

4.3.4　广告创意的过程

广告创意的过程有以下 5 个阶段。

(1)收集原始资料

一方面是你眼前问题所需的特定知识的资料，另一方面是你在平时连续不断累积储存的一般知识的资料。

特定资料是指那些与产品有关的资料，以及那些计划销售对象的资料。我们都在不停地诉说要拥有对产品以及消费者深入的知识的重要性，而事实上，大家却很少努力此事。然而，假如我们研究的够深够远，我们几乎都能发现，在每种产品和某些消费者之间，都有其相关联的特性，这种相关联的特性就可能导致创意。与收集这些特定资料有同等重要性的事，就是继续不断地收集一般的资料。

(2)分析资料，找出目标消费者的消费偏好及习惯、商品最有特点的地方

这是一个内心消化的过程。对这些资料你要细细加以咀嚼，正如你要对食物加以消化一样。你现在要寻求的是事物间的相互关系，以使每件事物都能像拼图玩具那样，汇聚综合后成为适合的组合。创作人员在这一阶段给人的印象是“心不在焉，神不守舍”。此时，会有两件事发生：第一，你会得到少量不确定的或部分不完整的创意。不管它如何的荒诞不经或支离破碎，把这些都写在纸上。这些都是真正的创意即将到来的前兆。第二，渐渐地对这些拼图感到非常厌倦。不久之后，你似乎要达到一个绝望的阶段，在你的心智里，每件事物都是一片混乱。

(3)深思熟虑，让许多重要的事物在有意识的心智之外去工作

这一阶段，其实是头脑及心灵对之前的所有材料的捋顺及再创造的过程，把你的题目全部放开，尽量不要去想这个问题。你可以去做些其他的事，诸如听音乐、看电影、阅读诗歌或侦探小说等，等待灵感的再现。

(4)形成并发展此创意，使之能够实际应用

灵感激发的创意，就像是你的第一个宝宝，爱不释手。但是，现实是其创意不一定能发展为最终的广告作品。这还需要考虑几方面的问题：提出来的创意是否符合广告目标，是否符合广告诉求对象及将要选用的媒体特点，与竞争商品的广告相比是否具有独特性。

思考题

1. 谈谈你对广告创意原理的理解，并举例说明其应用。
2. 简述广告创意的一般过程。
3. 广告创意的原则有哪些？
4. 简要说明广告创意中所使用的思考方法。
5. 简述 USP 策略的要点。
6. 简述品牌形象策略的要点。

第5章 广告文案创作

◈ **学习目标**

◈ 掌握广告文案的内在特质和构成；了解广告文案的4个构成部分在文案整体中的作用和地位及它们之间的关系；掌握在不同媒体中广告文案的表现形式和特点。

◈ **学习重点**

◈ 广告文案的构成及各部分之间的关系。

◈ **学习难点**

◈ 在不同的媒体中广告文案的表现形式。

唐代诗人杜牧在《江南春绝句》中给我们描绘了一幅大好的江南春景——“千里莺啼绿映红，水村山郭酒旗风。南朝四百八十寺，多少楼台烟雨中”，这其中的“酒旗”，又名酒幌、酒旌、酒幔等，就是我国古代酒家招徕顾客特有的一种招揽广告。此外，古代商业活动中的悬帜、告示、招牌等都是广告文案发布的载体。

诚然，早期的广告由于受到技术水平的限制，只有文字表述，而没有图片、绘画、装饰、音响等表现因素。但即便广告发展到现在，增加了众多的表现因素，但文案仍是其不可或缺的组成部分，广告可以没有图案或音响，但不能没有文字表述。可以说，广告文案不成功的广告不会是一则好的广告。

5.1 广告文案的构成

从广告的发展史来看，早期的广告并没有完整的结构，在已发现的早期广告实物中，大部分的作品往往只有一段文字，没有标题、口号等结构性的因素。随着印刷术的发明，广告文案的结构形式也发生了变化。如纳爱斯营养维 C 牙膏(动画片)广告文案：

标题：既营养，又清新

正文：纳爱斯营养维 C 牙膏，营养牙床，延缓萎缩。鲜橙复合，去除异味，既营养，又清新。纳爱斯营养维 C 牙膏，牙齿好喜欢！

广告语：营养牙床，强根健齿。

附文：企业名称、电话、网址(略)

广告的内容基本上是由文字和画面两部分构成，其中文字部分就是广告的文案。广告文案是广告策划者按照广告主的意图以及广告目标的要求，用文字的形式将广告宣传的内容表达出来的一种方式。

由此可见，广告文案是由标题、正文、广告语、附文四部分组成。在完善的表现结构中，各部分各司其职，赋予了广告文案独特的吸引力并提供了完善的信息内容。

5.1.1 广告文案的组成

5.1.1.1 标题

标题是整个广告文案乃至整个广告作品的总题目。广告标题为整个广告提纲挈领，将广告中最重要的、最吸引人的信息进行富于创意性的表现，以吸引受众对广告的注意力；它昭示广告中信息的类型和最佳利益点，使他们继续关注正文。

人们在进行无目的的阅读和收看时，对标题的关注率相当高，特别是在报纸、杂志等选择性、主动性强的媒介上。大卫·奥格威认为：“标题是大多数平面广告最重要的部分，它是决定读者会不会读正文的关键所在。读标题的人平均为读正文的人的 5 倍。”另外，一项测验报告表明，80%的读者都要先浏览广告标题再看广告正文中的信息。因此有的广告标题一般都直接或间接地提出产品的品牌名或产品的突出利益点，如：“如果爱侣说：‘这个真不错’，我选择三菱电机的空调”(三菱空调)；“肉，使得你所需要的蛋白质成为一种乐趣”(美国肉类研究所)；而有的广告标题则对产品信息有所保留，以引起受众的好奇、审美和阅读冲动，诱导他们进一步关注正文，如“我把长江送给你”(武汉某房地产广告)、“西湖是世界的，青山湖是你的”(临安某房地产广告)。因此，广告文案人员在进行文案表现时，总是将标题的制作作为一个非常重要的甚至是首要的工作。

5.1.1.2 正文

成功的广告文案标题能有效地吸引受众的注意力，当受众从言简意赅的诉求点中获知产品的信息要点或价值属性后，会产生进一步了解产品的需求，以决定是否尝试购买。在消费者从兴趣转为消费欲望并付诸行动的这一过程中，广告文案的正文起着关键性的作用。

首先，正文必须承接标题，如果标题有所承诺，它必须给予有力的支持。其次，正文必须进行深度诉求，以完整的信息传达来说服消费者。另外，正文还需要展示出广告创意的风格，表现和树立品牌形象，标题可以奠定广告风格的基调，而整个广告风格的完整呈现和意境的营造，主要通过广告正文来完成。如下面这则汇丰银行的平面广告文案：

正文：

商贸良机一瞬即逝，必须及时把握。因此，您需要一家洞悉国际商情，对市场了如指掌的国际银行，在关键时刻，助您及时做出英明决策。

汇丰银行植根亚洲，放眼世界，累积逾128年的丰富经验，与世界各地商贸市场一直保持紧密联系，助您迅速掌握全球最新金融资讯，洞悉瞬息万变的市场动向，汇丰集团遍布全球的3 000家办事处，均配备先进电讯系统，组成快捷可靠的服务网络，随时为您提供周全服务及精辟独到的专业意见，助您拓展业务。

目前，我们全力为国内客户提供优质贸易服务，包括贸易咨询、出口信用证通知、进出口结算及押汇、外币票据贴现、贸易融资及项目贷款等。

作为全球规模最大的银行集团之一，汇丰银行拥有雄厚的资源和丰富的经验，助您尽得先机，做出快捷过人的精明决策。

这则广告正文表现的是产品给消费者带来的一种心理感觉，通过平实的语言，烘托了品牌个性化的一面，煽动了受众的情感。

5.1.1.3　广告语

广告语，又称广告口号，它是产品形象、品牌特色和企业价值观念等的生动概括，是为了加强诉求对象对品牌、企业、产品或服务的印象而在广告中长期、反复使用的简短口号性语句。广告语既是企业在一定时期内反复使用的特定宣传口号，又是使受众易记易传的一个明确观念。因此广告语在整个广告策划与表现中具有画龙点睛的特殊作用。成功的广告语对扩大广告影响，提高企业知名度和品牌的影响有重要作用。

由于广告语要在企业广告实际运作中反复使用，因此广告语的形式必须是简短易记，琅琅上口。口号太长既难以让受众理解和记忆，也影响了传播，通常一句广告语以不超过20个字为宜。如“蒙牛绿色心情，绿色你的心情”、“喝了娃哈哈，吃饭就是香”、“头屑去无踪，秀发更出众”等。

另外，在写广告语时应根据企业和品牌的特征以及广告的内容，选择不同的风格，以突出产品、品牌和企业的独特之处，避免一般化和通用化。如生活类的产品适合口语化的传播方式——“大家好，才是真的好”，“牙好，胃口就好，身体倍儿棒，吃嘛嘛香”；传达感性信息时，使用稍具文学性的语言风格更能营造氛围，如“人类失去联想，世界将会怎样?”、“不在乎天长地久，只在乎曾经拥有”；针对技术含量较高的产品，则可以使用较为正式、郑重的语气，如“诺基亚，科技以人为本”。

5.1.1.4 附文

附文，又称随文，它是广告正文的附属部分，是对广告正文内容的补充和完善；也是广告诉求的最后推动。一般而言，附文主要向受众传递广告产品信息中相关的具体内容，如企业名称、企业地址、商标、联系方式、购买选择和销售周期等，它一般出现在影视广告的结尾或印刷品的最下角。附文能指导和帮助受众有效地实施购买行为，如果附文的内容有所失误，会对广告产品的销售产生不利的影响，因此附文也是广告文案结构中的一个有机组成部分，文案撰稿人要以认真的态度来撰写附文，不可掉以轻心。

附文的内容该如何补充，要结合广告文案的整体风格和信息容量的多少来考虑。如果正文是理性诉求的方式，附文可以补充正文中没有出现的销售信息，如销售地点和截止日期等；如果正文是感性诉求方式，附文可以补充相关的联系方式和注意事项等。如英国“舒味思”柠檬水在美国上市时推出的广告文案：

标题：“舒味思”的人来到此地

正文：引见从英国伦敦“舒味思”厂所派出的特使，制造师爱德华·慧特海。“舒味思”厂自1794年起即为伦敦的一大企业。制造师慧特海来到美国各州，确查在此地所煮的每一滴“舒味思”奎宁柠檬水是否都具有本地厂所独具的口味。这种口味是长久以来有“舒味思”厂所制的全世界唯一杜松子酒及滋补品的混合物。他进口了“舒味思”所独创的虔修醇剂，而“舒味思”炭化的秘方就锁在他的小公事提箱里。这位制造师傅说：“从头到尾具有毫厘不差地地道道的‘舒味思’历经百余年之经验，才把他的奎宁柠檬水造成现在这种半苦半甜的完美境地。但你把它和松子酒及冰块混合在高脚杯中却只需30秒钟的时间。然后，高雅的读者们，你将会赞美你度过的这一天。”

口号：地地道道的“舒味思”

附文：你如果喜爱这篇文字而没有喝过“舒味思”，请以明信片通知，我们即作适当的安排。函寄：纽约市·东六十街三十号·舒味思收。

5.1.2　广告文案写作的基本要求

广告文案的撰写，同一般文章的写作有不同的要求。它并不追求文字的华丽，也不完全要求成为受众鉴赏的对象。广告文案要服从广告传播活动的总体目标，符合广告总体设计的要求，能够在瞬间形成强烈的刺激，引起消费者的关注，使消费者认知、感觉，产生浓厚的兴趣和留下深刻的印象，并能具有强烈的号召力，促使消费者采取一定的购买行动。

5.1.2.1　引起注意

生活在当代社会，人们每天要接触大量信息，要受到各种广告信息的刺激。一则广告能否被注意到，是广告效果能否实现的关键。因此，首先要能抓住受众的眼睛和耳朵。

5.1.2.2　唤起兴趣

对目标消费者进行针对性诉求，从他们的生理和社会需要出发，调动其情感等。为达到这一要求，必须明确广告的传播对象，了解其有什么样的需求。

5.1.2.3　刺激欲望

通过文字的表述，能够使消费者从喜爱某种商品，发展到产生购买此商品的欲望。要注意突出商品的特质，表明能给消费者带来的实际利益和好处等，进行诱导。

5.1.2.4　加强记忆

要能让消费者记住广告的内容，广告文案应简练、易懂、有节奏，特别是广告标题、广告口号、商品和企业名称等，要突出、醒目。也可设置悬念、促使联想、进行多重刺激，以加深消费者的印象。

5.1.2.5　促成购买行动

广告的目的之一是促使消费者能尽快采取购买行动。所以，广告文案中也要注意含有促销的内容。如能享受优惠、得到赠品、欲购从速等。比如上面两则广告，都包括促销方面的内容。

5.1.3　不同媒介中的广告文案结构体现

因为发布过程和发布形式、接收过程和接收形式的不同，在不同媒介上发布的广告文案表现出不同的结构组合。

5.1.3.1 平面广告文案

平面广告文案的结构是广告文案基本结构的最典型表现。与广播、电视等电子媒介相比，因平面广告发布形式采用同一平面、同一时间的发布方式，每则广告的各项要素、各个结构组成部分都同时出现在受众面前，广告文案的结构展现清晰、明确、共时。因此，一般在创作平面广告时，在结构上都编排得较为严整、完备，受众也能在同时最完全地了解各项文案结构。

5.1.3.2 广播广告文案

顺时传播使得广播广告文案的结构表现相对模糊。尽管在广告文案的写作过程中，文案人员提供了较为完整的文案结构，但在进入广播媒介发布时，因为是顺时传播，各个部分按时序发布，有一个相对的过程和时间的流程。因此，有一种结构上各部分间的模糊感。而事实上，为了诉求到位，还是需要结构各部分各司其职。即使在广播广告文案的写作中，结构也不是一个可有可无的东西。当然，因为是口头传播，可以选择更适合口头传播的结构，如无标题，用对话设置场景感，用独白表现情感的变化，结构的运用多为广告正文、广告口号，而在用叙述式语言表现时，结构上的完整性仍然是重要的。

5.1.3.3 电视广告文案

电视广告文案结构视听觉互补相得益彰。电视这一媒介可以同时诉诸人的视听觉，电视广告文案拥有两个载体：语言和文字。这两种载体形成的文案相辅相成、相得益彰。一般情况下，都是将标题、正文用口头语言方式来表现，而将广告口号和附文用字幕形式或字幕的文字形式与口述的语言的形式一起同时表现的方式来表现。因此，给受众的文案结构感不强。在有的电视和广播广告中，广告口号就是广告标题，处于两者合一的结构状态。这在平面广告作品中是不多见的。

5.2 广告标题、正文、口号创作

5.2.1 广告标题的创作

广告标题是广告文案的一个重要构成要素，是广告文案内容的高度浓缩和概括。一则广告标题的好坏，直接影响着广告宣传的效果。

广告标题是广告文案乃至整个广告作品的总题目，在广告作品的整个构图中，始终处于最醒目、最有效的位置。广告标题将广告中最重要、最诱人的信息进行富有创意性的表现，以吸引受众对广告的注意力；通过昭示广告信息中的最佳利益点，使他们继续关注正文。

人们在进行随意的阅读和观看时，对标题的关注度非常高，特别是在报纸、杂志等选择性强的媒体上，大多数的读者都会先浏览广告标题然后再看广告正文中的信息。因此，广告文案人员在进行文案表现时，总是将标题的制作视为一个非常重要甚至是首要的工作。大卫·奥格威曾说过："如果你创作的标题不吸引人，那么，你就浪费了广告主75%的费用。"没有标题是一种冒险，而不好的标题则是很大的过错。

广告标题还是文案与创意的纽带。精妙的标题可以一针见血，直指创意核心，让广告的创造性得以充分展现。

5.2.1.1 标题的作用

(1)阐明主旨或目的

阐明广告的主要宗旨与目的，是文案标题的主要作用。广告学家经过反复研究发现：阅读广告标题的人是阅读广告正文的人的5倍。人们往往读完标题，就不再继续阅读了。因此，广告标题不仅要生动、优美，还应该成为广告作品向消费者传递信息的一个主要渠道，使不读广告正文的人，通过阅读标题，也会获悉整个广告作品的基本信息。这样，广告标题要能够包含广告中最主要的内容，显示出广告作品中的精华。如果人们只阅读广告的标题部分，那么也能理解整个广告内容的基本含义。

(2)吸引受众的注意力

人们每天都在接触大量的广告，据美国哈佛大学商学部的调查，在所有广告中，大约有85%的广告引不起人们的注意，因此也就没有起到应有的作用。其中的一个重要原因，就是广告的标题不能吸引人。"看书看皮，看报看题。"在一般情况下，人们接触广告作品，视线常常首先扫描到标题。如果标题引不起读者的兴趣，那么往往会放弃阅读，或产生不了继续阅读的欲望，就会导致广告传播的失败。而标题精彩有趣，则能够抓住读者的注意力，吸引读者阅读，使广告获得成功。所以，广告标题首先就要做到能否吸引消费者的视线，在一瞥之中使其产生继续阅读广告正文的兴趣。

(3)诱使受众产生继续阅读广告正文的兴趣

一则优秀的文案标题，常能以其高超的技巧诱发读者的好奇心。虽然很多人只读标题，而不读正文，但是如果标题传播的信息是他所关心的，就能够在一瞥之间抓住消费者的视线，使之停留，而且能够激发消费者"一山望过又一山的"的好奇心，产生继续阅读广告正文的兴趣。如："从12月23日起大西洋将缩短

20%”这个标题就独具匠心，令人感到新奇，产生一种追根寻底的冲动，诱导读者继续读下去。

(4)激发受众产生购买欲望

好的标题，不仅能点明广告的主旨，而且能吸引媒体受众的注意力，使他们对广告产品产生购买欲望。特别是那些集标题、标语、正文于一体的文案标题，这一作用更为明显。

5.2.1.2　标题的表现形式

广告的标题，按其内容与形式的组合不同，可分为以下几类：

(1)直接标题

标题本身就是一个完整的句子。这是最常见的一种标题类型。通过简明的文字表明广告的主要内容，读者只看标题就能了解广告的主要信息。这类标题往往以商品、商标或企业名称来命名。

例如：

维维豆奶，欢乐开怀。——维维豆奶广告

白猫洗衣粉，洗衫好干净。——白猫洗衣粉广告

采用直接标题的广告主要有两种情况，一是只有标题，没有广告正文，如路牌广告、招贴广告等，多数是标题与图画相配合，将主要的广告信息包含在标题中。二是标题与正文相配合，标题引导读者去阅读正文，而正文是对标题的补充与说明，比如标题“止咳有妙法，快服贝川精”，正文则是对贝川精药效的具体介绍。

(2)间接标题

间接标题与直接标题不同，它并不包含主要的广告内容，在标题中不直接点明广告主题，而是用耐人寻味的语句诱导读者去阅读正文。

例如：

热气腾腾，蒸蒸日上。——电饭锅广告标题

寒冷与宁静的联想。——电冰箱广告标题

你追我赶，共赴前程。——齐鲁鞋业有限公司广告标题

间接广告标题用词讲究，含而不露，追求一种“曲径通幽”的意境，生动活泼，富有情趣，有效地激发人们的好奇心，去看个水落石出，从而达到广而告之的目的。

(3)复合式标题

复合标题是由两到三个标题组合而成的标题群，通常具有直接标题和间接标题的双重作用。既可使人一目了然，又可引发人的阅读兴趣。尤其在平面广告作

品中常见。

复合标题通常由引题、正标题、副标题等三种标题组成。引题的作用是交代背景、烘托气氛或引出主题；正标题是广告信息的核心，作用是传达重要的广告信息；副标题的作用一般是对主题的补充和说明。副标题的明显特征是该标题前面常有标志性的破折号“——”，能很好地突出正标题的核心地位，同时，又将副标题和正标题内容紧密关联在一起。

例如：

引题——SANYO 三洋

正标题——三洋卡拉 OK 录像机

副标题——影、视、歌三重享受

也有的复合式标题是由两种标题组成，如引题与正标题或正标题与副标题等。

例如：

引题——滴滴精纯，风味顶好

正标题——顶好清香油

正标题——海内存知己，天涯若比邻

副标题——电视电话能使山阻海隔的亲友见面畅谈

5.2.1.3 标题的表现形式

广告标题的表现形式大致可以为这样几类：

(1)新闻性标题

人们在阅读广告时，往往希望能从中获取新的商品信息或市场信息，而这类标题正是迎合消费者这种心理。如新产品的销售、新建成的企业、商品牌号的变更等，多采用新闻性标题。

新闻性标题要为消费者提供一些新的信息，这类信息既可以是新发生的情况，也可以是新的知识。如“华夏大地教育网网上课程公开测试擂台大会”、“服用圣达牌中华鳖精比吃甲鱼更补”等。

(2)提问式标题

这类标题是借用公众的好奇心理，通过提出疑问来引起关注，从而促使消费者产生兴趣，启发他们思考，产生共鸣，留下印象。在创作时，广告人员必须要找出产品、企业或服务最引人注意、大众极为关注或担忧的特征，从而提出疑问。标题的字数不宜太多，应简洁易懂。所提的问题具有吸引力，诱导人们非要了解个究竟不可。如推销化妆品的广告：“女人，你追求什么?”某个英语学校广告标题是“你的英文有错误吗?”这种广告标题往往针对消费者的心理来设问，从而引起消费者的同感和兴趣。

(3)判断式标题

在标题中直接表现商品带给消费者的好处，或是在标题中直接赞扬商品的优点。如：法国人头马白兰地酒的广告标题是“饮用法国人头马，使您出人头地”；可口可乐的广告标题是“喝可口可乐，令你精神爽朗”；LG海鲜冰箱的广告标题是“噪音听不见，省电看得见！”采用判断式标题要切忌夸张，避免俗套，如“誉满全国”、“世界首创”等，反而会使读者产生怀疑。

(4)祈求式标题

用劝勉、希望、呼吁的口气，催促人们采取购买行动，如“请使用白兰牌洗衣机来简化您的家务劳动”、“在红标志前留步”(可口可乐的广告标题)。

(5)提倡号召式标题

在标题中提出企业的主张、建议以及号召人们从速购买。如日本三得利的广告标题：“星期五——买葡萄酒的日子”；美国通用电器公司推销空调机的广告标题：“为什么还要苦熬另一个夏天呢？让通用空调机使你保持凉爽吧”；工厂号召人们从速购买的广告标题如“存货有限，欲购从速”等。

但是，在标题中进行提倡号召，意义也要明确，真正起到诱导、促使产生行动的作用，不要让读者费解。如一则商品住房的广告，标题是“这是别人赚钱的地方，你还等什么！”购房与赚钱有什么必然的联系？这种号召实在没有多少鼓动性。

(6)情感式标题

通过诉诸读者的情感而给人留下深刻的印象，如可口可乐的广告标题：“让我们一起创造更好的世界，同享和平、欢乐、洁净的家园”；日本星辰表广告的标题：“在时光的流逝中，女人呼唤着爱；在时光的流逝中，男人呼唤着人生。”

(7)悬念式标题

在标题中设立一个悬念，以引起受众特别注意进而阅读正文的广告标题。它常用令人备感兴趣而一时又难以作答的话语作为标题，使受众在寻求答案的过程中不自觉地产生兴趣，由于惊讶、猜想而引发进一步阅读。

如以色列航空公司曾经做过的一则广告，标题是“从12月23日起，大西洋将缩短20％”，广告用了一幅大西洋地图做图片，一边被撕下20％。配以这样的标题，使读者经过思索后恍然大悟：这是显示该公司的飞机速度快，能够节省时间，使大西洋的距离也变短了。

(8)比较式标题

通过与同类商品相比较，突出本商品的独特之处。但这类标题要注意避免贬低同类产品，借以抬高自己，违背不正当竞争法则，使用时要谨慎。

5.2.2 广告正文的创作

广告正文是广告文案中除标题、标语及最后的商标、企业名称等之外的主要说明文字。广告的主题、广告的基本内容主要是通过广告正文来传递的，因而广告正文可以说是广告文案中最重要的组成部分。

5.2.2.1 广告正文的构成

从文字结构来看，广告正文主要由以下三部分组成：

开端。它是广告文案标题与正文衔接的部分，起承上启下的作用。要求既能衔接标题，又能为后面文字的展开扼要地提出问题。

中心段。广告正文中的主要部分，其任务是根据广告目标和要求，阐述商品的状况、品质及其优点。

结尾。一般是为便利消费者或用户迅速付诸购买行动而做的服务方面的种种说明，比如售卖时间、地点、价格、服务保证以及电话、电报、银行账号、厂址、联系人等。

5.2.2.2 广告正文的表述方法

广告正文是广告文案的主体。根据广告目标和广告主题的要求，在撰写广告正文时，可有很多种模式。虽然文无定法，一个熟练的广告撰稿员并不需要依照一定的模式去进行写作，但不同的模式有不同的写作要求和方法，对其进行认识和把握，对于实际创作还是有帮助的。

根据诉讼方式的不同，广告正文大体上可分为三种文体类型：理性型广告文案、情感型广告文案和情理交融型广告文案。

(1)理性型广告文案

这种文案是以摆事实、讲道理、提出确凿的证据和事实为诉求方式，以商品或劳务的优点、特质和特别的利益为诉求重点的广告文案。此类广告文案以理服人，让消费者用理智去判断和选择，一般比较适用于新产品、竞争性产品和生产资料产品。

理性型广告文案主要包括陈述体、说明体、论说体和证明体。

①陈诉体。以陈述、诉说为主要表达方式的广告文体。它又包含布告体、新闻体、对话体等，主要用于开业启示、招聘、招生、通知、声明等。

②说明体。以说明为主要表达方式的广告文体。广告内容主要是对商品和劳务等实物的性质、特点、内容、成因、功用等进行详细说明，以使消费者形成明

确的产品概念和学会正确的使用方法。

例如：麦氏咖啡在打入中国市场初期的一则广告就是采用说明体。

哥伦比亚咖啡，制成世界最香浓的咖啡。

哥伦比亚安第斯山脉，是世界上种植咖啡的最好地方，那里有肥沃的火山土壤，温和的气候以及适量的阳光和雨水，保证了每一颗咖啡豆的完美成长。待到咖啡豆成熟时，人们采用手工摘取。只有最好的咖啡豆才进行烘烤，以确保其独特的味道及芬芳。假如您是一位咖啡爱好者，一定要选用哥伦比亚咖啡豆制成的各类咖啡。在中国唯有麦氏超级特选速溶咖啡和生活伴侣杯装咖啡才是您最终的选择。与众不同！

这个广告对麦氏咖啡的原料产地及原料特色进行的客观、真实的说明，使消费者获得了正确而科学的产品事实。

说明体广告具有科学性、知识性和实用性等特点，适用于生产资料产品、药品广告、滋补食品广告、高档耐用消费品广告、美容广告和化妆品广告等。

③论说体。以议论、说理为主要表达方式的广告体。它是以概念、判断、推理的逻辑思维形式，直接阐述事理，传播信息。

论说文体广告要求论点突出、论据充分、论证合乎逻辑。论证方法可采用例证法、喻证法、引证法、对比法。表达方式可以论证为主，穿插说明、叙述、描写等以增强广告的吸引力。此类广告多适用于报纸、杂志、广播等媒体。

④证明体。是以证明为主要表达方式的广告体，主要是借助于有关权威的鉴定评语、荣誉称号、获奖情况，或各界知名人士、典型用户的见证和赞颂之辞，以及一些典型事例来证实广告内容的真实性。

例如：汰渍洗衣粉的电视广告，就是通过一位家庭主妇讲述亲身体验来证明产品的功效。

这种证明广告文体常用于知名度较高的名优产品，如名牌家用电器、高档名酒、名贵药品、高级化妆品等。

(2)情感型广告文案

这种文案是以人们的喜、怒、哀、乐的情绪和道德感、群体感、美感等情感为诉求方式；以异性的喜爱、大众的赞美、亲友的情谊、美丽的景色协调等诉求重点，来诱发消费者的感情，在情感或情绪的影响支配下，采取购买行为。

这类文案以情感人，追求情调的渲染和氛围的烘托，富有人情味，更容易打动消费者的心。多用于装饰品、化妆品、时髦商品以及其他软性商品。

情感型广告文案主要包括叙述体、抒情体、故事体、文艺体、谐趣体等。

①描述体。以描写、叙述为主要表达方式的广告体。通过生动细腻的描绘和

刻画，来渲染消费者的情绪，达到促进销售的目的。

例如：台湾江南村别墅的广告词。

中国人忘不掉江南风味，中国人应该享受江南风味的生活。

一条清邃的仄径，垂柳依依，唐时山水地形，中国古典大门转出一地江南风味，轻托着淡淡的山岚，我们仿佛回到故园的江南山水，二十四桥、西子湖、苏杭……都在脑海里涌现。

此广告通过对风景的描写来感染消费者，引发人们产生美好的联想和情绪，从而对广告商品产生需求。

②抒情体。以抒发情感为主要表达方式的广告主题。

抒情体广告不同于文学作品的抒情，它是在广告商品或劳务的事实上进行抒情，多用生动形象的语言，"我化"、"情化"的描写，去拨动消费者内心深处的情弦，从而赢得他们的认同。

例如：荷花牌涤棉蚊帐的广告词。

如烟如雾，玉洁冰清，飘飘然使你如入仙境，甜蜜蜜伴君美梦。

借问蓬莱何处寻？就在那"荷花"帐中。

整个广告充满诗情画意，引人联想，发人雅兴，富有情趣。

③故事体。即通过讲故事的形式来传递商品或劳务信息的广告体。

故事体广告一般有简单的故事人物和故事情节，故事人物往往是商品的使用者，故事情节常常是购买和使用前后的一些矛盾、难题以及解决的过程。这种解决问题式的故事体广告运用得非常普遍。

例如：美国P&G公司为将其产品"海飞丝"洗发护发水打进中国大陆市场，所设计的广告就是采用故事体。

这则广告用不到一百字的篇幅，极其简洁鲜明地向观众叙述了一个关于"海飞丝"功效的故事。

天真无邪的孩子竟在大庭广众之下揭了母亲的心病——"妈妈，你的肩膀有一粒粒白点"。头皮屑使年轻的母亲十分难堪，怎么办呢？这时，画外音响起了母亲的内心独白——"还好，我看到了海飞丝广告"。悬念把观众自然地引入正题，像是一位头皮屑的"苦主"在向人们介绍她亲身经历的故事。接着是画外音的继续——"四个星期后，用普通洗发水这边还有头皮屑，用海飞丝这边就完全没有了。"

④文艺体。集诗歌、散文、小说、童话、戏剧、歌曲等各种文艺形式，宣传商品的性能、优点，以引起消费者的浓厚兴趣。

如：娃哈哈所采用的说唱形式的电视广告词：

唱：中国有个娃哈哈。 说：千家万户都知道它。

唱：一日两只营养液。　　说：每天吃饭就是香。

唱：银耳燕窝好气派。　　说：送给爷爷和奶奶。

卡通唱：酸酸甜甜新果奶。说：妈妈我要——喝。

文艺体广告语言生动形象，活泼新鲜，具有较强的艺术感染力，此类文体多适用于日常生活用品。

⑤谐趣体。即以诙谐幽默、生动风趣的手法和语言为主要表达方式的广告体。

例如：法国的克隆堡啤酒进军美国市场的广告词。

珍贵的克隆堡啤酒正在源源不断地流向美国，阿尔萨斯人真是舍不得，恳请美国朋友不要全部喝完。

这则广告词幽默风趣，令人回味无穷。美国人很快就喜欢上了克隆堡啤酒。

(3)情理交融型广告文案

此类文案是将理性诉求和感性诉求融为一体的广告文体，既动之以情，又晓之以理，双管齐下，说服消费者。

此类文体多运用于电视机、音响、摩托车、汽车等耐用消费品和贵重商品。

例如：科龙空调的一则报纸广告。

如果你只想要一部普通空调，就不必往下看。科龙空调现已上市！

制冷杰出的科龙空调：能效比超群的"智能高手"。卓越的性能，令科龙空调在1992年全国空调质量检测中获得能效比CCOP值，最高达3.34的殊荣。

宁静和谐的科龙空调：超静音设计，令科龙空调室外机的噪声比一般空调的室内机还要低，在1992年全国空调质量检测中，以噪声最低获得第一名。

赏心悦目的科龙空调：流线型机身与圆弧面相结合的轻型设计，配合恬静幽雅的色调，使之宛如一件艺术品。

勤俭持家的科龙空调：高效节能，除了翩翩的风度，恬静的性格和制冷身手不凡之外，还懂得细水长流，确是个持家好手。

此广告既用客观、准确的理性语言介绍了产品的具体技术和质量标准，又用生动、丰富的感性语言描述了产品的风格和时髦程度，具有很强的说服力。

此类文体多适用于高档耐用品和奢侈品。

5.2.3　广告口号的创作

5.2.3.1　广告口号的作用

广告口号又叫广告标语。它是广告在较长时间内反复使用的特定商业用语，目的是向消费者灌输一种长期不变的商品观念。广告口号的作用就是以最简短的文字把企业的特征或是商品的特性及优点表达出来，给人留下深刻的印象。广告口号就像广告的名字，使消费者一看到或听到它，就能产生明确的认知、识别。

广告口号是广告主要信息的浓缩，它可以直接为商品促销服务。

广告口号与广告标题在写作形式和写作要求上有许多共同之处。比如，两者都是对广告主要信息的浓缩，都是为了吸引消费者的注意力达到促进销售的目的，但两者又存在着明显的区别。

(1)使用寿命不同

广告标题是一则广告的题目，是一则广告文案的不可分割的有机组成部分，标题随着广告内容而变化，经常是一次性使用。

广告口号是企业广告的普遍标志，是商品观念的长期输出形式，它相对稳定，一般几年甚至十几年不变。它可以适用于一家企业在任何时间、任何地点所作的任何广告，广告口号只有反复使用才有意义。比如：格力空调的“好空调，格力造”；美的电器的“原来生活可以更美的”。

(2)在广告中的位置不同

广告标题的目的是引起消费者注意并进一步阅读广告正文，因而在设计上往往放在广告作品中最醒目的地方，通常是与照片、插图等有机地结合在一起。

广告口号在广告版面中的位置十分灵活，它可以单独使用，也可以放在广告上下左右中的任何地方，多出现在结尾部分。

(3)表达方式不同

广告标题可以是一句话也可以是一个词或词组，而广告口号必须是意义完整的一句话，能够表达一个明确完整的概念。

例如：麦氏咖啡的“好东西要和好朋友分享”、康莱蛋酥卷的“把美味和营养卷起来”、人头马酒的“人头马一开，好事自然来”。这些广告口号句子完整，意义明确，给人印象深刻。

5.2.3.2　广告口号的种类

广告口号从写作手法和突出内容来看，可以分为以下几种主要类型：

(1)强调商品的特点以及给消费者带来的好处

雀巢咖啡在我国播出的广告，其中流传甚广的一个广告口号是“味道好极了。”这是用广告中的人物称道雀巢咖啡的一句话，表面看来平淡无奇，却给人留下了深刻的印象，甚至成了一些人的口头禅。人们提起这句话，往往就会联想起雀巢咖啡来。雀巢咖啡的“味道好极了”、康师傅方便面的“香喷喷，好吃看得见”、M&M巧克力的“只溶于口，不溶在手”等都是着重强调商品与众不同的特点，创造独具个性的商品形象。

再如：华旗果茶的“让你营养更均衡”；娃哈哈的“吃饭就是香”；海飞丝的“头屑去无踪，秀发更出众”；健民咽喉片的“健民咽喉片，片片随心愿”；人头马葡萄酒广告的“人头马一开，好事自然来”；法国皮瑞尔矿泉水的“甘纯到最后一滴”。这些广告口号都是突出广告给消费者带来的好处。

(2)突出企业的经营特点

突出企业的历史与传统：大白兔奶糖的“三十年好口味，大白兔与您共成长”；潘太克相机的“单反相机的历史就是潘太克的历史”等。

反映企业未来为主题：东芝电视机的“创造美好的明天”；“创造美好的明天，开发未来的三菱电机”；“向 21 世纪挑战的新技术”等。

反映企业的国际性或其市场规模：长城电扇的广告口号“世界，我们的市场”；大宝系列化妆品的广告口号“走遍天涯和海角，人间处处有大宝”；东京银行的广告口号“连接全世界”。

反映企业的技术水准：美国通用电气公司的广告口号“我们的主要产品是进步”；威斯汀豪斯公司的广告口号“只要认准是威斯汀豪斯字号，那你就尽管放心”；申花电器的“领先一步”。

表现企业的观念、思想和活动：小霸王学习机的“为了将来打基础”；美国迈克啤酒的“夏威夷，迈克的情怀”。

反映企业的社会价值及公共服务性：日本矿业的广告口号“开发世界的地下资源”；九州电力的广告口号“与九州 1 200 万人民在一起”。

(3)号召消费者采取购买行动

例如：可口可乐的“请喝可口可乐吧”；七喜汽水的“喝口七喜汽水提提神”；美国 TANG 果珍的“你也来一杯吧”；永久自行车的“骑车九十九，还是骑永久”；娃哈哈果奶的“妈妈我要喝娃哈哈果奶”等。这些广告口号都是运用鼓动性的语句，直接动员消费者购买广告中的商品或劳务。

有些广告口号是将突出产品的优点及号召购买结合在一起，如：七喜汽水的广告口号“喝口 Seven-Up 汽水提提神”，大宝系列化妆品的广告口号“大宝，明天见。大宝，天天见。”

5.3 广告图像与音响表现

5.3.1 广告图像

广告图像是以造型的形式，直观地表现广告创意的工具。广告图像通过线条、色彩、布局等视觉语言，创造出具体直观的广告形象，形象化地表现广告主题。

5.3.1.1　广告图像的分类和特点

根据广告图像表现形式的不同，可以区分为绘画图像和影视图像两大类。

(1)绘画图像

它是以线条、色彩、布局的组合，通过直观形象，表现广告信息，深化广告主题和创意的方式。广告界流传着这样的说法：以突破国与国之间语言和文字的差异而导致的阻隔。在广告版面上，仅凭标题、正文与口号的字号大小的运用，调剂幅度不大，而图画穿插其间就能够使表现形式更为完美，从而达到美化广告版面的作用。绘画图像主要形式为广告插图、广告招贴等。

(2)摄影图像

它是以现代机械、电子手段和技术直观形象地表现广告创意的方式：这种图像在现代社会所起的作用越来越重要。广告摄影，在近年发展十分迅猛，大有取代绘画广告之势。广告摄影的应用越来越多，已经大量应用于报刊广告、路牌广告、招贴广告、直邮广告和其他各种印刷广告中。与广告绘画相比，广告照片显得更真实、更可信，通道客观的再现事物的本来面目而具有较强的说服力。

5.3.1.2　广告图像的表现形式

广告图像在表现形式上主要区分为写实、写意和暗示等几类。

(1)写实类

这种广告图像着重表现商品的外在形象和特征。这是最常见的广告图像。在某些特定商品，如家用电器、机械设备、时装、汽车等商品，消费者在购买时都想具体了解这些商品的外观造型、性能特点以及使用方法等，一般经常采用写实类的图像。1993 年 1 月 25 日，上海《文汇报》在头版整版为杭州“西冷”空调机做广告所采用的就是写实类的图像，即以显著位置表现了西冷分体空调的立体形象。

(2)写意类

在广告图像中，通过对某种象征物的表现，使被象征的内容特点得到强烈而集中表现的图像形式。这种形式常用在化妆品、烟酒、食品和药品等商品上。

(3)暗示类

在广告图像中，通过再现商品的某一特性，间接地表现出与其相关联的其他方面，从而把复杂的内容用简洁的形式表现出来。

5.3.1.3　广告绘画艺术

广告绘画作为一种特殊的艺术语言，主要以色彩、形象、线条等发挥艺术技巧。广告绘画是广告与绘画艺术的综合，它兼具广告的性质又不失绘画艺术的特点，即它是以艺术性的表现，向消费者传播销售信息。因此，广告绘画属于艺术性、实用性和功利性的统一。

(1)广告绘画的要素

广告绘画的要素包括线条、色彩、色调、质感、形态、尺寸和方向等，其中线条、色彩为最主要要素。

①线条。线条可以选用直线、平行线、斜线或曲线、粗线或细线、光洁的线或粗糙的线、连续的线或间断的线、实在的线或虚拟的线。一般认为：直线代表庄重，平行线表示安静，斜线体现动感和生气，而曲线则意味着优美。

②色彩。色彩是人通过眼睛感受可见光刺激后的产物。色彩由明度、色相和纯度三要素构成，这三要素是光感过程的第一类要素；面积、形状、位置、肌理，这四要素是获得色彩表现的条件，是光感过程的第二类要素；各种色彩影响人的感觉、知觉、记忆、联想、情绪和情感等心理过程，产生特定的心理作用，如冷暖、轻重、厚薄、远近、朴实、华丽等，这些被称为光感过程的第三类要素。

③色调。色调是在平面绘画中经常用来代表空间的变化，提供线条的对比。

(2)广告绘画中线条和色彩的表现技巧

在广告绘画中，突出强调的是色彩在广告图画中的运用。色彩于图画，犹如标题之于正文，对增加受众对广告的注意力具有十分重要的作用。

绘画色彩的不同明度、色相和纯度会产生对比。色差大，对比强烈；色差小，对比小；色差适中，则对比平和。当出现弱对比，其感受及判断为轻快、平稳、深沉、浑厚、艳丽、雅致、柔和、含蓄，或者粉、灰、黑、平、闷、脏、单调等；当出现强对比时，其感受及判断为鲜明、强烈、突出、夺目、坚定、有力。或者眩目、生硬、火燥、割裂等；当出现适中对比时，其感受及判断为明晰、清晰、和谐、丰富、悦目，或者杂乱、破碎、无条理、不协调等。色彩的第二类要素会对产生的心理反应或起加强作用，或起削弱作用。因此，在广告绘画的色彩使用上，既要考虑色彩的均衡，又要考虑色彩的对比，即色相光度强烈的商品和比较柔和的背景的对比关系、色块面积大小的对比等；既要考虑色彩的照应，使不同色彩、同一色彩不同深浅之间在总体和谐的基础上发生很好的联系，产生相应的节奏感和韵律感，又要注意广告的色彩变化，使色彩与被表现的商品相适应，以色彩的象征意义来表现商品。

线条在广告绘画中可以提供形态和方向。几根线条放在一起，或者一根曲线的成形，以及色调的面积，可为图画提供形态。而线条和形态的组合，会产生一种指向的倾向，甚至会带有移动的倾向，从而构成广告图画的方向。在一幅广告画上，应该指示读者的视线从一处移向另一处，但切忌把受众的视线移到整个广告之外。

广告绘画在目前主要有两种表现手法，即手绘与喷绘。手绘中则有绘画性、漫画性和象征性等表现，绘画性广告有时十分接近纯绘画作品，不同的是要受设计主题的制约，具有从属性。纯绘画作品和广告绘画作品的区别好似普通的"语言"与"专门用语"。值得引起重视的是，目前在国外广告绘画中，已被大量运用的喷笔描绘的商业逼真画，由于喷笔的运用和绘画工具材料的更新完善，为广告绘画开辟了新的表现技法，许多作品在逼真的效果上，可以和彩色摄影照片相媲美。

5.3.1.4 广告摄影艺术

(1)广告摄影特点

广告摄影是广告活动与摄影技术的有机融合。丰富多彩的摄影艺术，开创了广告表现的新领域，推动了广告业的大发展。一般而言，广告摄影具有以下几个特点：

①广告摄影能够灵活性、多样性地表现广告内容。摄影技术及处理的方式多种多样，摄影的技巧丰富多彩，这就决定了广告在与摄影结合起来之后，必然带有摄影的基本特征。

②广告摄影能够带有强烈的新闻性色彩。广告摄影由于对产品或企业进行直观的表现，照片中历历在目的事实权易使广告的内容赢得消费者的信任。

③广告摄影能够真实而艺术性地表现广告创意和服务于广告主题。广告摄影与一般摄影不同之处，主要就是广告摄影必须以吸引消费者为目标，以提高广告的促销效果为最终目的。

(2)广告摄影的分类

广告摄影可以从不同角度进行划分，具体如下：

①写实类和写意类划分。写实类形式所传播给消费者的是实实在在的产品表现，写意类形式往往并不以广告产品为直接诉求内容，而是通过传播与主题相关的信息传播来点画广告主题。

②摄影照片和摄影画划分。摄影照片一般只是把广告内容以摄影形式来显示出来，在其中基本没有广告文字语言。摄影画是广告文字语言和表现广告主题的摄影在广告上的综合运用，在其中可明显地区分出两大部分，即广告文案和广告摄影。

③产品广告摄影和企业广告摄影的划分。这是根据广告表现的主题内容所做

的划分。产品广告摄影的重点是充分表明商品本身的优异特性，企业广告摄影是以企业自身的形象为主要内容，如规模、历史、信誉、传统、技术水平、人员素质和企业文化、社会形象等。

(3)广告摄影的技巧

现代广告摄影是独特的构思设计和高超的摄影技术的结合。

①选定主体商品在空间的位置。从美学角度看，一般应把被摄商品安排在画面的中心或稍稍偏离中心的位置，主体商品至少应占据整个画面的2/3，并在上下左右留有一定的空隙，才会引起人们的注意。

②安排背景。背景对突出主体形象及丰富主体的内涵起着重要的作用。在背景选择和安排上，既要力求简洁，使主体商品醒目，又要力求使背景与主体形成色调对比。

③用光。广告摄影中非常讲究用光。光线运用不当，再好的构思也会落空。摄影中用光既能真实、完整地反映实物面貌和表达广告的思想主题，又能够很好地表达商品的质感和产生强化色彩的效果。

④选择底片。根据主体商品的不同而选择彩色底片或黑白底片。某些商品比较适合于彩色底片，以突出其鲜明、生动等特征；而另一些商品比较合适用黑白底片以产生凝重、沉稳和坚固的效果。

⑤借助暗房技术。为了更好地表现广告创意，增强广告照片的视觉效果，可以借助于暗房技术。

(4)国外广告摄影图像的表现手法

①直接展示法。即将主体以最突出、最引人注目的方式呈现出来的方法。这种方法在视觉表现功能上能够真实地再现对象的表面质感、形态和功能用途，从而给人以信任感和亲切感。

②突出特征法。即抓住事物独具的个性，把它与众不同的地方鲜明地表现出来的方法。这些特征一般由事物的形象、性质、用途与使用功能所决定。在广告摄影中常用突出商品的品牌和商标来达到目的。

③对比映衬法。此方法突出和强调事物的性质和特点，使二者互为衬托，造成强烈的对立效果，使主题更为鲜明强烈。

④合理夸张法。此方法将事物特点和个性中美的方面进行明显夸大，以强调事物的实质，赋予人们一种新奇与变化的情趣。

⑤运用联想法。即以一事物与另一事物的连接唤起类似的生活体验和思想感情的回忆，他们以感情为中介，由此物向彼物推移。

⑥富于幽默法。此方法是通过巧妙安排饶有风趣的情节，把某种需要肯定的

事物，无限延伸到漫画化的程度，造成充满情趣，引人发笑而又耐人寻味的幽默情境，使观赏者产生会意。

⑦借用比喻法。即选择两个在本质上各不相同，而又有一些相似性的事物，“以此物喻彼物”。比喻的事物与主题可能没有直接关系，但在某一点上都与主题相吻合，因而可以获得婉转表达的艺术效果。

⑧以情托物法。在表现手法上侧重选择具有感情倾向的内容，以美好的感情烘托主题，真实而充分地反映这种审美感情，以达到美的意境。

⑨剪辑组合法。即运用特殊的摄影技巧或暗房加工改变摄影形象，提高画面表现力，给人一种新的视觉感受，为人们开拓了一个奇特动人的视觉世界。

⑩系列表现法。这是目前国外广告摄影常用的一种表现手法。即在一个主题上，以同一设计要素与基调来进行发展变化的设计手法。系列设计能创造一个完整的视觉印象，犹如蒙太奇具有多视点的特性，产生美的节奏与运动，达到特殊的艺术效果。

5.3.2 广告音响

5.3.2.1 广告音响的内涵

音响是指除了有声语言和音乐之外的各种声音，是运用专门器具和技法，模拟和再现现实生活中和自然界中的各种声响。广告音响主要由广告音乐和广告声响构成。

5.3.2.2 广告音响的特点

音响在使用时一定要恰当选择、精心制作，应该选用与产品相关的声效，而且声音很容易让听众辨别，否则需要使用语言提示或直接告诉听众他们听到的是什么声音。古诗中有“此时无声胜有声”的名句，在音响效果中无声的效果也属其一。可见其传播广告信息的基本特点在于间接性、依附性和服务性。

5.3.2.3 广告音响的要求

对广告音响的要求主要有配合主题、个性鲜明、易懂易记 3 个方面。

①配合主题是对广告音响的基本要求。这既要求使用音响要有明确的目的，避免造成噪声，同时也要求音响有恰当的露出时间和显著程度，让它的效果充分发挥，以免音响使用不到位而影响广告的整体效果。

②个性鲜明是指广告音响必须是针对特定广告信息，而不是随手拈来，随意选用。

③易懂易记是指广告音响，尤其是指广告音乐要能够为社会公众所比较容易

地理解和记忆。

5.3.2.4 广告音响的选择

一则成功的广播广告并不一定要同时包含有声音、音乐和音响这三要素，但当它们经过不同组合出现在广告中时，就一定要注意在节奏上和气氛上的搭配。如：舒缓的音乐搭配慢节奏的语言，吉他音响背景表达年轻热情。只有要素间的节奏和气氛和谐，才能取得好的广告效果。和谐并不等于同进同出、同样音量，它指的是三要素在广告中的适时、适量、适度露出，以达到听众听觉上的平衡。用唯物主义辩证法来解释这个问题的话，可归纳为以下3点：

①有主有次才平衡。特定时空总有一个要素是主要的，其余则应位居次要的、从属的地位，甚至完全退出。不然主次不明，相互干扰，必然影响广告信息的有效传达。

②合理转化才平衡。广播广告中如果出现两个或3个要素时，占主导地位的要素往往不是自始至终的，随着广播广告的演进，主次要素之间应合理转化，扬长避短。

③各就各位，分立统一。不同要素在广告中按照各自的规律发展，充分发挥各自的作用，是相互独立的；又互相对准位置，在特定的时空相互配合，融为一体，形成一个具有特殊表现力的对列形式。广告中的某一句精彩台词，或者是富有特色的广告语，或者是某种典型的音质，都会成为声音的Logo，在消费者心目中形成可识别的独特印象。

思考题

1. 在广告文案创作中怎样以感情性诉求的方式塑造企业形象？
2. 公益广告文案与商业广告文案在广告效果的评价上有什么不同？
3. 广告文案人员如何把握广告策略？
4. 广告创意与广告文案表现之间的关系是什么？
5. 练习课文中的几种构思方式。

第6章　广告制作

◈ 学习目标

◈ 掌握印刷媒介的广告制作；掌握电子及数字媒介的广告制作；掌握户外及陈列媒介的广告制作。

◈ 学习重点

◈ 提高报纸广告注目率的方法；杂志广告版面的布局安排；广播电视广告的表现形式和制作步骤。

◈ 学习难点

◈ 广告制作过程的管理。

6.1　广告制作过程的管理

6.1.1　广告制作过程管理的意义

广告制作过程的管理是指对广告制作全过程进行跟踪调控，根据事先确定的标准(如企业目标、广告诉求点、预算额度、活动效果等)，对广告活动的各个环节进行审查、测评、纠正。市场状况随时变化，再周密的策划往往也会出现各种偏差。比如：广告活动偏离了营销活动要求的预期目标；广告诉求或媒体组合与目标受众偏离，传播效果不佳；竞争对手改变策略或营销环境出现重大变化；广告费用大大超出预算，出现浪费等。这就需要通过广告制作过程管理来保证目标的实现。

通过对广告制作过程进行管理，可以掌握广告活动的每一个环节，及时发现和纠正广告活动过程中存在的问题，把握广告作品和媒体投放的质量关，避免各种失误。同时，对广告制作过程进行管理也能即时掌握市场竞争动态，提高企业的应变能力，随时根据市场变动调整广告传播策略。因此在详细讨论制作过程之前，需要先探讨广告制作过程所涉及的一些管理问题。

6.1.2 广告制作过程管理的任务

按广告活动所进行的时间划分，广告制作过程管理可以划分为三项任务，即广告制作前的审查、广告制作中的监控、广告制作后的效果评估和反馈。

6.1.2.1 广告制作前的审查

广告制作前的审查是一项重要工作，是对广告制作大方向的把握。参加审查的人员一般包括企业负责人、各产品经理、广告代理商派出的项目负责人、业界专家等，主要内容包括广告方案审查和广告预算审查。

(1)广告方案审查

广告方案审查带有一定的决策性，审查着眼于整个广告策划方案的整体性、可行性和创造性。其主要内容：一是审查广告策划方案与企业的经营目标、价值观、风格、营销目标之间的关系；二是审查广告与各营销工具之间的配合关系；三是对广告策划方案中的主要措施、关键步骤、媒体策略等进行审查，从多角度进行论证。

(2)广告预算审查

企业广告活动的顺利进行，需要企业提供相应的财务支持。尤其是当企业准备展开大规模的广告活动时，企业更应提前检查自己的资金供应能力以及企业内部对资金的计划、统筹和平衡能力，以避免由于广告资金的大量投入而引发企业内部的财务失衡，导致现金流的危机，给企业的正常运营带来风险。预算审查一般由广告主和广告公司组成一个专门的小组负责审计。这里的预算审查是整体性、前瞻性的，一方面要审查广告的各项开支是否合理，会不会超出预算；另一方面要综合考核支出和效益之比，对那些效益低下又耗资严重的支出应该及时调整。

6.1.2.2 广告制作过程中的监控

广告制作过程中的监控是整个广告制作过程的重中之重。广告制作过程中的监控，分为技术监控和媒体发布监控。

(1)技术监控

技术监控一般是由广告创意部的人员负责，主要是为了确保广告创意得到真正的贯彻，并能按时提交方案或作品。为了完成技术监控，主管人员需要深入到广告的设计制作、媒体购买的现场，检查和指导下属，监控内容包括广告文稿的审查、广告样片的审查、媒体购买和发布方案的审核，对各部门的工作流程安排、质量和预算使用进行控制。

(2)媒体发布监控

广告作品必须发布在事先购买的媒体上，才能与广大受众见面。在这个过程中，管理人员必须进行全程监控，除了保证整个发布过程有序进行外，还应该对发布的状况进行监看监听，比如：刊播的内容和时间是否准确、刊播的频次是否符合合同要求、传播力度是否符合目标、各类媒体广告的风格是否一致、受众和市场的反应如何等。媒体发布监控主要是保证媒体策略的有效执行，同时可以进行及时评估或做出调整。

6.1.2.3 广告制作后的效果评估和反馈

广告制作过程完成后还需要进行事后的广告效果评估和反馈。广告效果评估和反馈主要是审核广告活动后产生的影响和效果，并进行评估，作为下一轮广告活动的依据。事后的广告效果评估和反馈将在其他章节做专门介绍。

6.1.3 广告制作过程管理方法

6.1.3.1 广告制作过程无法有效进行的原因

很多的广告制作虽然已完成了制作过程管理中的各项任务，但仍然无法得到有效进行，往往是由于以下原因：

(1)缺乏系统的管理目标

广告制作过程可以看作是对广告策划的具体执行，而在设计广告策划中常见的问题是只对一些硬指标重点关注，如销售额、市场占有率等，而其他一些软指标，如广告风格与企业整体形象的关系、受众的感受、各种媒体广告的一致性等，往往会受到忽视。这一问题的出现会导致广告制作过程中缺乏对软指标的管理，即使达到了硬指标，软指标中存在的问题也会对企业造成根本性的伤害，从而降低广告活动的整体效果。

(2)缺乏绩效考核的约束

广告制作过程的管理是各项管理职能在起作用的过程，而要充分发挥这些管理职能，使前期的广告策划有效执行，就必须将绩效考核制度与执行效果评估结合起来，这样才能使参与人员可以对自己的绩效进行评估。在实际运作中，常发生绩效考核制度的设计与广告目标之间有偏差，影响广告策划执行，使得广告制作过程无法有效进行。

(3)缺乏整合和协调

①广告制作中各部门各自为战。主要表现在各个职能部门之间，如创意部门

与设计制作部门、广告部门与市场营销其他部门等。这一问题的解决在很大程度上依赖于组织设计的合理性，如果组织架构落后于企业发展的要求，就会制约广告活动的有效进行。

②不同部门和单位对广告活动目标的理解不同。造成这个问题的原因主要在于企业内部、企业与媒体、广告公司之间的沟通渠道不通畅，对整个活动实施效果的衡量不统一。

③广告制作过程中缺乏统一的协调。主要表现在广告制作过程中，缺乏一个负责人来推动整个活动在各个部分的进行，各部门、各单位的本位主义比较严重，影响到广告活动目标的实现。比如对多产品结构的企业而言，各产品经理只注重各自职能工作的完成，从而造成各个部分的传播资源、品牌效应并没有转化为企业的整体优势和形象资产，造成企业资源的损耗和企业形象的分散。

(4)业务流程不合理

广告制作过程的业务流程设计不合理，如职能不清，负责不落实，导致各部门之间的权责模糊；或者审批程序过多，过程繁琐死板，影响了广告和营销人员积极性和创造性的发挥。

6.1.3.2 广告制作过程的管理模式

提高广告制作过程各项活动的管理效果，可以从以下7个方面入手：

(1)纵向整合性管理

纵向整合性管理是指要确保整个广告活动的目标与营销目标、企业目标相一致。把广告活动看作是企业营销活动的一部分，营销活动又必须服从于企业的最终经营目标，因此广告目标必须是与整个企业的经营目标和营销目标相一致。

(2)横向整合性管理

横向整合性管理主要检查企业各部门和业务职能是否与营销传播目标很好配合。比如在广告策划中涉及的新产品推广业务，关系着企业持续竞争力的提升，广告活动参与部门涉及市场、生产、技术、供应等各方面，因此要提高广告活动中新产品的推广速度和效率，企业内部各横向部门之间就需要互相合作。

(3)营销工具整合性管理

营销工具整合性管理主要检查营销传播活动的各项目如促销、铺货等，是否与广告活动的努力方向一致，在多大程度上配合了广告活动的开展，在整个传播活动中的贡献有多少。

(4)传播工具整合性管理

传播工具整合性管理是指主要检查各类传播工具的目标受众是否与目标消费者相吻合，如所采用的各类媒介是否贯穿目标消费者购买过程的每一个环节。同时还要检查各类传播工具传达出来的信息是否一致、风格是否一致、消费者是否接受到全面一致信息等。

(5)创意设计一致性管理

创意设计一致性管理主要检查广告创作、事件活动中所设计的和采用的标志、符号、字体、颜色等的运用是否保持一致，广告文稿、广告片的内容构成是否符合创意要求、一致性如何等。

(6) 各创意部门的协调性管理

各创意部门的协调性管理主要检查所有的外协单位(广告设计制作公司、公关公司)之间及企业内部各部门之间的关系是否协调。例如：是否进行日常性的沟通、是否举办策略性的研讨月会和战术性的研讨周会、是否有意见一致的简报等。

(7)预算的整合性管理

预算的整合性管理主要检查预算的整体使用情况，比如：预算和费用是否使用得当和有效。同时还要审查各项开支的费用效益比。对不合理或计划外支出要及时进行调整，避免浪费。

6.1.3.3　广告制作过程管理的保障

(1)基础性管理制度保障

①绩效考核制度。将广告制作活动要达到的目标与相关人员和部门的绩效考核联系起来，以此来规范所有人员的行为，使他们围绕整个传播目标开展工作，使广告计划落到实处。

②部门、单位协作制度。围绕广告制作过程中的活动重点，解决好各部门、各单位之间的团队合作关系，在部门和单位之间确立合同关系，明确权、责、利。另外也可以采用项目小组的形式开展工作，提高运作效率。

③职能性管理制度。职能性管理制度的重点是提高广告活动的实施效率，如广告创意设计管理制度、媒体购买管理制度、营销推广管理制度等。这些制度一方面提供开展工作的规范，另一方面则为衡量工作成效提供标准。

(2)流程和权限保障

流程和权限保障主要是围绕广告活动的关键业务内容来优化运作流程，明确责任，把每份工作落到实处。这就要求对广告活动中的工作内容和相关权力进行合理分配，使每个职能部门都承担相应的工作内容，同时赋予相应的权限。另一方面也可以精简审批手续，充分发挥一线人员的创造性。

(3)系统管理制度保障

系统管理制度保障主要是指不仅要重视硬指标的实现，还要完成各项软指标，通过建立系统的管理目标体系对整个广告制作过程进行系统评估和管理。

6.1.3.4 广告活动的目标管理法

为确保整个广告制作过程有效进行，可以借鉴管理学中的目标管理法。

(1)量化广告目标

把广告目标从一个结果转变为过程中的各环节，客观准确地评估各项广告活动的效果。应该把整个广告活动的过程和所要实现的目标分解成各个小环节和子目标，然后根据量化的环节和目标设置流程表，内容包括完成的时间期限、负责人、预算使用等。作为衡量标准的目标可以比较灵活地设置，可以是小的指标，如“广告主题是否明确”、“构图是否简洁”；也可以是大的指标，如“销售量增长10%”或“品牌知名度提高5个百分点”等。

(2)设定监管的频度和监管负责人

监管的频度可分为每小时、每天、每周、每月等不等的时间段，例如：现在比较常用的是要求各部门在每个时间段提交工作进程通报。

(3)设定奖惩制度和补救预案

设定奖惩制度是为了把绩效考评的结果落到实处，通过各种经济和其他手段规范参与人员的行为。对外部单位(例如：媒体刊播)的情况进行考评时，可以通过与媒体签订合同，规定在合同条款没有得到有效实施时的经济惩罚或补偿。

(4)设定补救预案

设定补救预案主要是针对执行中出现的较大差错，规定由谁来负责纠正以及应该采取哪些补救措施等。必须事先确定负责人并分配相应权限，针对可能发生的偏差和危机，设定一些补救方案。

6.1.4 广告制作过程成本控制

广告制作费用的预算清单，包括电脑设计和转包出去的工作，如摄影、制作以及送片的费用。每一个广告制作经理都必须努力保证不让实际费用超出预算。优秀的广告制作经理要随时监督每项工作所花的时间以及下游公司提交的费用申请，只有这样才不会超出预算。

6.1.4.1 广告制作过程中常出现的预算问题

通常有五种常见的因素会打破预算：一是因策划不周和缺少准备而出现的成本超支。二是制作花费了预算中本没有计划的费用；三是由于加班而产生的夜间加班或周末加班的费用，如果有可能，经理应准备几个备用方案，尽量避免加班；四是追求广告特殊制作效果而使用特殊设备造成的成本增加，超出预算；五是由决策人、主管部门和律师组成的复杂梯队有可能阻碍决策，引起不利争端，使制作过程停滞不前。其他一些预算问题视媒介的不同而不同。

6.1.4.2 印刷媒介广告的制作成本控制

印刷媒介广告制作是指某一个已获得认可的设计从构思直至最后在某种印刷媒介(如报纸、宣传手册、直邮包装这类广告辅助材料)上发布的系统过程。对于平面媒介，制作经理必须将大图或末稿设计转换成最终的黑白组合稿，称之为版面组合，然后在制版人员和印刷人员的协同工作下，保证将版面组合丝毫不差地转换成供印刷厂制版用的负片。广告制作中的一大笔费用是制板，它要做全部分色、修版、清样和数码文件。纸张成本也会影响预算。广告公司在印刷媒介上发布广告时，媒介将纸张成本一并计入广告费用中，因而广告公司并不会注意到这样的成本，但是如果广告公司要为客户印刷辅助材料，如数据本、样宣或包装，纸张成本就会显现出来。

6.1.4.3 电子媒介广告的制作成本控制

电子媒介广告制作是指将脚本或故事板转换成供电台、电视台或其他数字媒介的成品广告的过程。虽然电子制作的整个流程与印刷制作有些相似，但具体的工艺细节和成本却相去甚远。出来的结果不是印刷胶片或负片，而是音频、视频磁带、动画胶片或某种数字形式，如 CD-ROM 或 DVD。

(1)广播媒介

广播是最便宜的电子媒介，因为它只需与声音打交道，无须发型师、化妆师或台词提示员，复制用的录音带也很便宜。制作广播广告要控制的主要费用是演员费与音乐制作费，特别是著名演员的费用可能很高。即便按合同规定的最低合同工资支付演员，如果是几个人或在几个市场播出，当要延长播出期限，费用也会相当惊人。同样，原创音乐(作曲、配乐、编曲)的成本也会因演员和使用范围的不同而不同。因此，许多小型地方性广告主和区域性广告主大多愿意选择录音棚或电台预录的素材音乐作为广告音乐。

(2)电视媒介

2003 年在美国制作一条 30 秒全国性电视广告的平均费用大约为 37.2 万美元，费用非常昂贵。导致电视广告制作预算上升的因素有以下几点：使用儿童演员与动物演员、超级明星和超级导演、强大演出阵容、动画、特技、逐格拍摄；外景与棚内拍摄同时运用、昂贵的布景装饰或搭制、超期拍摄以及拍摄期间对脚本进行重大修改等。广告制片人必须对所有这些因素有所了解，并对此做出精心安排。业内有人认为大牌明星和铺张效果虽然代价很大，但却能引起人们的注意，增强人们的记忆，不过事实并非总是如此。最近的一项调查表明，以品牌差别信息和产品演示为特点的广告实际比前一种更为有效，而费用平均要低28%。调查还进一步表明，广告创作人员有时是因为无话可说才动用奢华的制作来弥补创意的苍白。

(3)数字媒介

计算机带动了一批全新数字媒介的产生，对于广告公司制片人和创作人来说，如何与新录制工艺、复制工艺和特效技术与时俱进已显得十分重要。很多广告公司正在考虑为如何利用新式数字化的服务设备进行数字展示，使其自动呈现在消费者的面前，提供新式服务或成为顾客的新选择。有一些广告完全是为了供计算机使用而制作的，即通过因特网或某些在线服务公司向全世界传送的电子图像和文本。对于这类服务，绝大多数制作经理会把这项工作转包给下游公司去做。

6.2 印刷媒介的广告制作

印刷媒介是指主要利用纸质印刷品进行广告传播的媒介，包括报纸、杂志、海报、邮递广告等形式。现代广告的雏形就是印刷媒介广告，其最初是以海报、招贴画等形式出现，后来逐渐发展成为以报纸和杂志广告为主体。在新媒体不断涌现的趋势下，作为传统的广告表现形式，印刷媒介广告依然在发挥着重要作用，我们仍然需要对其设计与制作予以重视。

6.2.1 印刷媒介广告制作的一般流程

各类印刷广告作品的形成，需要经过严格的制作程序。首先应了解印刷媒介广告制作的一般流程，主要包括以下6个环节：

(1)初步确定广告的表现形式

印刷媒介广告的表现形式主要有图画式、文字式、实物式和综合式等。可根据广告策划中所决定的媒体种类和广告主题要求来初步确定。

(2)深刻理解广告创意和诉求重点

在初步确定广告表现形式后，就要考虑如何恰当地运用各种表现符号。其前提是对广告中心思想和对广告创意有深刻透彻的理解。要认真地揣摩广告所要传达的概念和所表现的内容，在这个基础上选择适用的表现手段、要素，使之与广告表现内容有机地结合在一起。

(3)领会广告文案部分的重点和核心

仔细研读广告文案，抓住重点和需要突出之处，精心布局，合理安排广告的各部分内容，使各种表现要素相辅相成，相得益彰，达到重点突出，结构合理，引人注目，易于理解的目的。

(4)草拟初稿

根据前期的构思与设计，勾勒广告作品的草图，完成初稿，有时可能需要制作出多张草图，通过比较鉴别后选出最满意的一幅，然后将广告作品草稿交付广告策划人员和广告客户审查，征求意见，进行修改，直至最后获得通过，做到精益求精。

(5)制作清样

广告初稿得到广告客户等方面的确认后，进入终稿草图的设计。这一阶段需统筹安排广告插图、广告标题、广告正文以及广告口号的字号、字体等多方面内容。将终稿草图进一步整理修改，然后制作成广告画稿。应用计算机技术后，印刷广告的设计、印制过程得到了简化，许多工作可以直接在计算机上进行，直至做出清样。清样还应请广告客户最后审定，必要的话还要签字确认。

(6)制版印刷

在经过以上程序后，广告就可以根据预定计划，制成电子版或胶片，上版复印了。印刷方式一般有凸版印刷、平版胶印、转轮凹版印刷、网版印刷等。可根据需要选择合适的印刷方式。正式开印前，还应再次对蓝图校样、色基、模拟校样、清样等进行检查，做好各项准备工作，防止出现瑕疵。

6.2.2　报纸广告的设计制作

报纸一直是广告信息的优良载体。报纸媒介的优点是发行频率高、发行量大、信息传递快，因此广告信息可获得及时广泛发布。报纸广告以文字和图画为主要视觉刺激，报纸可以反复阅读，便于保存，不像电视广告等其他媒介受到时间的限制。精心设计报纸广告，可以更加有效地发挥报纸的传播功能。

6.2.2.1　报纸广告的版面分类

(1)报花广告

这类广告版面很小，形式特殊。不具备广阔的创意空间，文案只能作重点式表现，突出品牌或企业名称、电话、地址及企业赞助之类的内容。不体现文案结构的全部，一般采用一种陈述性的表述。

(2)报眼广告

报眼，即横排版报纸报头一侧的版面。版面面积不大，但位置十分显著、重要、引人注目。如果是新闻版，多用来刊登简短而重要的消息或内容提要。这个位置用来刊登广告，显然比其他版面广告注意值要高，并会自然地体现出权威性、新闻性、时效性与可信度。

(3)半通栏广告

半通栏广告一般分为大小两类。由于这类广告版面较小，而且众多广告排列在一起，互相干扰，广告效果容易互相削弱，因此，如何使广告做得超凡脱俗、新颖独特，使之从众多广告中脱颖而出，跳入读者视线，是应特别注意的。

(4)单通栏广告

单通栏广告是广告中最常见的一种版面，符合人们的正常视觉，因此版面自身有一定的说服力。

(5)双通栏广告

双通栏广告在版面面积上是单通栏广告的二倍。凡适于报纸广告的结构类型、表现形式和语言风格都可以在这里运用。

(6)半版广告

半版与整版、跨版广告，均被称之为大版面广告，是广告主雄厚的经济实力的体现。

(7)整版广告

整版广告是单版广告中最大的版面广告，给人以视野开阔、气势恢宏的感觉。

(8)跨版广告

跨版广告即一个广告作品，刊登在两个或两个以上的报纸版面上。一般有整版跨版、半版跨版、1/4 版跨版等几种形式。跨版广告很能体现企业的大气魄、雄厚的基础和经济实力，是大企业所乐于采用的。

6.2.2.2 报纸广告的表现方式

(1)从版面语言的运用角度分类

①纯文字型。广告内容全用文字表现，没有任何图片。适宜于表现信息内容比较抽象、庄重而又严谨、时效性较强的广告，制作简捷，发布方便。

②图文并茂型。广告由多种视觉要素构成，既有文字又有图片。它能通过图片直观地展现商品的形状、特征等，而文字则能对商品做进一步的说明或解释，既刺激消费者的感官，又有助于加深其对广告对象的理解。

③空白广告。利用大面积的版面空白，通过虚实的强烈对比，突出广告主题。没有文字反而使广告内容更突出、更醒目，能产生更好的视觉效果。但这种手法只能根据广告主题表现的要求，偶尔采用。它适宜于版面较大的广告或者系

列报纸广告，制造悬念。

(2)从色彩表现的角度分类

①黑白广告。在相当长的一段时间内，黑白广告是我国报纸广告的常见形式。一般以纯文字为主，或图文结合，色调为黑灰色。随着印刷技术的进步，我国报纸大都已采用彩色印刷，广告彩色化已非常普遍，但在没有图片的情况下，还是以黑白广告居多。偶尔采用黑白广告，也能取得较好的效果。

②套色或彩色广告。不同的颜色会对读者产生不同的心理震荡。报纸采用彩色、套色等方法来刊登广告，其效果会更好。调查显示，比起黑白广告来，彩色广告的注目率要高10%～20%，回忆率高5%～10%。即使是纯文字广告，也可利用色彩形成反差，以引起读者的注意。但彩色广告的价格一般要高一些。

6.2.2.3　报纸广告的制作过程

报纸广告的设计制作要经过如下几个过程：

(1)设计初稿

在这一阶段，广告制作人员要将酝酿好的广告创意用草图的形式表现出来，并配上一个醒目的标题，然后征求广告主的意见。经广告主同意后，再制作一个较详细的稿样。如果广告主不同意，就必须对初稿进行修改，直到广告主满意为止。

(2)选择字体

报纸广告中的字体是指文字的书写样式。字体的选择会影响广告的外观、设计及可识别性。一般来说，报纸广告中的字体主要有以下三类：印刷体(包括宋体、正体、黑体、隶体等)、手书体(篆体、隶体、碑体、草体、行体、楷体等)、各种美术体。广告策划者在选择广告字体时，需要考虑以下几点：

①易读性。报纸广告的字体要使受众容易接受，使他们一看就明白、一看就了解。

②适当性。包括字体的大小、位置等都要与广告文案正文以及整体的特点相适应。

③外观协调。广告字体外观要与广告商品的特性、广告的表现主题、广告的整体格调气氛保持和谐，不能随意化。

④强调重点。广告字体的个性要能突出体现广告商品的特点，体现广告商品的文化附加值，使媒介受众一看就能感悟到广告商品的个性特征。

(3)选择色彩

随着经济的不断发展，广告主的经济实力不断增强，套色、彩色印刷广告的使用和以往相比有所增加，但黑白广告仍占据着主导位置。广告文字符号辨识的难易程度在很大程度上依赖于文字与背景的差异或对比。对于黑白广告，如果能恰当地运用黑白对比衬托，其视觉效果也非常好。黑白广告要注意底、面的颜色对比，面色与底色愈接近，辨识起来愈困难；反之，两者差异愈大，愈便于辨识。人的阅读经验和色彩的明度等因素也影响着色彩匹配的易读性。例如：同样是黑白两种颜色，白底黑字的匹配就比黑底白字易于识别。

色彩是影响读者注目率的一个重要因素，不同的颜色会让读者产生不同的心理反应。与黑白广告相比，彩色广告的注目率、回忆率和注目时间都要高出很多。随着现代印刷技术的发展，广告文字和底面的色彩匹配更加多种多样。美国广告学家卢基经过实验研究，列出了 13 种颜色匹配的易读性等级，其中黄底黑面的匹配易读性最高(许多交通广告都采用这种匹配)，绿底红面的匹配易读性最差。各种颜色匹配的易读性等级如表 6-1 所示。对颜色匹配的问题，广告制作者应加以注意。

表 6-1　各种颜色匹配的易读性等级

等级	1	2	3	4	5	6	7	8	9	10	11	12	13
底色	黄	白	白	白	青	白	黑	赤	绿	黑	黄	赤	绿
面色	黑	绿	赤	青	白	黑	黄	白	白	白	赤	绿	赤

(4)画面设计

如何将广告的各要素放在最恰当的位置，以发挥最大的广告效果就涉及广告的画面布局问题。广告画面布局的好坏直接影响到广告的效果，有效的报纸广告画面布局，应遵循以下原则：

第一，平衡对称原则。决定报纸广告画面布局平衡的参考点是视觉中心。平衡对称就是将一定篇幅内的要素巧妙编排整理，使左边视觉中心对称右边视觉中心，视觉中心以上部分对称视觉中心以下部分。一般人的视觉中心大约在整体报纸版面中心上面的 1/8 处，或在底线上面的 5/8 部分。一般来讲，有两种平衡对称形式，即规则性对称与非规则性对称。规则性对称是纯粹的左右对称，这种形式会给受众留下威严的、稳固的以及保守的印象。非规则性对称是指在距离视觉中心不等的距离，放置不同尺寸、不同形状、不同颜色、不同明亮度的要素，但仍可呈现出视觉的平衡感。大部分的报纸广告画面偏爱非规则性对称，因为这样可使广告看起来生动而有趣，较富想象力，更具有视觉冲击力。

第二，视觉移动原则。视觉移动原则是指报纸广告的画面要吸引受众，引导受众阅读下去。比如：利用方向标、长方形、直线、箭头等，引导视线从一个要素移动到另一个要素；利用连载漫画的故事情节或图片旁的简短说明，以使读者从头依次阅读下去；利用读者阅读时的自然趋向，由书页左上角，按着“z”形式随对角线而移动到右下角；利用广告画面本身尺寸大小的变化来吸引受众的注意力，因为读者视线常被最醒目的要素吸引，然后移至较小的要素。

第三，清晰简化原则。广告设计者在设计报纸广告画面时应注意，任何与广告内容无关的部分都应该省略或排除。过多不同风格的形式、太琐碎的表现方式、太多相反的对比或插图、太多镶框项目以及无关紧要的文案内容都会造成布局的复杂与紊乱，使报纸广告不易阅读，而且破坏了所要求的整体效果。

第四，留白原则。留白是指报纸广告画面中不编排任何要素的部分，甚至以黑或其他颜色为背景而非白色。留白可以使某一孤立的报纸广告要素显得更突出，可以使受众更加集中注意力。

(5)制版

制版是指将布局好的画面稿送给有关部门进行制版，并印制清样。

(6)校对清样

将制版后的清样与原稿对照，以确保画面稿的质量。有时也可以对清样进行局部的修改与补充，以保证画面的整体效果。

(7)印刷

将校对无误的清样送交至印刷厂印刷，印刷以后校对无误，就可投放市场。

另外，目前大多数报纸已采用激光照排，印制过程全部通过计算机进行，广告草图的整理修改可以直接在电脑屏幕上进行，直接得到清样，交付印刷。

6.2.2.4　报纸广告的设计技巧

报纸广告的设计，主要是为了提高注目率。所谓注目率，是指接触报纸广告的人数与阅读报纸的人数的比率，是测评报纸广告阅读效果的一项重要指标。注目率越高，说明广告的传播效果越好。为了提高报纸广告的注目率，在广告设计制作过程中应掌握一定的设计技巧。报纸广告的设计技巧一般可以总结为如下几点：

(1)版面大小的安排

报纸广告按版面分为全版广告、半版广告、半版以内广告和小广告。广告版面的大小对广告效果有直接影响。一般情况下，随着版面的增大，注目率也会提高。在国外，报纸广告大型化已成为一种发展趋势，整版广告的运用越来越多，两版连在一起的广告也不少见。但广告版面越大，相应的广告费也越高。因此，广告主或者广告策划者应依据自身广告财力和预算来选择广告版面的大小。广告版面的运用，还应考虑广告目标。一般来说，告知性广告使用大版面；提醒性广告使用小版面；节日性广告使用大版面；日常性广告使用小版面。在某些情况下，将版面与表现手法等有机地结合起来，即使版面较小的广告，也可能得到较高的注目率。

(2)版面位置的选择

版面位置的选择，是指将广告刊登在报纸版面的哪一位置。版面位置包含两个方面，一是版序，即广告安排在哪一版；二是版位，即广告位于某版面的哪个空间位置。一般来说，报纸的正版(第一版或要闻版)最引人注目，其他版面会因安排的内容各有侧重从而产生不同的效果。现代报纸一般版面较多，往往按新闻、体育、财经、娱乐等分成许多叠，每叠又出现了第一版。一般来说，按读者翻阅报纸的习惯，横排版的报纸，右边版要优于左边版。

另外，随着报纸版面的增多，读者往往对某些版面形成定读性，所以可将广告刊登在目标受众定读性较高的版面，进而提高注目率。根据这样的规律，选择在第一版(新闻版)发布可能会获得较高的注目率，但实际上广告主可能会因广告价格和有关规定等问题而放弃这一选择。尽量把广告安排在目标受众所阅读的版序，也是一种策略。

同一版面的不同位置，注目率也不同。在同一版面上，读者视线扫描的顺序一般是先浏览上半版，然后浏览下半版。在上半版，读者视线首先注意的是左上区，其次是右下区。因此，同一版面的广告，读者的注目率通常是左半版优于右半版，上半版优于下半版。如果按版面的四个区间来划分，其注目率依次是左上版区、右上版区、左下版区、右下版区。同一版面报纸不同位置的注目率如图6-1所示。要尽可能地依从读者的阅读顺序，在适当版面位置刊登广告。当然，注目率高的版面空间，版面广告价格也会高一些。

<table>
<tr><td>33%</td><td>28%</td></tr>
<tr><td>23%</td><td>26%</td></tr>
<tr><td colspan="2">53%</td></tr>
<tr><td colspan="2">47%</td></tr>
<tr><td>56%</td><td>44%</td></tr>
<tr><td colspan="2">19%</td></tr>
<tr><td colspan="2">50%</td></tr>
<tr><td colspan="2">23%</td></tr>
<tr><td colspan="2">8%</td></tr>
</table>

图6-1　报纸同一版面不同位置的注目率

(3)情境的配合

报纸阅读的选择性较强，读者有时会出现跳读，把整版或半版的报纸广告跳跃过去，从而影响广告的注目率。这需要研究读者的阅读方式和习惯，善于抓住广告内容和表现形式与报纸版面的联系。报纸不同版面有不同的报道重点，广告内容要与该版内容协调。可以把半版及以下的广告安排在与其内容相近的版面上，例如：报纸的女性版刊登时装广告、娱乐版刊登文娱广告、体育新闻版刊登体育用品广告等。另外，同类广告最好安排在一起，如将各类食品广告放在一起，方便阅读选择。还要注意引起不好联想的内容要避免与相关广告相邻，如刊有讣闻的版面不要登烟酒广告，以免引起消费者联想起“尼古丁”、“酒精”对健康的伤害；再如刊有飞机失事的版面不登航空广告等。

(4)连续刊登

报纸广告要取得更大效果，必须有计划地连续刊登，以适应报纸的时效性和新闻性的特点。连续刊登广告，可以使没有留意广告的读者增加接触广告的机会，看过广告的人加深广告印象。连续刊登可灵活运用集中发布和均衡发布策略，使广告内容有计划地变动，使读者对广告有新鲜感，也可运用标题系列、图形系列、形式系列、内容系列等设计策略，使静态广告具有动态的连续感。

(5)充分运用各种表现方式

为了提高广告的注目率，更要注意巧妙地运用各种表现方式，如图画、色彩、文字、装饰等，并予以有机的组合和布局，增强气势，加大刺激，吸引人们的视线。变化广告的形状和编排方式，可采用六边形、圆形、三角形，适当予以横排、竖排或横竖结合。

6.2.3　杂志广告的设计制作

杂志广告与报纸广告同属印刷广告，它的制作流程与报纸广告制作的一些技巧与方法是相同的。但与报纸广告相比，杂志又具有其独特的传播特点。由于各类杂志读者比较明确，杂志广告是各类专业商品广告的良好媒介。杂志广告一般用彩色印刷，纸质也较好，因此表现力较强，这是报纸广告难以比拟的。杂志广告可以用较多的篇幅来传递关于商品的详尽信息，既有利于消费者理解和记忆，也有更高的保存价值。杂志广告在表现形式和稿件安排上也有一定的差异，制作时应注意杂志广告的特点。

6.2.3.1　杂志广告的表现形式

杂志的开本相对于报纸要小得多，就杂志本身的版面形式来说不如报纸多样，但杂志的版面空间也可以伸展，使得杂志广告的表现形式也具有多样化的特点。在杂志广告制作中可运用多种手段，采用各种形式，使杂志广告的表现形式丰富多彩。在制作杂志广告时，较常用的形式有以下几种：

①全页广告。全页广告是经常采用的一种最基本形式。

②跨页广告。跨页广告是指一则广告印在同一平面的两个页面上，这种广告的面积是全页广告所占面积的两倍。它的广告画面是一副完整的图案，充分展示广告商品的名称、品牌、功能以及价格等信息。

③多页广告。多页广告是指在一本杂志内广告连续刊登在多页上，以扩大广告的知名度。

④折页广告。采取一折、双折、三折等形式扩大杂志一页的面积，以适应某些广告需要占用较大面积的要求。

⑤插页广告。在杂志内插入可以与杂志页分离的独页广告，使广告更加醒目，增加广告商品的传播效果。

⑥立体广告。在一些大型广告的制作过程中，还要求采用立体形式，以增强广告的真实性和感染力，例如：利用立体的人像、动物、商品或风景照片等。

⑦有声广告。有声广告是指将一种很薄的录音带或唱片资料插入到杂志广告中，当读者翻阅杂志时就能听到优美的音乐。

⑧香味广告。香味杂志广告使用有香味的墨水印刷，或者在杂志广告页上喷洒带有香味的液体，例如：有些化妆品广告就将特殊香水喷洒在杂志广告上，散发与商品有关的香味。

⑨赠券广告。赠券广告是指在杂志广告的底部附有赠券，例如：礼品券、优惠券、竞赛券等，读者可以剪下赠券，凭其到指定地点兑现或领取赠品。

6.2.3.2 杂志广告的设计技巧

(1)图文并茂

一般来说，杂志广告的印刷制作比较精美，比如时尚的高端杂志和部分专业杂志，制作更为精良，色彩的保真性更强。因此，要发挥杂志广告媒介自身的特点，在注意图文匹配的前提下，杂志广告可以强调图片的作用。色彩鲜明的杂志广告图案能够引起媒介受众的注意，逼真地再现广告商品(或服务)的特点和个性，激发目标受众的购买兴趣。同时，杂志广告中的文案要视情况处理，有时要简明扼要，有时要详尽介绍。

(2)正确利用版面

杂志广告和报纸广告相近，在版面选择时需考虑版序和版位两方面。杂志广告版序的选择和各自版序的注目率如下：封面、封底在杂志的所有版面中能获得最高注目率；封二、封三与扉页的注目率次之；正中内页与底扉的注目率再次之；一般内页的注目率最低。杂志不同版面位置的注目率数值如表6-2所示。版位是指广告安排在杂志某一版面中的哪个位置。一般来说，如果是横排版杂志，左版面比右版面的位置优越；如果是竖排版，则右侧比左侧的位置更好。

表6-2　杂志不同版面位置的注目率

杂志版面位置	封面或封底	封二	封三或扉页	底扉或正中内页	内页
注目率(%)	100	95	90	85	50

(3)情景配合

杂志广告的情景配合与报纸广告的要求大体相同，即同类广告最好集中在一个版面内。内容相反或能够产生反响式干扰的广告在不同的版页上，以确保单个杂志广告的效果。

(4)采用多种形式

杂志广告的制作也要运用多种手段，采用多种形式，使杂志广告的表现形式丰富多彩。

6.2.3.3　杂志广告的布局安排

杂志广告画面布局的好坏直接影响广告活动的效果。杂志广告布局是否恰当，主要在于所使用的传达广告信息的手段是否恰当，在多大程度上向目标受众传达了有关广告商品或企业的信息。为了实现上述价值，广告制作者就要针对广告的内容，在广告布局的安排上考虑各种要素的重要性，根据重要性对它们进行排序，确定其在画面布局中的具体位置，最终力求充分展现出广告创意。杂志广告的布局设计原则上要求求新求异，充分展现广告创意的内容。为了创造上乘的布局，以下两点是必须注意的：

(1)提高目标受众与广告内容的接触效果

为提高目标受众与杂志广告的接触效果，需要重点考虑以下三点：第一，分析广告主题。在杂志广告布局设计时的第一步就是广告主题的分析，通过分析相关资料了解广告商品的个性，确定本次广告策划活动的诉求点，使整个布局设计都围绕诉求点展开。第二，分析广告创意和广告诉求点，获得一些广告信息中的“亮点”，按其与广告主题关系的疏密程度进行排列，并将它们结合，在画面布局设计中有序地体现出来。第三，在画面布局设计中，不仅要考虑广告商品的特点，还要考虑媒介的特征以及目标受众的购物行为和生活习惯等。

(2)增加广告信息视觉传递的美感

杂志广告中传递的美感只是目标受众视觉上的一种直观感受，它不足以评判杂志广告内在的价值，但是目标受众对杂志广告的瞬间感觉往往决定了该则广告的市场命运，这也正是杂志广告布局中重视美感问题的原因。在杂志广告中，广告商品往往被当作一个广告画面布局的中心，而有些广告商品由于自身条件的限制，其照片或图片常常缺乏美感，在这种情况下，为了确保广告的艺术效果，杂志广告画面布局的主角就不能是该商品的图片，而应是其他间接的、能衬托出广告商品的背景图片。

另外，广告视觉上要有统一感。在制作杂志广告时，要浓缩广告内容，提炼其主旨，将其具体化、视觉化。在制作技术方面，应根据要素重要性的大小来减少陈列单元的数量。例如，将商品名称、价格、企业名称、地址、品牌名称、标识物等作为一个单元。同时还要考虑画面中文案字句的摆放位置、字体、长度以及形态等，使它们相互间协调起来，构成一个艺术整体。杂志广告布局的设计要讲求“动感”，新异别致，对媒介受众有吸引力。做到这一点不容易，但它也是决定杂志广告成功与否的一个关键条件。

除了报纸和杂志以外，印刷媒介广告还有其他丰富多彩的表现形态，如海报、直邮广告、夹报广告等。夹报广告特别适合需要详细介绍的商品，而且价格低廉。再如街头派送的宣传单页、小册子和卡片之类，为一些小公司和专门的促销活动所青睐。它们的设计制作要求和方法与报刊广告基本一致。

6.3 电子及数字媒介的广告制作

运用电子手段传送广告信息的媒介有很多，其中广播和电视是最主要的。掌握了设计制作广播及电视广告的方法，也就能够对一般电子广告的设计制作规律有所认识。本节除了讲述广播广告和电视广告制作外，对新兴的网络广告制作也进行了简单介绍。

6.3.1 广播广告的制作

广播广告利用电波传播信息，在传播速度及传播范围上，要优于报纸杂志，收听可不受时间和地点约束，这又优于电视。但广播传播的信息转瞬即逝，无法查寻或保存，广播有声无形，感染力较弱，这些都是广播广告的不足。在制作广播广告时，要注意扬长避短，充分发挥声音的优势。

6.3.1.1 广播广告的播出形式

(1)节目赞助型广告

节目赞助型广告由广告主向电台直接提供节目，或者向电台所开办的节目提供赞助，然后在节目中插播这些企业的广告，同时在节目正式开始前或结束时播报节目赞助的企业名称。每次在节目中插入多少广告，主要根据节目的长度来决定。各个国家和地区实行的比例不一样。如美国规定，长度为5分钟的节目，可插播一次广告，时间为1分钟，长度为15分钟的节目，可插播2次广告，每次时间为1分钟。在时间更长的节目中，针对不同对象，在不同时段，都有不同的广告插播时间和次数的规定。日本也根据节目的长度来决定插入广告的时间，5分钟节目可插入1分钟广告，15分钟节目可插入2分30秒广告，30分钟以上的节目，按节目时间的10％插播广告。

节目赞助型广告能够针对节目的听众群传送其所喜爱和愿意接受的信息，此外还可以利用在节目中出现的人物做广告，从而产生更大的效果。

(2)插播型广告

插播型广告也叫夹播广告，是安排在节目与节目之间播出的广告。广告与节目没有关系，通常约为1分钟。每条广告的长度分为5秒、10秒、40秒、60秒等，其中10秒或20秒的小广告运用得最多。这种广告播出方式的特点是可以自由选择播出时间，播出费用相对较低。

(3)特约广告

特约广告是指根据广告客户的要求，在特定的时间或节目中播出广告。一般置于新闻、天气预报、体育等节目前后。

(4)特别赞助广告

特别赞助广告是指由广告主赞助电台举办节目或组织社会活动，从中插播广告客户的产品广告或播报企业的名称。

后两种广告方式，还有诸如专题广告、电台分类广告等，实际上都是前两种广告播出形式的变形。

6.3.1.2　广播广告的表现形式

广播广告具有多种表现形式，概括起来可分为以下几种类型：

①直述式。直述式广播广告，是指由播音员或演员按照写好的广告词，一字不变地照读，不加任何演技，只是将广告词正确地向媒介受众宣读。这是一种最基本的广播广告形式。

②独白式。“独白”一词本是戏剧用语，是指在舞台上演员自问自答，唱独角戏。独白式广播广告是指利用独白的方式将广告产品的特点、功能、价格、生产厂商等信息传播给媒介受众。广播中由角色独自地抒发对产品的个人感受或情感。可由广告商向听众介绍，也可由商品应用者亲自推荐，或由播音员以第一人称宣讲，以增加广告的真实性和亲切感。

③对话式。对话式广播广告是指在广告中利用母子、情侣、夫妇、兄妹等角色，通过对话将广告产品的特征及使用情况告诉媒介受众的一种广播广告形式。这种形式容易使媒介受众产生亲近感或现实感，从而增加广告产品的可信度。

④戏剧式。戏剧式广播广告是指编排一场戏剧，让剧中人物将广告产品的特征用戏剧台词告诉给听众的一种广告形式。戏剧式具有较强的趣味性，但地方性也比较强。这种形式只能适用于地方性媒介的广播广告。

⑤音效式。音效式广播广告是指利用音响效果，将广告产品的信息传输给媒介受众的一种形式。广播电台通过声音来打造想象空间的可能性非常高，通过播放一段特殊的音乐，使媒介受众展开想象力，将广告产品与某一事物联系起来，可达到塑造品牌形象的效果。

6.3.1.3 广播广告的设计要素

广播广告的独特之处就是通过声音来传递广告信息，广播广告中的声音包括人声(即广告词)、音响和音乐三部分，也被称为广播广告的三要素。

(1)人声

广播广告中的人声由多方面构成，其中语言是人声的主体。广播媒介中的语言与平面印刷媒介中的语言有着本质的区别。印刷媒介中的语言是抽象符号式的文字语言，而广播中的语言是有声的口头语言，这一点是广播广告制作者必须明确的。广播广告的语言表现方式比较多，在这里介绍几种常用的表现方式：

①比喻法。将广告产品间接地比喻成其他东西。例如：在砂糖广告中，可以将砂糖比喻为白雪。

②逆向表达法。不用平常的思维来看待事物，而是从逆向的角度来考虑事情，以发现新观点。

③暗示法。利用一些为大家熟悉的名言、格言、谚语等，来暗示某一事物。

④列举法。将广告产品的各种成分、色泽、款式、价格等内容一一列举，分别向媒介受众展示。

⑤重复法。重复运用广告中的关键词，以突出广告产品的品牌，例如，韩国现代集团的广告“技术的现代，现代的技术”。

⑥定义法。这种方法要改变广告产品的原有概念，使它与生活中的某一事件建立新的联系，使媒介受众形成一种有利于产品的新联想，例如：“威士忌——生命之泉”。

⑦语源法。运用一些广为流传、历史悠久的词句，以衬托出广告中产品的优异品质或经营历史，例如：“车到山前必有路，有路就有丰田车”。

⑧现写法。即设定某种情景，以现场报道的形式描写整个过程，使媒介受众

产生身临其境的感受。

⑨否定诉求法。大多数广告以产品的优点作为诉求主题，给媒介受众留下正面印象，而否定诉求则以产品的不足或缺点作为诉求点，从反面将广告产品的特征客观地告诉媒介受众，如果运用得当，这种方法比正面诉求更为有力。例如："某品牌手表，48 小时误差两秒钟"。

⑩夸张法。通过艺术的手法夸张广告产品的功能，增强广告产品对媒介受众的吸引力。夸张与夸大不同，夸张是艺术形式的一种，而夸大则带有一定的欺骗性。运用夸张法不是指说假话，而是通过一定的艺术形式将广告产品的特征或功能渲染出来，以增强其视听效果。

广告制作者在设计广播广告语言时，除了灵活运用广播广告语言的表现方式以外，还必须了解以下几点：

第一，广播广告的信息要清楚、明白，易于理解和记忆。由于听众在收听广播时往往精力不集中，对广告更是如此。广播广告的声音转瞬即逝，较长的广告或是广告中较长的语句常常就会被忽略过去。广播广告的语言应尽量简洁明了，避免拖沓冗长，句子要尽量简短，段落要分明，层次要清楚。忌用难懂的词句，学术用语、专用术语要尽量少用，多采用浅显易懂的词句。

第二，要注意朗读时的语音、语调和语速。广播语言靠人的声音传递，讲话者的形象、表情靠着语音、语调来传达给媒介受众，媒介受众也会根据语音、语调和语速等来体味说话者的心情。广播广告是一种"说的语言"，"说的语言"是用来听的，而汉语中有许多同音异义的字，特别是我国地缘辽阔，各地方的方言多，稍有疏忽，就会使听众产生误解，要做到发音准确。广告不同的表现形式，在声音的处理上应有所不同。如直陈式广告就要求播音员的播音速度适中。朗读节奏也要注意掌握，节奏太慢会显得拖沓沉闷，节奏太快会使听众听不清楚，或听起来感到紧张、疲劳等。

第三，情节要生动。由于听众收听广播往往心不在焉，因此，如何吸引住听众注意力是非常重要的。广播广告的情节是生活的片断的展现，虽然持续时间较短，但情节要生动，有一定的趣味性，才能使听众产生"听下去"的兴趣。广告一开始就要有特色，明确重点，形成强有力的刺激，尽量增强语言的亲近感，拉近与听众的距离。一条广告一般只能突出一个主题，如果头绪太多，也会分散听众的注意力。

第四，发挥好重复朗诵的作用。广播广告中的某些词句是需要重复的。反复朗诵主要有两种作用，一是使听众明确广告产品的基本情况，二是经过反复说明在听众脑海中留下印象，加强记忆，如重复商品的品牌名称等重要信息。但是要注意重复的适度性，不至于使媒介受众感到反感。

(2)音乐

音乐是一种抽象的艺术形式，具有强烈的情绪性，对于人的情感、态度、行为影响极大。在广播广告中，音乐的作用有几个方面：一是活跃广告的气氛，使广播广告的内容丰富起来，避免广告平淡单调，营造气氛与情调。美好的音乐常能使听众沉浸在想象之中，引起媒介受众的注意；二是突出广告主题，有利于广告产品形象的塑造，加深听众对企业或商品的印象，突出产品的个性。有特点的音乐也可以成为广告产品的标志，使媒介受众将产品与其他产品区别开来。

广播广告中的音乐主要分为两种类型：一种是背景音乐，一种是广告歌曲。

①背景音乐。背景音乐主要是指利用乐曲来烘托气氛，配合人声使用。在广告中配背景音乐时，要考虑音乐的意境等要与广告主题协调、配合。音乐选择得当，可以使广告主题得到更好的表现，相反则会削弱广告的效果。背景音乐的音量要适中，不要使音乐的音量盖过广告词。

②广告歌曲。广告歌曲就是把广告中所要传递的重要信息用歌曲的形式表现。广告歌曲它不同于电视、电影插曲，不要求多样化和高技巧，只要朗朗上口、易学易记、曲调活泼、歌词简短就可以。广告歌曲的目的是以优美的旋律和独特的音响加深人们对广告产品特点的认识，帮助人们记牢产品，启发美好联想。在广播广告中采用的广告歌曲，要注意曲调通俗、悦耳动听，广告歌词要能朗朗上口，内容不要过分复杂。此外，要注意相关的法律问题。如果不是原创，而是利用现有的一些音乐作品，就有著作权的问题，要妥善处理好。

(3)音响

音响可以增强广播广告的表现力和感染力，可以创造一个声音的环境叙述或表现一个事件，也可以表现思想和情感。广播广告配上各种音响，往往能使听众听其声如见其物。广告中的音响主要有：环境音响，如风、雨、雷、波涛、鸟鸣等自然环境音响；产品音响，指广告商品在使用中发出的各种音响，如使用吸尘器发出的声音，使用照相机的快门声等；人物音响，即广告中人物活动的声音。广播广告中的音响可以发挥以下重要作用：

①音响的叙事性。现实中一切生物和自然现象都有自己独特的声音，如风声、鸟鸣、马嘶等。也就是说，声音总是和形象联系在一起的，这也正是声音能够令人产生视觉联想的前提。广播广告只需运用某种声音，就能把听众带到相应的环境中。

②音响的表现力。音响的表现力主要是通过联想来实现的，而这种联想又是通过独特的广告创意而引发的。和视觉一样，声音也同样具有非凡的表现力，因

此，对音响的巧妙使用，可以把许多无法或难以表现的东西轻而易举地传达给听众。

③音响的个性化。现代企业大多比较重视企业形象识别系统的构建，通过设计独特的视觉形象为企业赋予个性，从而将本企业从众多的企业中突显出来。而企业也可以创作出富有个性化特征的音响作为自己的标志，使人们一听到这个声音就知道是什么产品或哪家企业，使某种与产品相关的音响成为产品的象征，加深产品印象。

要注意广告中使用的音响，一定要与广告主题密切相连。同时，音响必须清晰、悦耳，不能制造噪声。

(4)广播广告三要素的运用

人声、音乐和音响作为广播广告的三要素，并不是简单的相加，而是要力争将三者融为一体，弥补单一语言、音乐或音响的不足，发挥整体效果，增大广播广告的表现力，开拓媒介受众的感受空间。由于这三个要素各自的特色和所起作用的不同，因此在使用中还应注意以下两点：

第一，注意人声语言的主导地位。在广播广告中，语言是传达信息的主要手段，也是使广播广告具备说服力和影响力的关键，音响和音乐要为人声语言服务。一则广播广告可以没有音乐和音响，只要语言引人入胜，符合听觉规律，切合消费者心理需要，同样是一则好的广播广告。当然，音乐和音响的恰当使用会大大增加广告语言的魅力，加强广播广告的整体效果。但如果片面追求形式，刻意在音乐和音响之间进行雕琢，忽略对广告语言的精益求精，就会喧宾夺主，达不到广告目的。

第二，灵活运用三要素的几种组合方式。广播广告中常见的一种方式是只有语言，没有音响和音乐。这种方式的优点是简洁明了，制作简便，具有短、平、快的特点；缺点是容易显得单薄、平板，缺乏吸引力。除此之外，还有音乐和语言相互配合音响和语言相互配合及音响、音乐和语言三者配合等，在使用中可灵活运用。

6.3.1.4 广播广告的制作过程

广播广告的制作是把广播广告文案声音化的一个过程，也是一个再创作的艺术过程。它考验制作者对文案的理解及对声音的感应，一般包括规划、导播、录音、播音、配乐等多方面的工作。但有的广播广告制作比较简单，例如：现场直播形式，只要把广播文稿提供给播音员就可以了。广播广告的制作，应根据特定的广告文案，选择相应的人来演播，并配以相符的音乐和音响效果。一般来说，广播广告的制作过程包括以下几个主要步骤：

(1)选择演员

在广播广告的制作中，演员的选择是很重要的一环。一般直陈式、对话式的广告，往往选择播音员播读。但应该注意一点，虽然听众对播音员的声音比较熟悉，但如果播音缺少变化，就很难使听众产生新鲜感，会导致听觉麻木，广告印象不深刻。有一定故事情节的广告，如父亲、母亲、孩子等，需要各种不同角色的演员来扮演。演员可以从话剧演员、电影演员、配音演员中选择。

(2)确定音乐和音响效果

广播广告中的音乐可以利用现成的音乐素材完成，但有时现成的音乐素材很难与广告主题相吻合，因此最好使用原创广告音乐。国外大多数广告，都是请作曲家专门作曲。目前我国专业音乐工作者参加广告音乐创作的现象也已越来越多。广播广告使用的音响，要靠平时逐渐积累。

(3)实地录制

广播广告的制作是在演播室内完成的。一般在录制的前一天，演播室要做好各种器材准备工作，同时将广告脚本送交各位演员。实地录制要经过下面几步：

①对台词。广告演员在广告导演的指导下，阅读脚本，对台词。

②进行预排。把演员的演播同音乐、音响等放在一起预排，观察相互之间的配合效果如何，从中发现脚本写作过程中没有意识到的问题，进一步修订完善。

③正式录音。经过几次排练后，就可以开始正式录音。正式录音时，先要在磁带开头录上关于广告内容与播出时间的声音说明。在此之前磁带至少要留出15秒的空白，广告结束之后再留出60秒左右的空白。最后对录音进行编辑，然后送电台播出。

6.3.1.5 提高广播广告效果的方法

(1)调动想象力，塑造立体环境

广播广告的创作是诉诸于人听觉的创作，只有声音没有视觉形象是广播媒介的最大缺点，但换个角度讲这又是广播媒介的最大长处，因为它能给人以巨大的想象空间。因此，广播广告的创作制作人员要想办法触发和建立人的想象，塑造一个立体化情境，突出整体氛围。

(2)打造有个性的声音

要努力创造一个与众不同的声音，一段让人难以忘记的音乐形象，并要始终与广告主题保持统一，力争使听众听到语音和旋律，马上就能想起相应的产品，把声音当作企业形象识别系统中声音识别的一部分来打造。

(3)表达简洁有力

对比其他媒介的受众，广播广告的听众更多的是处于随意收听状态，没有视觉的参与，因此越是简洁的概念，越容易让人记住。说得越多，越想面面俱到，越会适得其反。

(4)以正面诉求为主，亲切感人

由于广播媒体没有强有力的视觉表现手段，稍纵即逝的广播广告容易使听众处于被动的收听状态。所以，在广播广告中要慎用逆向思维的反面诉求和负面信息，尽量使用正面诉求方式，话语要力争以情感人，倍感亲切。

6.3.2 电视广告的制作

电视集声像、色彩、画面、语言、文字于一体，同时对受众的视觉和听觉发生作用。由于电视的信息表现形式丰富、形象、生动、娱乐性强，因此电视是最受欢迎的大众传播媒体，也是传递广告信息的主要媒介之一。如今尽管有新兴媒体的冲击，电视广告的开发利用还是被予以高度重视，每年用来拍摄和制作电视广告的资金不菲。如何摄制出优秀的电视广告作品，使广告抓住观众的眼球，向电视广告制作人员提出了新要求。毋庸置疑，制作优秀电视广告的前提是要有独特的构思，新颖的创意。如何使构思、创意具体化，并能生动准确地表达出来，就涉及电视广告的设计制作问题。

6.3.2.1 电视广告的播出形式

电视广告播出方式可分为插播广告和赞助广告两种。

(1)插播广告

插播广告是指在两个节目之间插入播出的广告，一般为一组不同产品或企业的广告。插播广告利用节目之间的空隙，播放时间一般在 2～3 分钟，每条广告一般为 15 秒。插播广告有一定的灵活性，广告价格相对便宜，收视效果比较明显且容易评估。

许多国家和地区对电视插播广告的时间和条数有严格的规定，有的还规定在一个时间段里插播的广告内容不能是同类型的产品及企业。我国目前在安排插播广告方面，还有不少不够规范、不够科学的东西，需要研究和改进。例如：每次插播的时间过长，条数过多，有时与节目赞助广告连在一起播出，拉长了插播时间。有些电视台有意把一些节目分割成上下部，增加了插播时间，每次插播的时间不减，致使观众走开或调换节目，这对观众和广告客户都是一种损失。而在同一时间段内播出同类产品的不同品牌广告，会制造“业务冲突”，抵消某一品牌的注意力和影响力，但这种现象在我国的电视广告播出中却屡见不鲜。在广告主广告意识日益增强的情况下，这样的安排应引起注意。

(2)赞助广告

赞助广告是指在特定的节目中插入播出节目赞助人的广告。赞助广告的长度一般以30秒为主，也有时间更长的，如45秒、60秒，甚至90秒，能够对商品性能、服务内容和企业特征等做较详尽的介绍。以这种形式播出的电视广告种类较多，比如由独家或多家赞助人提供节目，在节目中插播广告，或由独家或多家赞助人仅提供节目赞助，由电视台或制片公司提供播出的节目，然后在节目中插播相关赞助人的广告。由于赞助广告往往与节目内容有一定相关性，针对性强，因而有较好的传播效果。但由赞助商提供节目的这种方式，节目内容的原创性往往较差，还有可能会导致电视台丧失自主权。

6.3.2.2 电视广告的表现形式

拍摄制作电视广告前首先要确定采用什么样的表现形式。电视广告常用表现形式有以下几种：

(1)名人推荐式

名人推荐式是指在广告中展现名人消费或使用某种商品的场景，或名人在广告中直接出面推荐某种商品，利用“名人效应”使观众对产品产生好感和信赖感，例如我国许多著名影视明星都曾出现在电视广告的推荐中。采用这种方式，一是要注意演员的推荐和体验要真实可靠，二是防止名人推荐成了推荐名人，观众记住了名人却忽略了产品。

(2)解决问题式

解决问题式是指在广告中首先展示个人生活中遇到的一些问题，然后出现某一商品，使用后使问题得到解决。此类广告往往还运用科学实验、对比等形式，显示商品功效的科学性和可靠性，从而产生说服力。例如宝洁公司产品就经常采用这种表现形式。这种表现形式取得成功的关键在于简洁明了地突出商品特性，抓住商品与观众关联的某一利益点。但同时也要克服可信度差的难题。

(3)日常生活式

日常生活式是指把广告场景置身于人们现实生活的某一场景中，以广告中人物的生活经验、境遇来影响目标受众，改变目标受众对产品的态度。这类广告的表现方式把广告内容与人们的日常生活联系在一起，贴近生活，令消费者感到亲切、自然、放松。例如麦当劳广告、啤酒广告等常采用这种表现方式，把观众带进日常生活中，取得较好的效果。

(4)演员直陈式

演员直陈式是指邀请演员在广告中介绍、表述某个产品或某项服务，这个演员不一定是名人但与产品或服务有一定联系，演员陈述广告产品的情景往往用特写镜头来表现。

6.3.2.3 电视广告的设计要素

(1)拟写电视广告脚本

在确定广告创意与电视广告的表现形式后，就进入电视广告的脚本撰写阶段。脚本是对电影文学剧本创作活动过程的一种描述，电视广告创作借用了这个概念。电视广告脚本是摄制电视广告的基础和蓝图，是为导演进行再创作提供详细的计划、文字说明和蓝本。脚本可分为两种，一种是文学脚本，一般由广告文案人员撰写；一种是分镜头脚本，主要由导演完成。文学脚本是分镜头脚本的基础，分镜头脚本是对文学脚本的切分和再创作。

①文学脚本。电视广告在脚本写作上既要遵循广告文案写作的一般规律，又要依从电视广告脚本创作的特殊规律。文学脚本创作过程中要考虑以下几点：

第一，用镜头叙事。文字结构一般以镜头为段落进行描述，叙事要具体、形象、有动态性，过程要清晰、连贯。必要时要在脚本的前或后加上"创意说明"、"创意概要"等进行提示。

第二，要有时间概念。一则电视广告的时间非常有限，如15秒、30秒等。因此，对每一个画面的叙述都要考虑时间的约束。一般来说，一则电视广告的标准时间是30秒，画面在十几个为宜。

第三，每一个镜头和画面的设计，都要多次斟酌，多次修改，必须得到广告客户的认可。文学脚本的最后形成绝不是一气呵成的，需反复推敲，慎重定稿。

②分镜头脚本。电视广告分镜头脚本是在文学脚本基础上进行的再创作，是指运用蒙太奇手法对文学脚本所描述的内容按照拍摄要求，通过文字说明的方式进行镜头分切。这项工作主要由导演来完成。分镜头脚本可借鉴电影分镜头剧本的创作方法。一般按镜号、镜头运动、景别、时间长度、画面内容、广告词、音乐音响等顺序，画成表格，分项撰写。

(2)绘制电视广告故事版

故事版又被称为"画面脚本"或"故事画纲"，它是指用图像来表达电视广告的创意，是把分镜头脚本图案化。电视广告的主要内容、重要画面、关键性动作、造型以及动态画面的流程等都要通过故事版的形式表现出来。

故事版比脚本更进一步，故事版的完成就意味着电视广告由策划创意阶段转向实际拍摄阶段。由于电视广告主要用画面传递信息，因此可通过在脱离文字说明的情况下，依据故事版的画面构成，看能否充分地把广告的意思表达出来，从而推断电视广告能否拍摄成功。电视广告故事版不仅可以检验广告创意的视觉化效果，也有助于电视广告顺利进入摄制阶段，是反映摄制效果和创作质量的一个依据。

电视广告故事版大多采用绘画形式，分为速写和色彩两种，也可将这两种类型结合起来。一般以脚本内容为依据，一个镜头画一个故事版。故事版要注意画好开头和核心画面。

(3)设计广告长度和播出时段

①设计广告长度。电视广告的长度主要根据广告内容、制作费用和广告预算来决定。一般来说，国际上最常采用的长度是30秒，进一步增长可有40秒、45秒、60秒等，经过压缩剪辑后，有25秒、20秒、15秒、10秒等。现在我国通常播出的电视广告长度有5秒、15秒、30秒和60秒等。研究表明，时间为30秒的电视广告，长度是较为适中的。在观众眼里，60秒的广告和30秒的广告在信息含量上似乎没有太大的差别，取得的传播效果也相差不大。但60秒广告的播出费用却要成倍增加，而且时间长了还可能会引起目标受众的厌烦。15秒广告是30秒的压缩版，它和30秒广告相互配合，既能节约播出费用，也能达到与30秒相近的传播效果。5秒的电视广告多是播报商品或企业名称，不能向观众提供更多信息，但往往在黄金时段播出，如果与其他时段的30秒或15秒广告配套，也能收到较好的效果。

②设计广告播出时段。广告播出时段主要分为黄金时段和一般时段。所谓黄金时段，是指电视开机率和收视率较高的时间单元。其他时间即为一般时段。不同时段的广告收费标准是不一样的。目前的电视台在节目安排上越来越注重分析受众特点，因此，具有特定目标受众的广告也要考虑在广告播出时段方面的策略问题。

6.3.2.4 电视广告的制作过程

电视广告的正式制作过程，可粗略分为拍摄前准备、正式拍摄和后期制作三大阶段，也可以细分为一个包含有以下若干连续环节的过程。

①当创意被确认并获准进入拍摄阶段时，公司创意部会将创意文案、画面说明及提案、广告故事板呈递给制作部(或其他制作公司)，并就广告片的长度、规格、交片日期、目的、任务、情节、创意点、气氛和禁忌等作必要的书面说明(即脚本说明)，以帮助制作部理解该广告片的创意背景、目标对象、创意原点及表现风格等。同时要求制作部在限定的时间里呈递估价和制作日程表以供选择。

②当制作部收到脚本说明之后，就会对创意要求进行研究，然后将合适的制作方案及相应的价格呈报给客户部，供客户部确认。一般而言，一份比较全面的估价应包括拍摄准备、拍摄器材、拍摄场地、拍摄置景、拍摄道具、拍摄服装、摄制组(导演、制片、摄影师、灯光师、美术、化妆师、服装师、造型师、演员等)、电力、转磁、音乐、剪辑、特技、二维及三维制作、配音及合成制作费、

制作公司利润、税金等项目，并附上制作日程表。

③由客户部将制作部的估价呈报给客户，当客户确认后，由客户、客户部、制作部签订具体的制作合同。依据合同规定和最后确认的制作日程表，制作部会在规定时间内准备接下来的第一次制作准备会。在此期间，制作部要为制作脚本、导演阐述、灯光影调、音乐样本、布景方案、演员试镜、演员造型、道具、服装等有关广告片拍摄的所有细节部分进行全面的准备工作，寻求将广告创意呈现为广告影片的最佳方式。

④在第一次制作准备会上，制作部会将广告影片拍摄中的各个细节的准备方案交给客户选择，并听取客户选择的理由。客户确认的部分将直接作为之后拍片的基础依据。就本次制作准备会上未能确认的部分，制作部将召开第二次制作准备会，提报新的准备方案，供客户确认。如果仍有客户未能确认的部分，则需再次安排制作准备会，直到各项目最终都得到客户确认。

⑤在进入正式拍摄之前，制作部的制片人员对最终制作准备会上确定的各个细节，进行最后的确认和核查，确保广告片的拍摄完全按照计划执行。在正式拍片之前，制作部还要向包括客户、客户部、摄制组相关人员在内的各个方面，下达书面形式的拍摄通告，告知拍摄地点、时间、摄制组人员、联络方式等，确保万无一失。

⑥按照最终制作准备会的决议，在安排好的时间、地点由摄制组按照拍摄脚本进行拍摄工作。为了对客户和创意负责，除了摄制组之外，通常制作公司的制片人员会联络客户和广告公司的客户代表、有关创作人员等参加拍摄。根据经验和作业习惯，为了提高制作效率，确保表演质量，镜头的拍摄顺序有时并非按照拍摄脚本的镜头顺序进行，而是会将机位、景深相同或相近的镜头一起拍摄。另外，儿童、动物等拍摄难度较高的镜头通常会最先拍摄，而静物、特写及产品镜头通常会安排在最后拍摄。为确保拍摄的镜头足够用于剪辑，每个镜头都会拍摄不止一遍，而导演也可能会多拍一些脚本中没有的镜头。

⑦拍摄完成后则进入后期制作阶段。后期制作的程序一般为：冲片、胶转磁、剪辑、数码制作、作曲(或选曲)、配音、合成。

冲片过程类似于拍照片之后的胶片洗印，拍摄使用的电影胶片需要在专门的冲洗厂冲洗出来。在这之后，要将冲洗出来的电影胶片进行胶转磁处理，电影胶片只有经过此道技术处理，才能由电影胶片的光学信号转变成用于电视制作的磁信号，然后才能输入电脑进入剪辑程序。在剪辑阶段，导演会将拍摄素材按脚本的顺序拼接起来，剪辑成一个没有视觉特效、没有配音和音乐的版本，即所谓的A拷贝，这个版本要提供给客户，以进行视觉部分的修正。在客户认可了A拷贝以后，进入正式剪辑阶段。这一阶段也被称为精剪部分，首先是根据客户在看了A拷贝以后所提出的意见进行修改，然后运用数码特技，将一些二维、三维特技效果合成到广告片中去。

广告片的音乐可以作曲或选曲。如果作曲，广告片将拥有独一无二的音乐，而且音乐能和画面有完美的结合，但价格比较昂贵。如果选曲，在成本方面会比较经济，但别的广告片也可能会用到这个音乐。音乐选定后，就是选定配音演员加入旁白和对白，然后由音效剪辑师为广告片配上各种不同的声音效果。最后是画面和声音的合成，由音效剪辑师把配音演员的配音及背景音乐的音量调整至适合的位置，与画面合成在一起。

⑧交片。最后一步是将经过广告主认可的完成片，以合同约定的形式按时交到广告主手中。

上述几个步骤的工作一般来说是按阶段依次进行，但有时因时间紧迫，也可交叉进行。

6.3.2.5 提高电视广告效果的方法

想制作出能够吸引电视观众的优秀广告作品，要注意发挥电视广告得天独厚的优势，同时尽量弥补其不足。设计制作时要注意以下要点：

(1)用画面讲话

电视是一种视听传播媒介，既有图像，又有声音。但在信息传播中，吸引观众的首先还是画面，如果广告画面枯燥乏味，或者信息残缺，电视广告的吸引力就会受到影响。电视广告要尽量做到用画面突出主要信息，紧紧抓住观众的注意力。影视的语言是画面，用画面来叙述比仅用文字和旁白更具说服力。要能做到即使没有声音和文字，也能比较清楚地表达出广告的意思。另外，也要尽量使画面与声音相互补充、相得益彰，使观众获得更为丰富的信息。

(2)先声夺人

对电视观众的调查发现，一条电视广告片能否吸引观众的注意力，最初的4到5秒钟极为重要。因此，广告的开头要富有特色，能够先声夺人。为了吸引观众，广告的开头一般可选择新颖独特的角度。例如美国运通公司关于旅行支票的广告片，一开始就用“你将亲眼目睹一宗罪行”这样的瞬间，展现一个扒手摸别人口袋的情景。这个广告告诫旅行携带现金会带来危险，使运通公司增加了大量市场销售额。

(3)让观众记住产品的名称

经常有这样的情况，观众能回忆起某个广告的内容，但却忘了这个广告宣传的是什么产品，有时还将这个广告的内容与另一个牌子的产品混在一起。这一点对于新产品的推广尤为不利。因此，在电视广告中，要想办法突出产品的名称。人们的记忆活动，一般对最初或最后得到的印象比较深刻，所以，要在广告的前几秒钟就展现产品的名称，同时形式要尽量新颖，使观众对产品名称有一个较深印象。同时，尽可能地重复品牌名称，以加强品牌感染力和记忆程度。

(4)突出重点

同报纸等印刷媒介广告相比，电视广告的信息容量受到很大限制。一般电视广告片的时间仅有30秒左右，由于时间有限，在一则电视广告中只有重点突出某些信息，才可能产生效果。电视广告不是故事片，不必做无谓的叙事铺垫，要让产品成为广告的中心。另外，有些电视广告在介绍了产品性能、特点之后，还相继介绍了包括售后服务措施、销售方法、联系地址等各种内容，表面上看信息含量很丰富，但实则重点不突出，分散了观众的注意力。需要重点突出的信息内容，应通过精心策划确定。

(5)画面要有特色

画面是显现电视广告内容的主要手段，电视广告提倡此时无声胜有声的创作意境，要多用画面说话，因此，画面语言要有个性。无论是镜头抓取角度，还是画面的构图、色彩、组合等，都应有较好的视觉效果。例如：多用特写，制造有冲击力的画面。或用近景代替远景来强调画面，单纯、集中地突出产品，便于观众注意和了解。对于关键性的诉求画面，表现要自然。

(6)发掘声音的潜力

尽管画面在电视广告中起着举足轻重的作用，但声音的作用也是不可忽略的。首先是广告音乐，它能够渲染气氛和打动观众情感。其次是广告音响，它能从另一个侧面突出商品的特点，对画面起着补充与深化的作用。此外，还有广告语言，包括两个方面：一是画面中的语言，如人物对白与独白；二是画外音，如广告解说等，要根据画面内容恰当运用。从调查结果来看，同样的广告词，由画面中的人物来说，比画外音更容易引起观众的兴趣。利用声音制造立体效果，例如：有时有意识的静音会达到好的效果。

(7)使用好字幕

字幕也是电视广告中的一种重要表现手段，能构成对观众的多重刺激，加深观众印象，因此适当地使用字幕很有必要。通常采用的方式是将广告口号打成字幕，久而久之，便给观众留下较深印象，如诺基亚的“科技以人为本”、雀巢咖啡的“味道好极了”等，就经常打成字幕推出。但应该注意字幕要与声音相一致，否则会引起混乱。

6.3.3 网络广告

网络广告是指在互联网上传播、发布的广告，它具有及时沟通、海量传播、参与性强等特点。网络现在已经成为继报纸、杂志、广播和电视后的第五大传媒，兼备电子和印刷两类媒体的特点，将声音、文字、图形、动画融为一体，形象直观，视听合一。网络广告在广告形式、设计制作、收费模式和广告特点方面与传统广告有很大差异。

6.3.3.1 网络广告的形式

就目前的应用而言，网络广告有以下几种形式：

①在一些访问率高的热门站点(如知名搜索引擎、综合资讯娱乐服务网站、个人主页、免费电子邮箱等)发布的旗帜、横幅、影音广告，用来宣传产品信息与公司形象。如果广告主本身有主页的话，还可以在热门站点上做横幅广告让受众自己进行链接。

②定期通过电子邮件，以极低廉的成本将信息发送到目标消费者的邮箱。电子邮件发送广告速度快，覆盖率广，但缺乏可视元素，信件又不能太长，文字内容必须清楚简洁，切中主题，因为收件人往往具有较强的防御和抵触心理。这种方式的关键是要有一个令人满意的地址库，目前主要是从邮售机构购买或者是靠自己平时的记录汇编。

③在网上报纸或网上杂志刊登广告。现在一些世界著名的报纸和杂志，如美国的《华尔街日报》、《商业周刊》，国内的《人民日报》、《文汇报》、《中国日报》等，纷纷将触角伸向互联网，在互联网上建立自己的主页。更有一些新兴的报纸与杂志，直接脱离了传统的纸质媒介，完全成为网上报纸或杂志。在这些网上报纸或杂志上做广告也是一个较好的传播渠道。这种广告的内容完全嵌入网上报纸和杂志的内容中，跟纸质的报纸和杂志广告类似。

6.3.3.2 网络广告的制作

(1)选择网站

就像在其他媒体上做广告一样，广告主必须在特定的网站寻找特定尺寸的广告版面。网站可分为专业网站和综合网站。专业网站是目前比较重要的网站类型，包括各种体育、汽车、旅游、电子杂志等专门性的网站，如计算机爱好者组织的网站。综合网站也称门户网站，比如新浪网、搜狐网、雅虎网等，它们提供各种综合性内容和搜索服务。广告主或代理商要寻找那些与产品或服务相关或目标受众相近的网站。

在网络广告中，可利用的版面类型主要有三种：一是旗帜横幅型广告，在网页顶部或底部的长方形版面；二是按键式广告，循环式的版面，一般是在网页的左右两边上；三是整个网页，有些电子杂志经常采用这种方式。

在选定网站和版面类型后，还必须确定网络广告的出现方式。一般有随意型(可以出现在任何网页上)、贯通型(出现在每张网页上)、特殊型(只在网站的某个特殊部分或特殊网页中出现)、排除关键字型(键入关键字中的任何一个字都可看到广告)、标准关键字型(键入全部关键字才可以看到广告)五种类型。选定方式后就是议价，网站广告没有标准的价格，要根据广告的大小、时间、访问量等进行谈判。谈判完成后，先由版面提供者提供一份合同，广告代理商确认后，再向广告主提供一份简单的计划表。

(2)广告内容设计

首先决定由谁来设计广告内容。一般由网站管理者、广告代理商或各种电子创造工作室来完成设计工作。

其次是构思广告文案。广告文案的标题要力争抓住受众注意力，正文句子要简短、直截了当，尽量用短语，避免完整长句，语句要口语化，可以适当运用感叹号，增强语气效果。如果要引导用户从广告访问企业网站，应使用"请点击"等文字引导。

最后是构思画面。从视觉原理讲，动画比静态图像更能引人注目，因此应充分发挥电脑图像和动画技术的特长，使广告具有强烈的视觉冲击力。比如旗帜广告的颜色可考虑多用明黄、橙红、天蓝等艳丽色，强调动画效果。也要注意广告与网页内容和风格相协调。

(3)复核并上传

将设计好的广告作品发给广告主复核，修改确认后就可以通过链接上传到网页上。

6.4 户外及陈列媒介的广告制作

6.4.1 户外广告制作

户外广告是指在露天或室外的公共场所向消费者传递信息的广告物体，英文名为 Out Door，简称 OD 广告。户外广告可能是现存最早的广告形式之一，即使是在新技术不断发展、新媒体不断涌现的今天，户外广告仍然是应用广泛的传递广告信息的主要载体之一。

6.4.1.1 户外广告牌的设计制作

户外广告牌是一种常见的户外广告媒体，具有展示面积较大、制作精美、画面精致等特点。加上灯光的作用，广告信息的传递不受时间的限制，没有昼夜的区别。

(1)户外广告牌的表现形式

①立柱广告牌。立柱广告牌可分为单立柱和多立柱。单立柱一般放置在高速公路、城市立交桥两旁，具有视野开阔、遮挡少、车流量大等优势。单立柱有单面、双面、三面等几种样式。柱体多采用钢筋水泥结构，广告画面部分则用钢架结构。多立柱一般设立在马路、花坛和人行道旁，有双柱、三柱、四柱等样式。广告画面可以从一面到多面。

②电子广告牌。电子广告牌是在20世纪末出现的新兴媒体。有三面翻、电子显示屏、投影等种类，可以利用微电脑技术和程序控制，能够同时储存多幅画面，循环播放，画面清晰，声像兼备，具有动感，容易吸引视线，还可发布公共服务性信息，也较易保养。

③立体广告牌。立体广告牌使广告物具有一定的立体感，是利用立体和机械特色来塑造广告个性的户外广告。常见的有产品模型、实物广告、平面画面与立体模型相结合等形式。

(2)户外广告牌的安放位置

根据放置的位置，户外广告牌可分为多种类型，主要有：

①路牌广告。这是较早产生的户外广告，一般设置在道路两侧，所在地段越好，行人越多，所产生的广告效应也越强。画面应醒目简洁，文字应精练，这样信息才易于捕捉。随着绘制、材料、灯光等技术的进步和成熟，路牌广告继续发挥着巨大作用，在行业中仍然占有重要位置。

②墙体广告(建筑物广告)。墙体也是历史较长的广告媒体。现代墙体广告依附于建筑物，面积大，不易被遮挡，有震撼力。采用喷绘技术后，其制作更为简易且表现力强。要注意选好墙体的位置，这是广告成功的基础。画面设计应该简洁、醒目、新奇，色彩的块面感好。设计时还要考虑透风性和安全性。

③跨街广告牌。横跨街道上空的广告形式，广告位置高，空间开阔，行人和车辆过往时都能看到。造型非常丰富，有门楼式、彩虹式、人行天桥式等。应根据力学原理做好设计，以轻盈安全为主。

(3)户外广告牌的设计制作要点

户外广告牌的设计制作主要是从造型和画面两个方面着眼。

①造型设计。在这里造型设计是指对广告牌所表现出来的形象的创作设计。

户外广告牌的造型应该求奇求新，不可千篇一律，盲目贪大。要能与周围环境、建筑风格等浑然一体，相得益彰。还可通过装饰，添加一些元素，或更改原来造型，以产生视觉冲击力。

②画面设计。主要涉及平面广告的创作要求。图片要形成冲击力、吸引力和想象力；文字要简洁易懂，醒目清楚；色彩应能抓住行人等的视线，或亮丽夺目，或与周边形成反差，进行对比。

6.4.1.2　霓虹灯广告的设计制作

霓虹灯是户外广告中灯光类广告的主要形式之一，已有近百年的历史。一般设置在城市的制高点、大楼屋顶和商店门面等醒目的位置，亮丽、闪动、多姿，吸引观众的注意，增添城市夜景。

霓虹灯一般由特制的霓虹灯管、变压器、程序控制器和高压线组成，应精心策划，设计制作前要看好现场，根据客户要求和实际环境提出设计方案，多做构想，酝酿修改，征得客户同意后再组织实地施工。

霓虹灯广告的设计要注意充分利用霓虹灯的光学特点，体现出活跃、多变的特征，使灯光、颜色的变化和形式统一起来，产生韵律和节奏感，层次丰富，诉求主题鲜明突出。

6.4.1.3　交通广告的设计制作

交通广告是指设置在车辆、船舶、飞机、火车、地铁、轻轨等交通工具内、外部或设置在交通站点的广告。交通广告的优势是信息发布灵活，传播快捷；广告诉求直接，重复曝光率高；受众广泛，信息接收主动；广告主有一定的媒体选择余地；广告投入费用低廉而受到重视。交通广告的主要形式有：

(1)车身广告

车身广告是指在交通车辆的车身上发布的有关广告信息，特别是利用公交车车身传递广告信息。全车身、车头、车尾、车窗等都可用来做广告。设计车身广告，首先要针对机动车流动性强这一特点，力求广告文本简洁醒目。其次创意构想要新颖独特，能产生强烈视觉刺激。再次，要结合车身巧妙运用各种表现元素，引起受众的广泛注意。

(2)车厢广告

车厢广告是指在交通工具的厢体内所做的广告。车厢广告的形式多种多样，这类广告的设计从总体上要适应车厢内的特点，表现广告的信息应文字简要、制作精美、可读可看性强。

(3)候车(机)场广告

在调度或等候各类交通工具的场所设置各种广告形式，均可视为候车(机)场广告。广告媒体大到车站路牌、霓虹灯、广场单立柱，小至车(机)票、登车(机)牌，甚至车(机)场、车(机)的进出口等，都可以作为传递广告信息的载体。受众即是出入候车(机)场的相关乘客。

6.4.1.4 灯箱广告的设计制作

灯箱广告是指用金属材料做内撑架，利用灯光把灯片、招贴纸、柔性材料照亮，形成单面、双面或多面的灯光广告，形如箱体。这种广告现在已普遍采用电脑喷绘制作，色彩鲜艳，效果逼真，外形美观，画面简洁，视觉效果好。从形体上看，灯箱广告有以下几种：

①方形(或长方形)灯箱、灯柱广告。有立在人行道上的，也有的挂在路灯的灯柱杆上，有单面也有双面。

②两个以上灯箱组合成的灯箱广告群体。大都用在候车亭、大型商场门口、广场以及马路人行道转弯角。

③圆柱形古典风格的塔柱、塔亭广告。塔柱、塔亭广告与城市环境相呼应，利用塔亭、塔柱的圆形外层张贴广告，里面是活动厕所或小邮亭、小书亭、售货亭等。

④利用街头钟表制成的灯箱广告。有的嵌在墙体上，有的挂在店门或人行道上，既装点城市街景，又方便市民。多出现在一些经济发达的国家。

6.4.1.5 其他户外广告的设计制作

随着科技的进步，广告设计制作能力增强，很多新的户外广告形式涌现出来，如新兴的移动电视、楼宇电视，都属于户外广告范畴。再如，利用自行车车筐、城市名胜、彩票投注站、加油站等位置也可制作户外广告。像充气实物广告、旗帜广告、飞船飞艇广告、地面广告、水上广告、空中烟雾广告、沙滩广告等，层出不穷。户外广告的发展空间很大。

6.4.2 陈列媒介广告制作

陈列媒介广告在狭义上是指在购买场所和零售店内部设置的展销专柜，以及在商品周围悬挂、摆放与陈设的，可以促进商品销售的广告媒体；在广义上是指在商业空间、购买场所、零售商店的内部、周围以及在商品陈设地点所设置的各类广告物。

6.4.2.1 陈列媒介广告的主要类别

从物件形态上看，陈列媒介广告有商店牌匾、店面装饰、橱窗、充气广告、条幅、陈设、招贴广告、服务指示、广告刊物、广播、录像电子广告牌甚至广告表演等。从使用方法上分，包括悬挂式(如吊旗或吊挂物等)、展示类(如展示架或展示卡)、立地式、柜台式和招贴式等。从发挥功能上说，可分为指示引导类、产品说明类、价格标签类、活动宣传类和装饰气氛类等。

6.4.2.2　陈列媒介广告的功能和作用

陈列媒介广告的功能和作用主要体现在以下 3 个方面：

①显现商品信息。特别是对新上市的商品进行告知展示，帮助说明商品的特性，刺激消费者购买。

②增强购买意识。通过展示，能够吸引顾客进店、驻足，激发消费者的购物热情，促使采取购买行动，起到"无声售货员"的作用。

③营造销售氛围。烘托销售现场，展现卖场买卖红火、人气旺盛的情景，加深消费者对销售商店的好感。

6.4.2.3　陈列媒介广告的设计与制作

(1)设计要素

陈列媒介广告的设计主要包括图形、色彩、文字和构图空间的编排等，本章介绍其他媒介广告时已有一定的阐述，其设计思路是基本想通的。除此以外，要注意的是画面的效果处理，力求打破常规，发掘新意，追求个性，能够使画面产生特殊视觉效果。

(2)制作要求

根据陈列媒介广告的传播目标，如仅仅是为促销服务，制作要求一般比较粗糙，采用手绘即可，可由商店(场)的经营者来完成，但也要注意醒目、简洁、易懂。如果不仅是实现促销目标，还有扩大产品宣传、提升企业形象等任务，那么在设计制作上也相应有更高的要求，应该专业、精美。具体做到以下几点：

①视觉诱导性要强。能够引起顾客的注意，激发起他们的兴趣，引导他们寻找应购买的物品。

②信息指向要集中。一般只突出一个信息诉求点，抓住广告商品的内在特性，迅速刺激消费者的购买欲望。

③个性特征要鲜明。每一个(种)陈列广告都应具有自身的形式与风格，反映出广告企业的差异性，与企业精神相吻合，能够强化企业的个性特征。

④要注意整体协调。要从企业的整体经营目标出发，服从于提升企业整体形象的需要。要与销售现场、销售环境构成统一体，形成视觉上的舒适与美感。

⑤要简洁清晰方便。应尽可能以简洁方式向顾客提供信息，直截了当、清晰、一目了然。另外，还应考虑到运输方便、布置方便、管理方便，做到适应需要，美观实用。

思考题

1. 广告制作前的审查包括哪几个方面？
2. 如何提高广告制作过程的管理效果？
3. 如何提高报纸广告的注目率？
4. 报纸广告制作有哪些程序？
5. 布局报纸广告画面时应遵循哪些原则？
6. 制作报纸广告有哪些技巧？
7. 制作杂志广告有哪些技巧？
8. 广播广告有几种表现形式？
9. 广播广告由哪些设计要素构成？
10. 简述广播广告的录(摄)制过程。
11. 电视广告有哪些表现形式？
12. 电视广告脚本由哪些内容构成？
13. 户外及陈列媒体广告有哪些形式？

第7章 广告媒介

◆ **学习目标**

◇ 通过对本章的学习，了解广告媒介的含义，明确广告媒介的要素，理解各种广告媒介的特点，熟悉广告媒介选择的影响因素，掌握广告媒介组合的策略。

◆ **学习重点**

◇ 广告媒介的特点，影响广告媒介选择的因素，广告媒介组合的策略。

◆ **学习难点**

◇ 广告媒介的特点，广告媒介组合的策略。

7.1 广告媒介的要素与特点

7.1.1 广告媒介概述

广告形式多种多样，各种广告形式都需要借助某一载介，通过某种中介物质传送广告信息从而实现广告目的。这种向消费者传递广告主的有关产品或劳务信念的载体、中介物质就是广告媒介。

“媒介”也称“媒体”，属于典型的外来语，即英语 Media。“媒介”为 Media 的音译，“媒体”为 Media 意译，在实际应用中，两个词基本通用，意为“中间的 ”、“工具”或“手段”等，即传播信息的载体。

广告媒介就是指能够借以实现广告主与广告对象之间信息传播的物质工具。广告媒介通过及时、准确、巧妙地将有关信息传递给目标消费者，从而吸引消费者及时接受有关的广告信息，使广告主自由选择应用广告媒介，达到促进销售、指导消费的目的。

随着人类社会的发展和科学技术的不断进步，广告媒介的种类也是不断发展变化的。

广告媒介按表现形式可分为印刷媒介和电子媒介。印刷媒介包括报纸、杂志、说明书、海报、挂历等；电子媒介包括电视、广播、电影、电子出版物、电子显示大屏幕、电话等。

按功能可分为视觉媒介、听觉媒介和视听两用媒介。视觉媒介包括报纸、杂志、邮递、海报、传单、招贴、日历、户外广告、橱窗布置、实物和交通等媒介形式；听觉媒介包括无线电广播、有线广播、宣传车、录音和电话等媒介形式；视听两用媒介主要包括电视、电影、戏剧、小品及其他表演形式。

按广告媒介影响范围的大小可分为国际性广告媒介、全国性广告媒介和地方性广告媒介。世界性广告媒介，如卫星电视传播、全球性刊物等；全国性广告媒介，如中央电视台、全国性期刊杂志等；地方性广告媒介，如黑龙江省电视台、哈尔滨日报等。

按广告媒介所接触的视、听、读者的不同可分为大众媒介和专业媒介。大众媒介包括报纸、杂志、广播、电视；专业媒介包括专业报刊、专业杂志、专业性说明书等。

按广告媒介传播信息的长短可分为瞬时性媒介、短期性媒介和长期性媒介。瞬时性媒介，如广播、电视、幻灯、电影等；短期性媒介，如海报、橱窗、广告牌、报纸等；长期性媒介，如产品说明书、产品包装、厂牌、商标、挂历等。

按对广告发布数量和广告收费标准的统计程度可分为计量媒介和非计量媒介。计量媒介，如报纸、杂志、广播、电视等；非计量媒介，如路牌、橱窗等。

按广告媒介传播内容可分为综合性媒介和单一性媒介。综合性媒介是指能够同时传播多种广告信息内容的媒介，如报纸、杂志、广播、电视等；单一性媒介是指只能传播某一种或某一方面的广告信息内容的媒体，如产品包装、橱窗、霓虹灯等。

按照与广告主的关系可分为间接媒介和专用媒介。间接媒介是指广告主通过租赁、购买等方式间接利用的媒介，如报纸、杂志、广播、电视、公共设施等；专用媒介是指为广告主所有并能为广告主直接使用的媒介，如产品包装、传单、橱窗、霓虹灯、挂历、展销会、宣传车等。

7.1.2　广告媒介的要素

运用广告媒介的载体作用，充分发挥各类广告媒介的传播优势，及时、准确、巧妙地将有关信息传递给目标消费者，是广告活动的一个重要方面。广告媒介的选择非常重要，直接决定广告的传播效果和消费者对广告主及产品的印象。选择广告媒介要充分考虑以下三方面因素。

7.1.2.1　市场方面的因素

(1)消费者的属性

消费者总是依其个人品味来选择适合的媒介，不同年龄或职业的消费者，选择媒介的习惯有所不同。一般而言，教育程度越高，越偏重于印刷媒介；教育程度越低，越偏重于电波媒介。因此，要结合消费者的性别、年龄、教育程度、职业及区域等因素来综合决定使用哪种媒介。

(2)商品的特性

商品种类繁多，不同的商品具有不同的使用价值，商品特性的差异是选择广告媒介需要考虑的因素。具有不同特性的商品，消费对象不同，对媒介的选择要求也不同。例如：高级商务轿车和家庭经济型轿车应该选择不同的广告媒介，以达到最佳的广告效果。

(3)商品的销售范围

商品是国际销售、国内销售还是区域销售，关系到广告接触者的范围大小，由此决定选择何种比较经济有效的广告媒介，以免使用不适当的广告媒介而达不到预期的广告传播效果。

(4)市场竞争情况

同行竞争者使用广告媒介的情况与战略也是选择广告媒介需要考虑的要素，只有“知己知彼”，才能达到最佳的广告效果。

7.1.2.2　广告主方面的因素

(1)广告目标

选择广告媒介必须要先考虑广告目标的因素，看其是否能与企业的经营活动紧密地结合。在推销员上门推销商品的销售方式下，广告目标应该选用海报、宣传单和小册子等印刷广告，以使推销对象对产品事先有所了解，为推销员以后的上门推销打好基础。

(2)广告主的销售策略

广告主的销售方式是以推销员为主还是以零售商为主，这是由广告主所采取的销售策略决定的。销售策略不同，广告媒介的选择标准也不同。

(3)广告主的促销战略

例如：制定一个赠送样品的广告活动，就要配合该赠送活动制定一个针对性强的广告媒介。

(4)广告主的广告预算

广告费用包括媒介价格和广告作品设计制作费。同一类型的广告媒介，因广告时间和位置的不同，收费标准也不同。企业发布广告需要依据自身的经济实力来合理选择广告媒介，以实现广告媒介费用与广告效果的最佳性价比。

7.1.2.3 媒介方面的因素

(1)媒介的性质

广告媒介本身的性质和特点对广告效果的影响是决定性的。各种广告媒介的传播范围的大小、发行数额的多少，都会影响视听人数。因而，要充分考虑报纸的发行量、杂志的发行量、电视的收视率、电台的收听率，仔细分析后才能了解各种广告媒介的效果。

(2)媒介的价值

要充分考虑媒介的社会文化地位是否与广告受众相符合。不同类型的广告媒介，其社会威望对广告公信力的影响是有所不同的。因此，在选择广告媒介时，要尽量选择影响力大和公信度高的媒体，以大大增加广告效果。

(3)媒介的经济价值

广告主要慎重考虑各种媒介的成本费用，不仅要考虑广告价格的“绝对金额”，即媒介的实际支付费用，同时也要考虑广告价格的“相对金额”，即广告实际接触效果所耗的平均费用，例如：用印刷媒介的每天读者数量或电波媒介的每分钟每千人的视听成本。

除此之外，还必须严格遵守国家法律法规的规定，综合考虑各种广告媒介具体特性的差异，以最小的投入换取最大的广告效果。

7.1.3 广告媒介的特点

随着科学技术的不断进步，广告媒介的种类也是不断发展变化的。从古代的声光媒介发展到现在的印刷媒介，再发展到广播、电视等大众传播媒介，以至新兴的网络媒介，广告媒介的发展规模越来越大。面对现阶段纷繁复杂的广告媒介，由于各种广告媒介都有自己的优缺点，需要对不同类型的媒介进行比较分析，选择合适的广告媒介渠道，并对各种媒介进行合理搭配，取长补短。

广告媒介可以按照不同的分类标志来进行划分。根据受众规模的不同，传统广告媒介可分为大众传播媒介和小众传播媒介两大类。随着科学技术的进步，网络媒介崛起后成为传播广告信息的一支生力军，在这里单独阐释。

7.1.3.1 大众传播媒介

大众传播媒介包括报纸、杂志、广播、电视、电影五大媒介，尤其是前四种被称为四大广告媒介，在广告传播活动中使用最为广泛。

(1)报纸

报纸作为一种印刷媒介，是以文字和图片形态为传播手段，以刊登新闻为主的面向公众发行的定期出版物。在传统的四大广告媒介中，报纸是发行数量最多、普及最广和影响力最大的媒介，同时也是现代五大广告媒介中最早发布广告的媒介。早在 1625 年《英国信使报》刊登的一则图书出版广告，被认为是最早的报纸广告。我国自鸦片战争以来，报纸广告发展迅速，报纸一直占据着头号媒介的位置。虽然报纸的首席地位受到其他媒介快速发展的挑战，但报纸广告仍以其独特的传播方式和传播途径发挥着非常重要的作用，是其他广告媒介所不能代替的。

①报纸广告媒介概况。报纸一般以散页形式出现，没有封面，通过版面传递信息。因此，报纸的印刷和编排方式会对广告的发布产生根本性的影响。

报纸可以依据 3 个标准分类：规格、出版频率和发行量。

规格。报纸的规格有对开大报和四开小报两种。在我国，报纸读者并没有特殊的倾向，喜欢阅读对开大报和喜欢阅读四开小报的读者各占约 1/4 的比例，而超过一半的读者对报纸的规格尺寸持无所谓的态度。相对而言，北京、上海和武汉的读者对小报较为青睐，而成都和西安的读者对大报则情有独钟。目前报纸版式的种类较多，如双整版、整版、半版、双通栏、通栏、半通栏、报眼、中缝、以公分计算的小版面和以文字计算的分类广告等。

出版频率。报纸的出版频率不同，报纸广告的时效性也不同。一般报纸一天或一周出版一次。目前最常见的是日报、早报、晚报、周报、周二版、周末版等。日报通常在城市和较大的镇上发行，有早报、晚报和全日报三种形式。早报的内容主要是对前一天所发生的事件进行较为全面的报道，包括本地区和国内外新闻的详细报道和各种商业、金融、娱乐和体育信息。晚报则追踪当天所发生的新闻，并提前报道第二天的事件。晚报要比早报更倾向于报道娱乐消息和新闻特写。大约 30%的日报和少数周报也发行周末特刊。周末特刊比平时的内容要多要厚，含有大量新闻、广告和特别报道。周报一般在小型城市、镇、郊区发行，因为在这些地方，无论是新闻量还是广告量都不足以发行日报。这些周报主要深入报道本地新闻，忽略全国性新闻、体育新闻等。

发行量。总的来说，报纸属于大众传播媒体，它试图接触到某个地区或国家的所有受众。少数报纸在全国范围内发行，如《人民日报》和《环球时报》。这类报纸的发行量远远超过了那些只在部分地区发行的报纸的销量。有些报纸试图用别的方法接触到目标受众。最常见的是针对少数民族和非英语的外来人口的报纸。

报纸的发行方式主要有订阅和零售两种形式。订阅形式以事业单位、机关为主，读者数量比较稳定；零售形式以普通群众为主，读者数量波动较大。报纸的性质不同，其内容有较大差异，可分为政治性报纸、生活型报纸、综合性报纸、娱乐性报纸、证券类报纸等。不同类型的报纸读者群不一样，传播范围、信誉度、发行量等都存在很大差别。

②报纸广告媒介的优势。传播速度快，传播信息及时。报纸一般以日报居多，出版周期短，信息传递及时方便，使广告可以及时到达目标受众。报纸一般都有自己的发行网和发行对象，因而投递迅速、准确。

传播范围广。报纸发行量大，触及面广，遍及城市、乡村、机关、厂矿、企业、家庭，甚至发行至海外。有些全国性的广告主利用报纸的定向优势，在其他媒体难以得到销售潜力的地区刊登广告，或在某些具有很强销售潜力的地区争取主动。如通用汽车和金宝汤罐头，都曾在区域性营销策略中使用报纸广告。报纸广告令它们得以在各个市场突出产品特征，根据当地状况开展活动，紧密联系零售商促销，在交易中获得更多支持。

信任度高，灵活性强。报纸可以凭借长期积累起来的优良信誉，使报纸广告从中受惠。同时，报纸广告的版面、次数和刊载日期等都可以根据需要灵活机动地安排。大部分日报只要在出版前 24 小时接受广告即可。较短的制作期使报纸能迅速向消费者传递实时信息。报纸广告可做成各种尺寸、形式和形状，还可使用色彩或特别插页吸引读者。

信息量大，说服性强。报纸以文字符号为主来传递信息，是解释性媒介，可以传播较为复杂的信息，提供详细的说明性材料，展开深度说服。

保存信息持久，可重复阅读。报纸是纸质媒介，相对于广播、电视等媒介，具有较好的保存性，而且携带方便，从而使广告信息比较持久，便于消费者随时阅读和反复阅读。

文字表现力强。报纸版面由文字构成，文字表现形式多种多样，字号可大可小，内容可多可简，可以图文并茂，又可套色，比较引人注目。

认知主动性强。报纸把许多信息同时呈现在读者眼前，极大的增加了读者的认知主动性。读者可以自由选择哪些内容先读，哪些内容后读；采用浏览阅读还是详细阅读；也可以根据自己的兴趣决定认知程度，是简单阅读一遍，还是认真阅读牢牢记住；是记住一部分内容还是记住全部内容。读者还可以对感兴趣的内容记录下来或剪贴存放，重复阅读。

广告制作、发布较为简便，广告成本较低。

③报纸广告媒介的劣势。尽管报纸有许多优势，但与其他媒介一样，也有不

足之处。

生命周期短。杂志可在家庭中保留数周，而报纸通常不到一天。所以报纸广告的影响一般只局限于出版日，更不可能实现重复阅读。报纸的新闻性极强，因而隔日的报纸容易被人弃置一旁，传播效果会大打折扣。

广告阅读率较低。报纸的幅面大、版面多、内容杂，要求读者在阅读文字性内容时要集中精力，而读者经常随意跳读所感兴趣的内容，除非广告信息与其相关，因此会降低阅读广告内容的可能性。

广告的注意度低。报纸报道本身以图文为主，而报纸广告也以图文为主来传递信息，在一份报纸中，广告众多，而且广告大多数情况下刊登在专门的广告版面中，广告如果不是格外醒目，那么单个广告受到注意的程度就会大大降低，这种广告就近乎无效。此外，报纸的创意空间有限，由于大部分是黑白广告，因此，如果不选择一些昂贵的方式，如大幅广告和彩色广告，单个广告很难在众多干扰中脱颖而出。

印刷质量差，表现形式单一。报纸作为广告媒介的最大局限就是印刷质量较差，报纸以传播文字、图形为主，是单纯的视觉媒体，艺术感染力有限。相对于专业杂志、海报招贴、直邮广告等印刷品质较高的媒介，报纸广告由于受技术和纸质的影响，大都颜色单调，缺乏动感，表现形式单调。报纸广告的插图和摄影不如杂志精美，更逊色于视听结合的电视媒介和网络媒介。近年来，报纸的印刷质量有所提高，可以印刷彩色版面，需要高质量彩色广告的客户还可以采用活页和周日副刊，但是广告费用较高。

产品类型有限。报纸和所有的印刷媒介一样有着共同的缺陷。有些产品不适合在报纸上做广告，例如：需要演示的产品。

理解能力受限。报纸受读者文化水平的限制，容易造成理解偏差，更无法对文盲产生传播效果。

(2)杂志

杂志是刊登某一方面或某一门类的知识性或娱乐性文章、图片等供读者研究或消遣的出版物。早在1710年，英国的《观察家》杂志就开始刊登广告。杂志发展到今天已经成为人们生活中不可缺少的文化消费品，是现代广告重要的媒介形式，特别是在食品饮料、电器、化妆品、汽车、服装、专业设备等方面，由于具有极强的针对性和解释能力，深受企业的青睐。

①杂志广告媒介的类型。杂志印刷精美，内容较有深度，深受特定受众的喜爱。各类杂志在读者结构、风格等方面各不相同。选择在哪种杂志做广告时，广告主必须要了解各种杂志的特点。杂志广告主要包括一般商业广告、文章广告和

插页广告，以一般商业广告为主。一般商业广告可分为三种类型：

图片式广告。这种广告类型以大型图片为主，充分利用杂志高质量的印刷效果来突出品牌形象。一般没有广告文案，只出现甚至不出现广告语，只要注明品牌的名称或出现品牌的标志就可以了，有时会在随文中列出获得产品的方式。

图文结合式广告。这种广告类型依靠文案和图片的配合来共同传递广告信息。一般以图片来展示产品形象，以文字提供有关产品的具体信息或者对广告信息进行解释。

邮购广告。这种广告类型不仅要提供清晰的产品实物图片和详细的产品价格、规格、品质、功能、材料等方面的介绍，还要提供详细的邮购方法和购买利益来促使消费者采取购买行动。

②杂志广告媒介的优势。受众针对性强。杂志是分层媒介，内容上的高度细分使得其目标受众的细分度非常高，广告主可以根据自己的目标消费群体准确选择杂志类型来发布广告，做到“对症下药”。如瑞丽杂志主要是针对女性服饰、美容方面的杂志，包括《服饰美容》、《伊人风尚》、《可爱先锋》和《瑞丽家具》。

生命周期长，传阅率和重复翻阅率高。杂志是所有媒介中生命力最强的媒介。有些杂志，像《国家地理》和《消费者报告》被看成是权威的资料而不断被引用，可能永远也不会作废。其他如《电视导报》，在某一段时间会被频繁地使用。此外，杂志还有较高的传阅率，可以通过家人、朋友、顾客和同事更广泛的传播，有许多间接读者。一般人们在购买杂志后都会保存起来而不会随手丢弃，留待以后有兴趣的时候再看。这就意味着杂志的信息持久性较强，可反复阅读，为受众反复接触广告信息提供更多的机会。

印刷精美，版面灵活。杂志广告的一项最有价值的属性是广告的印刷质量较高，视觉效果较好。杂志一般采用优质纸张印刷而成，使广告具有高质量的产品复原能力和突出的表现效果，从而使广告的注目率和理解度都比较高。杂志广告的版面规格多种多样，一般提供整版、半版、1/4 版、1/6 版等规格的广告版面，有时为了配合创意需要也提供诸如跨页、插入三维形式的广告、小包装样品等特殊形式的广告服务。杂志一般提供封二、封三、封底、内页等广告版位，特殊情况下也提供封一即封面作为广告版位。

③杂志广告媒介的劣势。费用较高。杂志的广告费用相对较高，在销量很大的杂志（例如《收视指南》、《时代》）上做广告费用是比较昂贵的，因而杂志媒介无法像报纸和电视那样形成铺天盖地般的宣传效果。

发行范围有限。杂志在发行范围和市场覆盖率上不如其他媒介有效。杂志对家庭的渗透率较低。因此，寻求广泛影响力的广告主就需要购买多种杂志媒介，以达到理想的广告效果。对于一项影响广泛的策略，杂志还必须与其他媒介联合使用。由于杂志的出版周期较长，多数杂志为月刊，最短为周刊，因而时效性强的广告信息不宜选择杂志媒介。

灵活性较差。杂志的截稿期早，刊登广告需要较长的预留期。许多重要刊物需要30～90天的预留期，这就需要广告主在一份月刊出版的前两个月就要把彩色广告的版画送到印刷厂。采用桌面出版和卫星传输的杂志可以允许广告主在出版前几个小时才提交广告。

干扰严重。杂志的干扰问题是自相矛盾的：一份杂志越成功，吸引的广告就越多，干扰度也就越严重。杂志出版商也在尽力解决干扰问题，维持正文内容和广告间的平衡。根据美国杂志出版社协会的统计，一份杂志平均42%的内容为广告，52%为正文。然而，许多杂志中的广告内容超过半数，巨大的干扰使广告很难吸引读者的注意。为此，很多广告采用醒目的标题或新颖的文案描述来抓住读者的视线。消费者基本上更易于接受和容忍印刷广告，所以，干扰问题对印刷媒介来说不像电视和广播那样严重。

传播效果受限。和报纸一样，杂志不如广播、电视媒介那样形象生动、直观和口语化，特别是在文化水平低的读者群中，传播的效果受到制约。

(3)广播

广播广告媒介是指利用电波把广告信息变成各种声音的纯听觉媒介。广播分为无线广播和有线广播两种形式。无线广播通过无线电波传送声音符号，有线广播通过导线传送声音符号。

广播广告出现得较早，1920年，美国出现电台广播，1922年，出现广播广告。我国在1923年开始出现广播电台，此后广播广告得到快速发展。尽管受到电视等媒介的冲击，广播广告的地位有所下降，但它仍以强大的生命力，在现代广告中发挥着重要的作用。

广播广告通过语言和音响效果，诉诸人的听觉，充分发挥声音的抑扬顿挫、轻重快慢以及节奏感、感情色彩等方面的特点，唤起听众的联想与情感体验，从而发挥促销效果。

①广播广告媒介的优势。受众明确。广播可以通过不同的广播方式及不同的覆盖范围形成较高的听众选择力。它能够适应全国不同的地区，能在不同时间将广告信息集中在特定的听众群中。例如，对于开车上下班的人，广播是一种理想的广告方式，它为很多广告主提供最好的目标受众。少数电视观众听广播的时间比看电视的时间长，这些人根据其收入及受教育程度的不同形成了一个庞大的市场。广播已成为一种深受广告主欢迎的能够覆盖特定区域市场的广告媒介。

灵活性好。在所有广告媒介中，广播的截止期最短。文案可以直到播出前才交送，这样可以让广告主根据地方市场的情况、当前新闻事件甚至天气情况来做调整，所以广播可能是所有广告媒体中最灵活的。广播的灵活性还在于它能够播放带有促销性质的插播广告。

成本低廉。广播可能是最便宜的媒介。广播广告的制作成本很低，仅需要一份让播音员朗读的稿件或一段用于电台广播的预先录制好的广告。广播广告的播出时间成本也较低，而且可能被广泛的接收到。广播广告的低成本为中小型企业提供了利用大众传媒的机会，也为广告主以较低的成本反复传播广告信息提供了机会。广播的低成本和对目标群体的高效到达率使其成为非常好的辅助媒介。实际上，多数广播广告最恰当的地位是辅助性广告，作为其他媒介广告的辅助方式。

传播范围广。在所有的大众媒介中，广播的到达范围最广，受时间和空间的限制最少。广播使用语言做工具，用声音传播内容，听众对象不受年龄、性别、职业、文化、空间、地点、条件的限制，可以顺利到达全世界的每一个角落。另外，广播传播速度快，可使广告内容在信息所及的范围内，迅速传播到广告对象耳中。无论身在何地，只要打开收音机，就可以立即接收到广播内容。

接受程度高。在地方范围内，广播的接受程度很高。广播并没有被想象为一个强迫性的刺激物。人们有自己喜欢的电台和广播员，并定期定时收听，由这些电台和广播员传递的信息更容易被接受并保存。受众在收听广播时可以同时做其他的事情。因此，受众对广播广告的接受度比较高，抵触情绪相对较少。

感染力强。广播依靠声音传播内容，声音的优势在于具有传真感，听其声能如临其境、如见其人，给听众创造一个很大的想象空间。广播通过词语、声音效果、音乐和声调来让听众想象正在发生的事情。所以，有时广播被称为思想的剧院。

②广播广告媒介的劣势。缺乏视觉。广播作为广告传媒的主要缺点在于缺乏视觉的图像。广播广告虽然可以借助声音形象的塑造来打动受众，但其单纯利用声音的局限使广播广告的表现手段比较单一，广播广告者无法展示他们的产品、做示范或运用任何视觉的吸引信息。受众感受广告信息的直观性差、距离感大，这使广告的冲击力减弱。声音的限制也会阻碍创意。必须展示或观赏的产品并不适合做广播广告，所以制作出能令观众产生观看产品这种想法的广告非常难。专家认为，幽默、音乐和声音效果的运用是最有效的方法。同电视广告一样，广播广告也是短暂的，转瞬即逝，并且按其自身的速度播放，听众无法控制其收听的进程，因此许多公司倾向于忽略广播。

听众注意力易分散。广播广告的另一个问题是很难使听众对广告保持注意。广播只有声音，没有文字和图像，广播内容按时间顺序依次播放，听众受节目顺序限制，只能被动接受既定的内容，对广播信息的注意力容易分散。广播节目，尤其是音乐，往往是作为听众进行其他活动的背景音乐，一般不会引起听众足够的注意，所以通常就会错过全部或者部分商业广告。能吸引听众注意的一个环境是在汽车中，但是，让听众注意到广告仍是很困难的。

声音稍纵即逝，难以保存。线性传播的特点使广播广告的信息稍纵即逝，难以保存和反复接触，这使广播广告只能传递简单的信息，不能进行深度说服。

竞争者的干扰。竞争性广播电台的增多和循环播放，使得广播广告受到很大的干扰。广播听众往往倾向于将自己的精力分散于各种事情，这样，听众听到或理解广播信息的可能性就大大降低了。因此，广告主必须制作出能够避免其他广告过多干扰的广告或用大量的重复来确保广告的影响。

(4)电视

电视是用电子技术传送活动图像的通信方式。它应用电子技术把静止或活动景物的影像进行光电转换，然后将电信号传送出去使远方能即时重现影像。1926年，苏格兰发明家约翰·贝尔德发明了电视；1936年，英国创办了世界上第一座正规的电视台，这是世界电视史上的一座里程碑，从此，人类社会进入到了电视的使用阶段。

电视广告和广播广告一样，可分为节目广告、插播广告和报时广告。电视广告的规格一般为60秒、30秒、15秒、5秒等类型。电视广告的实际形式取决于运用的是联网电视、地方电视还是有线电视。联网电视可以通过其会员媒体进行赞助、分享或插播广告；地方电视允许插播广告、地方性赞助和全国性赞助；有线电视允许面向全国和当地的插播；交互式电视允许面向全国和当地的插播。

①电视广告媒介的优势。视觉冲击力和感染力强。电视媒介是唯一的视听兼具的广告媒介，受众感受信息的直观性最强，距离感最小，可以同时调动声音、图像、音乐、音响、色彩等多种表现手段来展现产品，营造特定的情绪情感和意境，多方位地影响消费者，因此电视广告信息的视觉冲击力和感染力是所有媒介中最强的。电视广告以多种艺术形式表现广告内容，形象生动，真实直观，特别便于人们理解广告内容。例如，汽车选择印刷广告也能有效地展示产品，传递广告信息，但是与电视广告能使人体验到如同坐在驾驶座上亲自驾驶一般的感受相比要逊色得多。如果广告令受众喜欢，还能使消费者产生对赞助商的正面的联想。

覆盖范围广，单位成本低。电视的覆盖范围非常广泛，在我国大多数地区都能自由接收电视讯号，这使广告可以到达的受众群体非常广，几乎每个人，无论其年龄、性别、收入或受教育程度如何，都会收看一些电视节目。电视采用图像、声音和文字及情节等多种手段传递信息，受众理解度高，较少受观众文化水平的限制，是人们喜闻乐见的一种信息传播方式，具有很强的渗透力。电视不仅能达到很大比重的人口，而且还能到达印刷媒体不能有效到达的人群，所以单位接触成本也大大降低，因此很多广告主把电视看作是传播广告信息最有效的方法。

有较高的收视率。电视机的高普及率使观看电视节目成为人们日常生活的重要组成部分。当观众看到他们喜爱的节目时，广告也就强加给他们。除非专门去避开广告，否则我们每年都会看到成千上万的广告。随着观看选择力的加强和录像机、遥控器及其他自动设备的出现，电视观众更加容易避开广告信息。对观众收看电视习惯的研究发现，在广告时间，多达 1/3 的观众会转换频道，而剩下的观众可能会对广告信息有所关注。因而电视广告只有通过大量的重复和易于记忆的口号和广告歌曲才能增强观众观看广告的兴趣，提高广告的收视率。电视对我们的文化有着强烈的影响。对多数人来说，电视是一种主要的信息来源、娱乐形式和教育途径。它是我们生活中的一部分，以至于我们更容易相信那些在电视上做广告的公司，而不相信那些不做广告的公司。

②电视广告媒介的劣势。成本较高。电视广告的制作成本和播放成本非常高，属于比较昂贵的广告媒介。虽然人均成本低，但绝对费用很高。电视广告片要比普通电影、电视剧成本更高，高额的总成本包括购买播放时间的费用和制作高质量广告的费用。为广告片单独作曲、演奏、配音、剪辑、合成等也需要花费大量金钱。电视台的收费标准要比其他媒介高，如果是在黄金时间或特别节目中插播广告，费用还会更加高昂。由于电视广告的制作、传送、接收和保存的成本较高，因而制作和播放电视广告的高成本使中小广告主望而却步。

信息持久性差，不能反复接触。电视广告时间短，长度多为 5～45 秒，而以 15 秒广告最为常见。广告画面停留时间短，解说词少，不利于深入理解广告信息。电视广告信息难以保存，不能反复阅读，只能依靠增加广告的暴露次数来增加目标受众接触广告信息的机会，这样做不可避免会增加电视广告的播出成本，使电视广告在高制作成本和高单次播出成本的基础上雪上加霜，使电视广告的绝对成本大大提高。

受众抵触度高。广告主购买了某个电视节目的广告时间，并不能保证观众看其广告，而只是得到了向观众传递信息的机会。由于电视广告往往在受众接受电视节目的中间强行插入，对受众形成了较大的干扰，因此人们对电视广告的抱怨是最多的，大多数针对广告的抱怨都是针对电视广告的。广告期间观众的人数有所减少，这一点日益得到证实。人们会离开去做其他事情或转台更换频道，避开广告。配有遥控器的电视使得换频道更加容易。研究表明，年轻人比年长者更易换台，男性比女性更易换台。这种强烈的抵触情绪使受众养成了规避广告的习惯，不利于信息有效的到达目标受众，甚至会将不满迁怒于相关的广告信息，从而使广告效果大打折扣。

干扰较多。由于广告信息转瞬即逝，广告越来越短，再加上广告主的广告只是广告时间内广告和其他节目类信息中的一则，所以可能不被观众注意。电视广告的干扰非常多。国家广电局等有关部门对于广告播放时间和时段的规定就是一种限制。另外，如果增加30秒钟的广告、电视台间隙广告、信用服务广告和大众服务广告，就会降低电视广告的可视性和说服力。还有很多地方性电视台对自己节目的促销也对广告造成一定程度的干扰。广告主对电视广告最大的一个担忧就是这些干扰可能会降低其传播效果。

(5)电影

电影是应用光学、生学和机械学等技术进行声像信息传播的媒介，相对于四大广告媒介而言，电影的影响力要小很多。作为21世纪最具影响力的一种大众文化艺术，电影以其丰富多彩的形式反映着复杂多样的人类社会生活和内心世界，观众从电影里看到的不仅仅是一个吸引人的故事、几个漂亮的明星，而且还有各地的风土人情、文化品位，电影已经成为最直观、最广阔和最细致的信息载体。

在播放电影前或序幕前插播广告片已经成为当今社会的时尚，无论是地方广告主还是全国性广告主，均可采取这种宣传方式。在影片正式放映之前播放电影广告，此时观众接受广告信息的心情愉悦，注意力集中，对广告的排斥心理相对较少，因而能收到比较好的广告效果。例如：可口可乐公司就在电影院内频繁播出其经典可乐的一个60秒的广告片，以促销它的果味可乐。

①电影广告媒介的类别。根据广告主、广告目标的不同，电影广告可分为电影推片广告和电影搭片广告两类。电影推片广告是电影制片发行放映机构以推广电影为广告目标，以该电影的潜在电影观众为广告受众，通过电影及其衍生媒介投放的硬性广告与软性广告。电影搭片广告是非电影机构的广告主，以推广其商品、服务、品牌形象、活动等为广告目标，以电影观众与潜在电影观众为广告受众，通过电影及其衍生媒介投放的硬性广告与搭载广告。

根据广告具体表现形式的不同，电影广告可分为记载在胶片上通过影院传播的广告和在影片发行宣传过程中的搭载广告两类。记载在胶片上通过影院传播的广告包括以下类别：电影内的软广告；电影放映中的贴片广告，包括片方贴片广告、发行方贴片广告、院线贴片广告和影院贴片广告。

在影片发行宣传过程中的搭载广告，其宣传推广形式多样，在各类媒介中占有重要位置，广告主可以将其商品、服务、品牌等搭载电影广告，与电影同步出现在各种宣传场合，潜移默化地对电影观众和对电影有兴趣的潜在电影观众进行推广。在搭载影片的前期宣传过程中，主要采用电视娱乐节目、DM、平面广告投放、户外广告投放、网络媒介炒作、公交站台海报、地铁宣传招贴等手段，在短时间内，随着影片获得高曝光度，使大众获知搭载影片的广告信息。在搭载影片发行的推广活动中，搭载片方所组织的影片宣传的各类公关活动，如新闻发布会、首映式、明星见面会等，可以利用明星效应与电影本身的眼球吸引力。在搭载影院阵地宣传上，主要宣传载体为放映场地、影院张贴海报、影院公告牌广告、影院场地横幅、现场派发DM、赠送观众宣传礼品等现场宣传，其主要受众是观影人群，效果比较直接，宣传到达率达100%。

②电影广告媒介的优势。电影银幕面积大，声音效果好，真实感强，使观众有亲临其境之感和人物迫近的真实感，给观众留下深刻印象。

电影广告的诉求重点明确，传递给观众的信息密集，容易为观众理解和接受，观众可以在轻松愉快的心境中接受广告信息。

干扰较少。由于电影院要限制播放广告的数目，所以得到播放的广告收到的干扰较少。

③电影广告媒介的劣势。广告影片的制作成本较高。在不同电影院播放广告的成本是不同的，由于在地方电影院播放电影广告的收费较低，因而地方电影院播放广告的低成本被看作是该广告方式的优势之一。但是全国性的广告，仍需支付较高的广告费用。电影广告要比电视广告的同类展露率成本高20%，该广告的千人成本也比其他媒介要高。

电影广告容易引起观众的不满情绪。多项研究显示，人们不希望在电影中看到广告，对这类广告会产生高度的厌烦情绪，而且这种情绪会给产品本身、电影或者电影院带来负面影响。

电影广告受放映时间和场地的限制，其传播范围有限。

7.1.3.2 分众及小众传播媒介

分众及小众传播媒介是相对大众传播媒介而言的，是一种满足少数群体个性化需求的传媒文化。在分众及小众传播时代，受众不再是笼统意义上的一群人，而是按照年龄、性别、种族、收入、职业、教育水平和兴趣爱好等因素而划分的不同的社会群体。媒介根据不同群体的特征提供其需要的信息，也根据同一群体的不同需求提供相应的信息。分众及小众传播媒介要比大众传播媒介更能找到人们的求异需求，通过小范围传播辐射，针对目标人群做出精准传播。

随着信息和网络时代的到来，媒介传播形式从大众传播转向分众及小众传播，分众及小众传播时代已经到来。与大众传播不同，分众及小众传播时代的广告具有其特有的产生条件和特征表现，成为现阶段媒介传播的宠儿。

(1)户外广告

户外广告是指设置在露天里没有遮盖的各种广告形式。户外广告的形式有路牌、招贴、设置在大楼墙体或屋顶的广告牌、大型的影像屏幕、广告气球等。户外广告作为一种传统而古老的广告形式，在各种制作技术越来越成熟的今天，呈现出一派欣欣向荣的发展势头，户外广告的投放在我国呈每年递增的势头。

①户外广告的优势。创意新颖，能够创立知名度。户外广告传播主旨鲜明，形象突出，主题集中，通过采用大幅印刷、多种色彩以及多种方式来吸引受众的注意力，因而具有很强的视觉冲击力，可以建立高水平的知名度。

市场覆盖率和到达率高。户外广告不受时间限制，可以随时发挥作用。选用合理的户外广告能够在地方市场实现全天24小时的广泛展露，一个100GRP的展露度(一个户外招贴每天产生的累积展露人次所占的百分比)意味着每天能够产生的展露次数相当于整个市场，一个月下来就是3 000个GRP。如此高的覆盖率可以产生很高的到达率。

位置灵活，可反复诉求。户外广告可以放置在公路两旁、商店附近或者采取活动的广告牌形式。只要是法律未禁止的场所，户外广告均可放置，这样就可以覆盖地方市场、地区市场甚至全国市场。户外广告一般设置在固定位置上，往往成为区域性标志，能够对受众进行反复的诉求。户外广告的表现效果突出，同时具有符号和动作的综合效果，很适合展示品牌形象和标志。户外广告如路牌往往设置在人们上下班经常要路过的地方，因此也特别适合制作悬挂式广告。

②户外广告的劣势。作为一种告知性媒介，户外广告的局限性也是显而易见的。

到达率的浪费。虽然户外广告可以将信息传达给特殊受众，但大多数情况下购买这一媒体会导致很高的到达率浪费。因为并不是每个驱车经过广告牌的人都是目标受众。

可传递的信息有限。由于大多数经过户外广告的受众行走速度较快，展露时间较短，因此广告信息必须是几个字或一个简短概括。太长的诉求通常对受众无效。

成本较高。由于制作招牌数目的减少，以及充气广告的制作成本增加，从各个方面而言，户外广告的费用都是昂贵的。

广告效果评估困难。对户外广告的到达率、到达频度及其他效果的精确评估是营销商面临的难题之一。而且由于展露频度高，人们对户外广告的厌倦度也高，人们可能会因为每天看到同样的广告而感到厌烦，从而产生负面影响。

(2)销售点广告(POP)

销售点广告简称POP(point of purchase)，是指在销售地点(店面、店内以及附属设施)设置的所有广告的总称。包括橱窗陈列、货架陈列、货摊陈列、销售地点的现场广告、发放的海报、招贴、说明书、赠品、奖券等，其中最主要的形式是以商品本身为媒介的陈列广告。

美国POP广告协会(POPAI)公布的数据显示，有近2/3的购买决策是由消费者在店内做出的，有些产品类别甚至有80%的购买属于冲动性购买。这一结果极大地激发了广告主对店内媒介的兴趣。IBM公司每年用于销售点广告的投入将近1 500万美元。

①销售点广告的优势。刺激引导消费。销售点广告通过丰富的广告创意手段传递产品信息，可在销售现场为消费者起到引导指示的作用，提醒消费者购买已有印象的商品，尤其是在报纸、电视等大众媒介对产品已进行广告宣传之后，更能发挥其配合宣传的作用。

美化环境，营造销售气氛。作为在销售现场或其附近出现的广告形式，销售点广告能增强销售现场的装饰效果，美化购物环境，还能烘托销售气氛，激发消费者的购买欲望，直接提高购买率。

适用性强。这种广告形式简单易懂，便于识别，适合于不同阶层的消费者，长期重复出现，可以加深消费者对产品的印象，具有广泛性和时效性，能起到无声推销的作用。

②销售点广告的劣势。销售点广告必须要注重陈列设计，才能增强传播效果，激发消费者的购买欲望。商品的摆放陈列要考虑到当地消费者的购物习惯，要讲究条理、美观，广告物要经常擦拭，经常换新，以提高广告效果。

(3)直邮广告(DM)

直邮广告简称DM(direct mail advertising的简称)，是广告主或企业主将广告信息或产品和服务信息印刷成DM单片或产品目录等形式的宣传品，以信件方式直接邮寄给消费者或潜在客户的直接广告，希望以此来获得目标消费者直接订货或索取有关产品更详细的信息。

①直邮广告的种类。直邮广告按照内容和形式可分为：优惠赠券，是指当开展促销活动时，为吸引广大消费者参加的而附有优惠条件和措施的赠券；样品目

录，是指零售企业将经营的各类商品的样品、照片、商标、内容详尽地进行介绍所形成的目录；单张海报，是指企业精心设计和印制的宣传企业形象、商品、劳务等内容的单张海报。

直邮广告按照传递方式可分为：报刊夹页，即与报社、杂志或当地邮局合作，将企业广告作为报刊的夹页随着报刊投递到读者手中，这种方式现在已为很多企业所应用；根据顾客名录信件寄送，多适用于大宗商品买卖，如从厂家到零售商或从批发商到零售商；雇佣人员派送，即企业雇佣人员，按要求直接向潜在的目标顾客本人或其住宅、单位派送 DM 广告。

②直邮广告的优势。目标明确。直邮广告由于将产品目录或广告直接邮寄到目标消费者手中，实现一对一地直接发送，可以减少信息传递过程中的客观挥发，因此广告信息的针对性最强，可以针对目标消费者的需要展开有效的诉求，使广告效果达到最大化。不仅适宜于大众消费品广告，也适用于企业进行市场开拓和开发新客户。

内容自由，形式多样，有利于第一时间抓住消费者的眼球。广告主可以自主选择广告时间、区域，灵活性大，可以根据市场的变化，随行就市，对广告活动进行调控。

可以建立科学、全面的整合传递与效果评估体系。直邮广告借助于庞大的客户数据库针对目标客户群进行个性化投递服务，效果客观可测，广告主可根据这个效果重新调配广告费和调整广告计划。

信息反馈及时、直接，作为一对一的个人媒体，广告主能和受众建立人际关系，有利于买卖双方双向沟通。

投入产出比高。直邮广告作为广告媒介其投入只及电视媒介的 2%、报刊媒介的 10%，但是营业收入增幅达 30%左右，因而，其较高的投入产出比令企业满意，尤其是中小型企业对其充满好感和使用欲望。一般不会引起同类产品的直接竞争，有利于中小企业避开与大企业的正面交锋，潜心发展壮大企业。同时可以摆脱中间商的控制，买卖双方皆大欢喜。

直邮广告已被大部分企业作为商务活动的首选措施，其极强的针对性、亲切感和真实性，深受企业经营者的青睐，已经成为很多广告主和企业的进行宣传推广的重要手段，在国际上直邮广告也是一种比较常见的广告形式。

③直邮广告的劣势。直邮广告的缺点：发送对象名单选用困难，消费者被动接受广告信息，单位成本高，广告发布工作量大。

直邮广告优点虽多，但要发挥最佳效果，还需要以下工作支持：第一，必须要有一个优秀的商品来支持。如果你的商品与直邮广告所传递的信息相去甚远，甚至是假冒伪劣商品，无论你的直邮广告吹得再天花乱坠，市场还是不会接受。第二，要选好广告对象。再好的直邮广告，再高质量的产品，也不能毫无针对性，否则就是死路一条。第三，要考虑选择何种广告方式来打动顾客。巧妙的广告诉求会使直邮广告实现事半功倍的效果。

(4)交通广告

交通广告是利用公共汽车、电车、火车、地铁的厢体或交通要道设置或张贴的广告。交通广告因其流动性大、接触人员多、人员阶层分布广而成为很有影响的地区性广告宣传媒介。

交通广告虽然也使用广告牌、电子信号，与我们讨论过的户外广告相似，但交通广告的目标受众是那些接触商业交通工具的人们，如公共汽车、出租车、郊区火车、电梯、电车、飞机和地铁。由于交通广告具有低成本和可确定的展露到达频度，深受高露洁、亨氏和卡夫等知名公司的青睐。

①交通广告的形式。交通广告有三种形式：车厢广告，车身广告，车站、月台和站台海报。

车厢广告。指在公共汽车的座位上、行李架上出现的各种产品和服务的广告信息。当今较新颖的车厢广告形式是电子信息版，它可以播出流动的广告信息，这种信息以可变动的方式更容易吸引受众的注意力。

车身广告。广告主运用各种户外交通招贴来促销产品和服务。主要出现在公共汽车的车厢两侧、后面和车顶，出租车、火车、地铁和电车的车身上。

车站、月台和站台海报。指在火车或地铁站、飞机场等站点的其他广告展示形式，如地面展示、电子信号牌。

②交通广告的优势。展露率高。交通广告的主要优势在于广告可有较长的展露时间。对于一般交通工具，人们平均乘坐的时间为 30～40 分钟，因此交通广告可以有充足的时间来接触受众。而乘坐飞机的旅客在等候航班时通常无处可去，无事可做，可能多次阅读机票上的广告。由于交通广告可接触受众的数目是确定的，所以该广告形式的展露人数也就可确定。每年有数以万计的人使用大众交通工具，从而为交通广告提供了大量的潜在受众。

到达频度高。由于人们每天的日程安排是固定的，所以经常乘坐公共汽车、地铁之类的交通工具的人们会重复接触到交通广告。如果你每天坐同一路公车往返工作，一个月内你有可能看到同一广告 40～60 次之多。而且车站和广告牌的位置也会带来较高的展露到达度。

及时性。许多消费者都会乘坐公共交通工具前去商店购物，所以某个特殊购物区的交通工具促销广告能够将产品信息非常及时的传播给受众，并且印象深刻。

灵活性。既可运用喷绘、招贴等表现手段，也可采用影片、音响等艺术形式，色彩运用灵活，广告内容变化弹性大。比较适用于售价低的大众化日用品的广告宣传和进行短期的预告性宣传，如新电影的上映、新店开业预告等。由于人员流动性大，对新产品打开知名度进行广告宣传也很有价值。

地区可选性。交通广告阅读人员多、阅读对象阶层分布广泛、阅读时间长，对地方广告主而言，优势在于它能够将信息传递给某个地区的受众。具有某种伦理背景、人口特点等特性的消费者就会受到某地区销售点交通广告的影响。

费用低廉。无论绝对成本还是相对成本，交通广告均是成本较低的广告媒介。在公共汽车车厢两侧进行广告宣传的千人成本非常合理。由于交通广告的制作成本低，对中小企业的广告宣传很有帮助。

③交通广告的劣势。广告场地受限。因交通工具和线路等的限制，交通广告对象广泛，受到广告篇幅的限制，广告场地不能自由选择，相对有限。

有效到达率低。虽然交通广告可以覆盖广大的受众，但从总体来说，具有某些生活方式或行为特点的受众就可能不被包含在这种媒体的目标市场中。例如：在乡村或郊区，大众交通工具很少或者根本没有，那么交通广告对于这些地区的人们来说就是无效的。

覆盖率存在浪费。虽然交通广告具有地区可选性的优点，但并不是所有乘坐交通工具或者看到交通广告的人都是潜在顾客。如果某种产品并不具有十分特殊的地理细分特点，这种交通广告形式会带来很大的覆盖率的浪费。

文案制作和广告创意受限。在车厢上或座位上画上色彩绚丽、具有吸引力的广告似乎是不可能的。车内广告牌固然可以展示更多的文案信息，但车身广告上的文案信息总是一闪而过，所以文案诉求点必须简洁明了，短小精悍。

广告效果受到受众心情的影响。当人们站在或坐在拥挤的地铁站候车时，可能很难被指引着去阅读地铁广告，更难产生广告主所期望他们产生的心情。同时，乘坐飞机的乘客也很少会注意到飞机票上的广告或飞机场内放置的广告，这也会限制该广告的有效性。

(5)黄页广告

黄页广告就是利用黄页为载体进行宣传的一种广告。黄页被称为定向媒介，因为一般性广告并不能为商品或服务创造知名度，但一旦消费者决定购买，黄页广告就会告诉他们到那里可以买到该产品或服务的地点。黄页是购买循环中的最后一环。黄页广告包括特种电话簿、声讯手段(谈话黄页)和交互式黄页等多种形式。

①黄页广告的优势。适用性广。黄页的种类多种多样，据美国黄页出版商协会统计，每年消费者察看黄页的次数多于194亿次。

行为指导性强。黄页提供的信息量大，当消费者正在考虑或已经决定购买某种产品和服务时，他们就会选择使用黄页。

成本较低。与其他媒介相比，广告的幅面购买和制作成本相对较低，所以深受企业欢迎。

接触频度高。黄页的使用时间长(一般每年出版一次)，消费者接触它的次数也多。据调查，一般的成年人每周接触两次黄页。

主动性强。由于消费者会主动去使用黄页，他们不会感到广告给他们造成了侵犯。研究表明，消费者非常喜欢这种广告形式。

②黄页广告的劣势。区域性明显。黄页主要是地方性媒介，区域性特点明显。

时效性差。由于黄页一般每年印刷一次，信息难以及时更新。在再版之前，黄页上面的广告主可能已经改换地点、倒闭或改变电话号码。

缺少创造性。虽然黄页制作灵活，但广告制作缺乏创造性。

一个好的黄页广告可以事半功倍，相反一个设计糟糕的广告不但起不到应有的效果，而且会破坏企业形象。对于没有和你打过交道的顾客而言，你的黄页就是给他们的第一印象，如果印象不好，顾客就不会选择，所以黄页设计要与企业的其他广告形象相一致，才能发挥导向作用，从而促进购买。

(6)产品陈列广告

产品陈列在这里指的是电影和电视中的产品陈列。这种广告方式是指在电影或电视节目中播出真正的产品。虽然这种形式在广告或促销活动中算不上有什么重要作用，但对某些公司来说，却十分有效。这是一种不需要广告媒介的广告，深受电影制片人、电视制片人的喜欢。

①产品陈列广告的优势。展露次数多。随着电视、电脑等影音播放设备的普及，在电影中进行产品陈列的潜在展露度是相当巨大的。而且这种展露形式，至少在电影院中，不受转台的影响。此外通过产品陈列在电视节目中展露还能得到很高的收视率，并且可以使广告直接指向一个明确界定的目标受众群体。

接触频度高。由于产品在电影或电视节目中的使用方式不一，所以重复展露的机会很大，对喜欢反复观看某节目或电影的人就有很多的展露机会。而且，产品陈列的回想率高，广告影响力较强。

广告效果较好。当消费者看到他们所喜爱的明星穿着某一品牌的服装，喝着某一品牌的饮料或者开着某一品牌的汽车时，它们也会对这些产品产生喜爱的情绪，并留下美好印象，甚至仿效购买，这就是信息关联所产生的效应。

成本低。由于产品陈列广告是穿插在故事情节中，所以花费相对不高。

②产品陈列广告的劣势。绝对成本高。虽然在电影中产品陈列千人成本较低，但绝对成本却较高，使得许多广告主无法选择这种媒介。例如，在迪斯尼的电影《Mr. Destiny》中，进行产品陈列的费用是2万美金，让演员提及该产品的费用是4万美金，让演员真正使用该产品的费用是6万美金。高昂的费用使很多企业望而却步。

展露时间短。虽然这种产品陈列的广告方式对观众具有较强的影响力，但是并不能保证观众会注意该产品。如果产品没有及时进入角色中，广告者就要冒着产品不被注视的风险。有时广告主也无法确定产品展示的时间和方式。

灵活性差。陈列品广告在影片中不可能介绍产品的好处，或提供产品的细节信息，诉求方式也仅限于信息关联、使用和娱乐。对产品的宣传是间接隐晦的，产品展示的灵活性也受限于它在电影中的使用方式。

竞争性强。产品陈列的魅力使得将产品插入电影的竞争不断升温。宝马最初决定在电影《The Firm》中陈列，可是奔驰给出了更高的标价，所以宝马不得不退出该影片。

负面影响较大。许多看电视和电影的观众十分反感在电影或电视节目中播放广告。他们往往将节目内容与商业广告截然分开。如果产品陈列太具侵犯性，还会引起人们对这一品牌的消极情绪。

7.1.3.3　网络媒介

随着互联网普及程度的提高，网民数量迅速增长，网络已经成为人们获得信息的一种常用手段。作为一种信息传播载体，网络越来越受到广告主的重视，很多广告主已逐渐把网络纳入自己的广告战略和媒介组合范畴，网络逐渐成为一种重要的广告媒介。网络广告已经成为继报纸、杂志、广播和电视后的第五大广告媒介，在短短几年间就取得了闪电式增长。

随着全球经济一体化进程的不断推进，网络广告无疑是提高企业和产品全球知名度的一种非常重要的手段。与传统的四大广告媒介及近来备受青睐的户外广告相比，网络广告具有得天独厚的优势，它是实施现代营销媒介战略的重要部分。

(1)网络广告的传播优势

和传统广告相比，网络广告以互联网为载体，运用了许多新技术和新手段，从而使网络广告具有许多传统广告无法比拟的特点和优越性，主要包括以下几点：

①全交互性。网络的双向互动性大大提高了消费者的参与度。客户与广告主随时沟通，消费者不受时间和地点的限制，可以随时通过网站点击自己感兴趣的广告，实现信息的双向交流，同时也可以在线订购和网上结算，提高了效率。对商家而言，广告的目的不仅仅是发布信息，更重要的是建立良好的客户关系、提高公司和品牌的知名度，网络广告的互动性特点恰好解决这一问题。因为互动性可以带来趣味性，可提高品牌的亲和力，并可产生移情作用，增强受众对产品的好感。

②传播范围广泛。网络广告的传播范围十分广泛，没有时间空间的限制，可以通过国际互联网把广告信息24小时不间断地转播到世界各地。随着经济的全球化，人口的流动性越来越大，网络广告传播范围广的特性可使品牌信息持续不断的到达目标受众，让品牌突破地域限制，与现有的消费者维持稳定而长久的关系，使品牌流失最小化，同时不断开拓新市场，为建立国际性品牌搭建坚实的平台，这是传统媒介难以达到的。

③定位精确。网络广告商可以根据个人不同的差别将受众分类，以细分的有差别的市场策略，确立品牌位置，将广告信息准确发送给目标用户，以求得最佳效果，同时避免广告费的浪费。广告主可以针对不同类型的网站投放不同的广告，通过搜索关键字对网络广告进行定位。

④形式多样。网络广告的载体基本上是多媒体、超文本格式文件，表现形式丰富多彩，集声、像、动画于一体，融合了传统媒介的优点，既可以得到广播、电视一样的听觉和视觉刺激，又可以获得报刊、杂志等平面媒体广告的阅读感受。只要受众对某种产品感兴趣，仅需点击鼠标就可以了解更多、更详细、更生动的信息，从而使消费者亲身“体验”产品、服务与品牌。

⑤非强迫性。众所周知，电视、广播等广告具有强迫性，将广告信息强行灌输到消费者的头脑中，而网络广告则属于按需广告，消费者具有很大的自主性，避免了无效的、被动的注意力集中。

⑥效果可测量。利用传统媒介做广告，很难准确统计到底有多少人接收到了广告信息。而网络广告则可以通过对网站访客流量的统计得到广告的浏览量，极大地方便了广告主即时监测特定品牌进行传播活动的效果，从而有助于广告主正确制定广告的投放策略，以保证品牌发展的每一步都沿着正确的方向前进，少走弯路，使品牌投资收益最大化。

(2)网络广告的类型

网络广告的投放形式灵活多样，表现形式丰富多彩。目前，在国内外的网站页面上常见的网络广告有以下类型：

①旗帜广告。这是目前网络上最常见的广告形式。网络媒体在自己网站的页面中分割出一定大小的一个画面(视各媒体的版面规划而定)发布广告，因其像一面旗帜，故称为旗帜广告，也叫标牌广告。最常用的广告尺寸是480×60像素，以GIF、JPG等格式建立图像文件，常出现于页面上方首要位置或底部中央，大多用来表现广告内容，同时还可以使用Java等语言使其产生交互性，用Shockwave等插件工具增强表现力。旗帜广告允许客户用极简练的语言、图片介绍企业的产品或宣传企业形象。为了吸引更多的浏览者注意并点选，旗帜广告通常利用多种多样的艺术形式进行处理，如做成动画跳动效果、做成霓虹灯的闪烁效果等。

②按钮广告。这是网络广告最早和常见的形式。通常是一个链接着公司主页或站点的公司标志(Logo)，并注明“Click me”字样，常用的尺寸为125×125、120×90、120×60、88×31像素等四种，希望网络浏览者主动点选。按钮广告的优势在于其简洁性，尤其对软件下载的按钮而言，可以使使用者立即下载软件。按钮广告由于尺寸偏小，故表现手法较简单，多用作纯提示性广告，只显示一个标志性图案(如商标)，没有标语也没有正文，所以吸引力稍差一些。因而按钮广告的不足在于其被动性和有限性，只有浏览者主动点选，才能了解到有关企业或产品的更为详尽的信息。

③主页广告。即将企业所要发布的信息内容分门别类地制作成主页，放在网络服务商的站点或企业自己建立的站点上。主页广告可以详细地介绍企业的相关信息，如发展规划、主要产品与技术、产品订单、售后服务、年度经营报告、主要经营业绩、联系方式等，从而让用户全面地了解企业及其产品和服务。

④赞助广告。赞助广告分为内容赞助、节目赞助和节日赞助三种形式。广告主可对自己感兴趣的网站内容或网站节目进行赞助，或在特别时期(如奥运会、世界杯)赞助网站的推广活动。赞助广告一般放置时间较长且无需和其他广告轮番滚动，故有利于扩大页面知名度，广告主若有明确的品牌宣传目标，赞助广告将是一种成本低廉而成效较高的选择。赞助广告的优点是适用面广，创意似乎可以无限制发挥，十分适合品牌形象的树立，缺点是信息内容与广告营销活动界线模糊，不易掌握媒体定位，难以适用于所有产品。

⑤分类广告。分类广告一直是报纸广告的重要形式，但网上分类广告由于具有数据库的一些功能，能够按要求迅速进行检索、显示，并能自动更新或转发到用户指定的邮箱，其强大的优势已对报纸的分类广告形成巨大威胁。

⑥邮件列表广告。又称“直邮广告”，是一种非常有针对性的传播方式，拥有

邮件列表的网站会将广告附加在读者订阅的电子刊物中，发送到相应的所属人邮箱中。但网民一般都很讨厌强迫式的商业广告行为，因而邮件列表广告形式不能无限制地使用。

⑦电子邮件广告。这种形式有点像直邮广告，广告主选择拥有免费电子邮件服务的网站，其广告会出现在个人邮箱之页面的上方或底部中央，形式以Banner为主。但如此直接闯入私人邮箱，会在一定程度上引起邮箱所属人的反感。

⑧插播广告。又称“弹跳广告”，广告主选择合适的网站或栏目，在该网站或栏目出现之前插入幅面略小的新窗口显示广告。这种广告带有一定强迫性，除非能引起人们极大的兴趣，一般都不太受欢迎。

⑨互动游戏广告。互动游戏广告出现在页面游戏之中，可以是游戏开始、中间或者结束的时候。广告形式多种多样，例如在欣赏完元宵节的互动游戏贺卡之后，出现一个广告作为整个游戏贺卡的结束页面。利用这种形式，可以根据企业的产品特征为之量身定做一个属于自己产品的互动游戏广告。

⑩浮动图标广告。是指浮动在网页上的文字、图案广告，一般都设有链接，占用面积较小，有些浮动图标广告如果受众将鼠标放在其上面会下拉显示出更大的一幅广告，称之为扩张式广告。浮动图标广告的浮动方式可分为三种：上下浮动、左右浮动和自由浮动。浮动图标广告能够很好地吸引受众的注意力，但由于其会妨碍正常网页的阅读，因而在使用时要考虑受众的接受程度。

此外，还有文字链接广告、电子公告牌(BBS)广告、墙纸广告、竞赛和促销广告、过渡页广告、巨型广告和关键字广告等形式。随着网络技术的开发和应用，还会出现更多、更新颖的网络广告形式来传达广告信息。

(3)网络广告的计价方式

目前常用的网络广告计价方式大致有以下模式：

①CPM计价法。CPM(千人成本)计价法指向一千人传送广告信息所支出的费用。即按被看到的次数计费。这是最普遍的计费方式。千人成本取决于“印象”的尺度，一般而言，媒体的针对性越强，对广告主的吸引力也就越大。不同媒体的CPM有较大的区别。CPM计价法的优点主要有以下三个方面：一是可以使客户所付出的费用和广告的浏览人数相挂钩，也就是按广告实际的访问人数进行收费；二是可以鼓励网站想方设法提高网站的点击率；三是可以避免出现客户只愿意在主页上做广告的情况，因为按照CPM的计算方法，在主页上和在其他页面上做广告的投入产出比是相同的。目前，CPM是比较受欢迎的一种网络广告计价方式。

②CPC计价法。CPC(每点击成本)计价法是以广告被点击并链接到相关网

址一次为基准的网络广告收费方式。基于广告所产生效果来计价，加上点击链接的限制可以防止作弊，所以是广告主比较喜欢的方式。但是对于发布广告的网站来说可能就有些不公平，因为访问者可能浏览了广告，但是他并没有点击，这样网站就得不到报酬。因此，很多网站不愿意做这样的广告。

③CPA计价法。CPA(每行动成本)计价法是按照广告投放实际效果，即回应情况(如有效问卷、订单等)来计费的，而不管广告的投放量。对于网站而言，这种收费方式有一定风险，但是如果广告成功，则收益要比前两种方式大很多。

④固定时间周期收费。它是按照广告发布的时间进行定期收费，不考虑广告的访问效果和访问量。广告费率是固定的，即每月或每年收取一笔固定数额的广告费。常见形式为包月方式，也就是说按照一个月为单位进行费用结算。这种方式对网站较为有利，而对广告客户来讲无法保障其利益。

⑤每次购买成本。每次购买成本计价法是指当广告带来实际销售后广告主才支付广告费用。广告的创意和消费者的兴趣都会影响到出版商的广告收入。如果产品针对性很强，那么广告主和出版商双方都能受益，但在大多数情况下，这一模型显然对广告主更有利，而出版商则要承担广告活动的全部风险，因此出版商不愿采用这种计价方式。亚马逊书店的定价模型是每次购买成本计价法的变形。按照其网站联盟的计划，每个联盟网站都可为亚马逊的任何书作广告，如果顾客从联盟网站上的链接进入亚马逊网站并购买了这本书，那么这个网站就可以收到8%的佣金。这样，亚马逊就可以最低的成本获得最大的广告覆盖面。此外，通过增值经销商进行销售比传统的分销方式更有优势，它的销售周期更短，可以实时定价，并减少与其他渠道的冲突。

⑥每访问者成本。每访问者成本计价法是指在用户每次与广告主的品牌交互时，收取广告商一定费用。采用这种定价模型的网站往往会为用户提供金钱或其他激励，鼓励他们阅读广告并与广告主的品牌交互。这种交互既可是访问广告主的网站，也可以是填写产品购买调查表。例如，当用户阅读一篇文章时，前半部分内容读完后，需要浏览广告主的广告才能阅读后半部分内容。

以上介绍的这几种计价方式各有特点，对于广告主和网站来说可以根据自己的实际情况进行选择，同时也需要双方进行协商而定，以更加精确的衡量广告的发布情况和减少广告风险，从而实现双赢。

(4)网络广告的局限性

网络广告媒介与传统媒介相比具有明显的优势，但也不可避免地存在一些不足之处。

①受硬件环境的限制。性能优越的计算机是使用网络媒介必须具备的硬件条

件。目前，网络基础建设还存在稳定性、安全性、线路宽窄和畅通与否、数据传输过度等问题，这在一定程度上制约了网络广告媒介的发展。

②被动性。网络媒介与传统媒介不同，需要访问者主动进入互联网，主动点击广告，广告主的广告信息才会展现在受众面前，因而主动权掌握在访问者手中。访问者完全可以选择看或是不看。网络媒介的这种被动性，也影响到广告的收视率、达标率，从而限制了广告主对网络媒体的选择。

③效果测评标准不完善。网络广告效果测评一般是通过点击率来体现的，但一般网页上的各种图标、链接都产生点击，一个网页常常会因有几个图表和很多的链接而产生多次点击，服务器接到的每一次请求都生成点击次数，但点击次数与网站的访问人数之间的差别是巨大的。对广告主来说，真正能够揭示广告是否有效的应该是访问者点击广告之后对此页面所表现出来的兴趣和所受到的影响。

④监管滞后，法规不健全。由于网络本身具有无限的发展空间，使得目前对网络媒介的管理不像对传统广告的管理那样有严密的法规可遵循。目前，我国还没有专门的政府相关机构和专业的监督管理手段来对网络广告从制作到发布的全过程进行透彻地跟踪和监控，缺乏一个良好、宽松的经营环境。

⑤专业人才不足。目前的网络广告大多是由网络技术人员完成，受专业限制，使得网络广告缺乏与营销、美术设计、传播等专业广告要素的契合，从而使网络广告的效果大打折扣。

7.2 影响广告媒介选择的因素

广告媒介作为广告信息的运载工具，只有当媒介能顺利到达目标对象时，才能将所载的信息送达。如果目标对象不能接触到广告信息，则会出现“传而不通”的情况，这就是广告媒介策划中的最大失误。那么，要选择什么样的广告媒介最佳呢？这必须考虑许多相互关联的因素，总的原则是选择那些传递性好、针对性强、效益显著的媒介，并考虑如下几个因素。

7.2.1 广告目标的要求

广告活动是广告主总体经营策略与整个经营活动的一个重要组成部分，广告主之所以愿意花钱发布广告，都是为了实现其特定的目标。广告宣传的目的是将产品信息传播给所选择的目标市场。广告目标是由企业经营目标决定的，因此，制定广告计划，尤其是媒介选择与时间安排，必须依据广告目标的要求来确定，看其是否能与广告主的经营策略与经营活动紧密配合。

如果是确立企业形象或是巩固品牌忠诚度等长期目标的广告，可以选择以户外广告和报纸广告为主，电视广告为辅的广告媒介组合。如果是新产品上市或是商店开业，其广告目标是为了在短期内提高知名度扩大影响，并诱导、敦促消费者就近购买，这时可充分利用电子媒介快速直观的优势，在短时间内形成轰动效应，达到短期广告目标。如某产品要在上海开拓市场，就应立足于上海地方媒介，以使媒介覆盖面与广告目标区域相吻合。如果配合推销人员上门推销，则主要选择产品说明书和样品广告等形式。

在时机选择与额度安排上，也应紧密结合广告目标来进行抉择。例如：旅游度假区，广告宣传的目的就是为了能够在旅游旺季吸引更多的游客。海滨城市的旅游旺季是夏天，北国雪域的旅游旺季则是冬天。所以，对海滨城市而言，其旅游宣传广告的时间安排应以春末夏初为主，而北国雪域的广告时间安排则为秋末冬初为宜。

7.2.2 广告传播的对象

广告传播的对象是由产品消费对象来决定的，透析产品特性是准确定位广告目标对象的关键。广告目标对象是男性还是女性，是青少年还是成年人，是在校大学生还是上班白领……针对不同的对象，就要采取不同的广告战略和广告策略。

如果媒介目标对象正好是广告目标对象，那么，广告效果就可能好；如果媒介目标对象与广告目标对象不一致，其效果就可能差。因此，选择怎样的时机，选择怎样的时间段刊播广告，就需要根据诉求对象的职业、兴趣、爱好、文化程度及生活习惯特点来确定。广告信息传播与对象之间要能产生一种密切的联系，就能保证信息的传通效果。从这方面看应考虑以下几个影响因素。

7.2.2.1 按产品的使用对象选择媒介

如适合老年人使用的保健用品，因为许多老年人喜欢一边听广播一边晨练，选择早间广播就可以取得较高的收听效果；而儿童用品，因为绝大多数儿童都喜爱观看电视动画片和收听广播故事，广告选择在电视台与广播电台的儿童节目前后播出，收视率和收听率就比较高。

7.2.2.2 按消费者的专业特点选择媒介

有些企业的目标市场存在着职业和专业分布的集中性，可选择与受众专业特点相适合的专业性杂志做广告，就可将信息准确地送达目标市场。如：生产医疗器械的厂家的广告就适宜刊登在医疗保健类期刊上，而不是刊登在服装杂志上，因为医疗器械的广告目标对象是医务工作者，而这正是医疗保健类期刊的主要读者。

7.2.2.3 按消费者的生活习惯选择媒介

消费者总是较多地接触那些自己感兴趣的媒介，如果对某种媒介没有兴趣，即使这种媒介覆盖面很广，也不可能对消费者产生触动效果。如：化妆品广告适合选择电视和杂志等媒介，旅游服务业选择电话簿等媒介，农业生产资料选用农民喜欢的广播等媒介。

7.2.3 广告媒介的质和量

广告媒介的传播质量，主要是指广告媒介已经建立起来的社会威望和可信度，以及这种媒介在表现上的特长。例如，中央电视台和中央人民广播电台的影响和声誉就很高。对媒介质的研究，就是了解媒介的性质、内容、读者对象、发行区域、编辑水平、广告设计能力、媒介在公众中的信誉与形象以及读者对媒介的态度。对媒介质的研究，以目前的技术而言，衡量起来特别困难，但它确实是媒介选择的主要标准。

广告媒介的传播数量，主要是指这种媒介所能传播到的观众或听众的大概数字，是其产生影响力的前提，各类媒介对量的衡量不同。如报纸、杂志以发行量计；广播、电视以收听率、收视率计；路牌、交通、橱窗广告以人流量计。在这里还要注意媒介覆盖强度的区别，比如在绝对发行数量和覆盖域方面，地方性报刊不如全国性报刊，但从某一局部地区来看，地方性报刊的覆盖强度却高于全国性报刊，对某些产品的广告效果会更好。对媒介量的研究，是选择媒介的重要依据。广告策划人员在拟定广告媒介选择方案之前要做的第一件事，就是调查、分析广告媒介的传播数量。量的特性大多能明显把握，但也有不易把握的，不易把握的就只有依靠经验了。

7.2.4 广告产品的特性

产品种类繁多，各种产品的性质、特点、使用价值和流通范围不同，因而拥有不同的消费对象，这就要求广告的诉求对象也要随着市场的细分而调整，同时也要求不同的产品选择不同的媒介和媒介栏目。如果是电脑、数码机床等高科技产品，功能较多，使用方法比较复杂，就需要用较多的文字内容进行讲解与说明，多用理性诉求的方式来传达信息，适合以平面媒介(如专业性的报纸和杂志等)为主要媒介，不适合在广播和电视里投放，因为广播和电视的广告信息短、专业性术语难以阐述清楚。如果是技术含量不高的大众化产品，功能单纯，使用方法比较简单，无需用较多文字进行介绍，适合选择广播、电视和杂志媒介。

产品特性不同在媒介的选择上也有较大的区别。如从产品用途看，可以分为生产资料和生活资料。一般来说，生产资料技术性强，结构用途复杂，需要向消费者作详细的文字说明，使其有深刻全面的理性认识，以报纸、杂志、产品说明书等作为广告媒介的首选；而日用消费品则需要向消费者直接展示产品的性能、用途，并且要求时间迅速，可选用电视、报纸为媒介，并配以广播广告。从产品类型看，凡鲜活易腐、容易变质的产品，必须选择快速发布的媒介；如果是耐用消费品，则要注意品牌和企业形象的宣传。

值得一提的是，产品的生命周期不同，产品的媒介选择也有所不同。产品刚诞生时，可以选择使用广播、POP 等价格低廉的广告媒介来进行宣传；当产品进入成长期之后可以选择电视、报纸等大众媒介进行宣传；而当产品进入衰退期时，需要将重心从以往对产品的宣传转向宣传企业形象和树立企业品牌。

7.2.5　广告费用的支出

广告费用的多少不仅影响广告主对媒介类型的选择，也影响其对某一类型媒介的版位、时间段的选择，而这些又与广告效果有密切的关系。由于不同的广告媒介有不同的收费标准；同一媒介也会因为不同的刊播时间或版面位置而有不同的收费标准；同一时段有长短之不同，同一版面又有面积大小的区别，所以在选择广告媒介时，广告主应从自己的经营范围和竞争能力出发，充分考虑到自身的经济承受能力和广告费用的投入和产出之比，必须进行科学合理的评估，做出适合自己经营策略的媒介选择与布局，使媒介运用达到最佳效果。如实力雄厚、竞争力强的企业，可利用覆盖面广、信誉度好的媒介，可选择电视等费用较高的媒介及价位较高的黄金时段或版面；一般中小型企业可选择费用较低的媒介及低价位时段或版面；零售企业则应充分利用本身条件，如橱窗、店面、柜台展示等手段。如果某产品专业性强，销售对象集中且价格昂贵，则只需寄发邮寄广告或派人上门推销即可达到效果。

广告主在选择广告媒介时，要把广告费用的绝对价格与相对价格统一起来考虑，这样有利于评价广告活动的经济效果。绝对价格指的是做一次广告实际支付的费用；相对价格是指广告接触人数平均花费的金额。有时绝对价格很高，但相对价格却较便宜，这种广告媒介的实际效益还是好的。四大广告媒介的相对价格计算公式如下：

报纸广告百万人行发行费 =(每行价格×1 000 000)/ 发行量

杂志广告千人页发行费 ＝（每页价格×1 000）/ 发行量

电视广告每秒钟万人价格 ＝（每次每秒钟价格×10 000）/ 估计收看人数

广播广告每秒钟万人价格 ＝（每次每秒钟价格×10 000）/ 估计收听人数

在广告预算充裕时，可采用多种媒介的组合运用，形成一种强大的、立体交叉的宣传攻势。在报纸上刊登整版或半版广告，在广播、电视上播出长度较长的广告，在交通要道与某些特殊地段设置路牌广告、霓虹灯广告、灯箱广告，在某些特殊场合悬挂、张贴广告等；而在广告预算比较紧张的时候，则可以选择较为单一的媒介，在较短的时间内集中发布，重点突破，迅速占领特定的市场，力争在有限的费用中创新运用新媒介以收到极好的效果。

7.2.6 国家法律规定

在选择广告媒介时，必须要严格遵守国家法律法规的相关规定。了解这些法律法规在选择广告媒介的时候是极为重要的。很多国家对广告的发布都有相关的法律条文来进行管理约束，也有些国家和地区则规定有些广告媒介不准发布某些商品的广告。1995 年 2 月 1 日起施行的《中华人民共和国广告法》第 18 条规定："禁止利用广播、电影、电视、报纸、期刊发布烟草广告。禁止在各类等候室、影剧院、会议厅堂、体育比赛场馆等公共场所设置烟草广告。烟草广告中必须标明'吸烟有害健康'"。

对国际广告媒介的选择更要倍加谨慎，要遵守所在国的政策与法律而合理地选择。因为在某些国家和地区，广播、电视等直接进入家庭的电子媒介，是不允许做广告的。法国政府规定：国营电视台每天播放广告的时间不得超过 24 分钟；广告节目不得影响固定节目；烟草和与烟草有关的产品以及酒类，禁止做电视广告；在名胜古迹地区，禁止设置户外广告。自 1993 年 1 月 1 日起，法国政府进一步规定：在全国境内禁止出现香烟广告，烟草公司不得以任何形式赞助体育比赛；酒类广告只能采用限定的载体和在限定的场合宣传。

综上所述，正确选择广告媒介，是实现预期广告效果的关键因素，广告策划者应从广告效益出发合理地选用。下面以美国葡萄干在中国台湾地区试销所采用的广告媒介为例来加以说明。美国加利福尼亚的葡萄干决定打入中国台湾市场。基于葡萄干市场面窄的实际情况。为求扩大未来的市场效果，经广告主和广告代理公司调查研究后，决定一方面先行试销，另一方面从教育消费者要经常食用葡萄干入手，让葡萄干先同人们产生密切的感情。因此，暂不采用报纸、电视等需要较高费用的广告媒介，而选择以印赠食谱和赠送样品为主：①印制精致的食谱，分赠各方面消费者。邀请一位著名的烹饪专家，研究出 20 种吃法，诱导消费者将葡萄干用于烹饪之中。②编印“美国加州葡萄干”的介绍专册，介绍加州葡萄干工业中心——圣荷基山谷对于葡萄的栽培和葡萄干制造的情形。③设计一种小盒包装作为赠品，利用各种渠道赠给各方面顾客。当赠品送出近 10 万盒时，这种葡萄干的销售量即已增加了 5 倍。

7.3　广告媒介组合

媒介组合是指根据广告计划和策略的要求，对各种媒介进行分析评估，选择多种媒介进行有机组合，在一段时间内，发布内容基本一致的广告。也就是指在广告发布中，在一定的时间段内应用两种以上不同媒介或同一媒介应用两种以上不同的发布形式、不同发布时间的组合状态。通过将已选择的广告媒介进行合理的时间、版面的配置，从而提高广告的传播和诉求效果。

7.3.1　广告媒介组合的功能

广告媒介组合是广告媒介战略的核心，合理有效的媒介组合能高效地传递广告信息，使商品产生轰动效应和良好的促销效果，主要有以下功能。

7.3.1.1　增加总效果和到达率

单个媒介对目标市场的到达率是非常有限的。即使是覆盖范围较大的媒介，也不可能将广告信息送达到目标市场的每一个人。所以，运用单个媒介，会导致目标市场内的许多消费者难以接触到广告信息。而合理运用媒介组合，同时利用两个或两个以上的不同媒介，就可以把不同媒介的受众组合起来，使广告能影响更多的目标受众，从而扩大广告效果。

7.3.1.2　弥补单一媒介传播频度的不足

各种媒介的传播寿命是不同的，有些媒介的传播寿命较长，有些媒介的传播寿命较短，这就影响到受众对媒体广告的接触程度。只有增加传播的频度，使目标消费者能够多次接触到广告信息，才能取得较好的传播效果。在广告媒介领域，几乎没有哪一种媒介能够 100%的到达每一个广告主所预定的目标对象。有些媒介能够以比较大的接触范围到达目标市场，但是由于广告费用太高，往往限制了广告主多次使用。而选择多种媒介的组合运用，可以使受众在不同媒介上接触到同一广告内容，增加了传播频度，这样就可以在有限的广告费用中获得较好的传播效果。

7.3.1.3 整合不同媒介的传播优势

各种媒介的属性是不同的，如：电视具有形象性和直观性，报纸具有时效性和说服性，广播具有及时性和广泛性，杂志具有专业性和选择性，直邮广告具有直接性和直观性，销售点广告具有现场性等。但同时也各有不足，如费用高、时效性差、传播范围有限等。通过组合，取长补短，相得益彰，使各种媒介所具有的特性有机地结合起来，既使某些媒介的特长得到发挥，又可弥补某些媒体的缺陷。如电视和报纸组合，电视收视率一般比较高，影响较大，能够获得较理想的认知效果，报纸可以详细地介绍有关商品或劳务的信息，帮助目标消费者加深理解。这样，就使认知促进和理解促进有机地结合在一起，增加广告的重复率，使媒介组合能够发挥整体效应。

7.3.1.4 减少成本，增加效益

媒介组合不是对媒介的简单排列，而是经过有机整合，发挥各自媒介的特长，弥补不足的过程。媒介组合后能够发挥整体效益，有助于节省广告费用，少投入多产出。许多企业就可以运用媒介组合的整体优势，利用有限的资金，组合多种费用较低、效果相对一般的媒介，仍可形成一定的广告阵势，实现预期的广告目标。如电视虽然有较强的传播效果，但广告制作费用高，播出费昂贵，很多企业难以承受，可以将广告费用合理分配在费用相对较低的报纸、杂志、直邮、户外等媒介，再辅助以一系列的促销活动，也会达到理想的广告目标。

7.3.2 广告媒介组合策略

媒介组合策略的实质就是通过对媒介类型的选择和对各媒介类型投放比例的权重使广告信息最有效的达到目标受众。组合原则是对不同类型的媒介进行综合比较，选择合适的广告媒介渠道，并对各种媒介进行合理搭配，各取所长。

7.3.2.1 广告媒介组合策略的要素

一个有效的媒介组合策略必须考虑3个方面的要素：目标受众、媒介种类的选择和在各媒介种类上的投放数量和比例。也就是说，在确定媒介组合策略的时候，媒介人员的工作实际上要分成以下三部分：

(1)确定目标受众

媒介战略的核心工作是使信息有效的到达目标受众，因此确定目标受众是确定媒介战略的第一步。目标受众可以按照人口变量、地理变量、生活方式变量、消费心态变量以及产品使用变量等要素来进行划分，然后还需要通过一定的渠道(比如媒介调查公司)，来获得目标受众的媒介接触习惯和购买行为方面等方面的

具体信息。这里的目标受众实际上也就是广告产品/品牌的实际消费者或潜在消费者，因此，这部分的工作已经在广告活动的最初就已经完成了。为了慎重起见，在确定媒介战略阶段对目标受众再次界定和进行详细准确描述是非常有必要的。

(2)选择媒介类型

当目标受众界定以后，就需要选择适当的媒介类型来使信息达到目标受众。首先要了解目标受众的媒介接触习惯和消费行为特征，还要对各种媒介的受众群体和传播特征进行准确分析。选择媒介类型工作的主要内容就是选择合适的媒介使之与目标受众相匹配，也就是说尽量使媒介的受众与广告战略的目标受众相匹配。比如说，我们的主要目标受众是25～34岁的家庭主妇，而家庭主妇们最常接触的媒介是电视，那么我们就可以选择电视作为主要的广告传播媒介；而如果我们的目标受众是20～30岁的年轻时尚的白领女士，而白领最常接触的媒介是时尚杂志和电视，那么时尚杂志和电视就可以作为主要的广告传播媒介。

(3)建立媒介组合

确定媒介类型只是媒介组合工作的第一步，更重要的工作是在选择好的媒介类型中进行预算分配，即确定各类型媒介在整个媒介组合中的数量和权重。媒介组合策略有两种形式：集中式媒介组合策略和分散式媒介组合策略。

集中式媒介组合策略，就是把所有的媒介预算集中投放于一类媒介上。这种组合策略的优势是使细分市场的目标受众能够对广告留下深刻的印象。对广告主而言，其好处更为明显，能够节省广告制作成本，因为制作平面广告和电视广告要比单一制作电视广告的成本肯定要高一些。更为重要的是，集中式媒介组合会使广告主获得在某种媒介上的绝对优势，这样就可以拥有对接触这类媒体的消费者更大的影响力。集中式媒介组合也有其不足之处，只有当目标受众在人口统计上和地理分布上都比较集中的时候，实施这种策略才会有效。

分散式媒介组合策略，是在目标受众范围较广，地理分布比较分散的时候，把媒介预算分散投放在不同类型的媒介上。分散式媒介组合最大的优势是广告主可以利用不同的广告媒介，针对不同的细分目标受众传递不同的广告信息。即使针对同样的消费者而言，通过不同的媒介接触广告信息也更容易加深对广告的印象和对广告信息的理解，从而带来更好的广告效果。分散式媒介组合的优势还体现为能够产生比集中式媒介组合更高的到达率，因为几乎没有哪一种媒介能够到达每一个广告主所预定的目标对象。当增加一类媒介时，就增加了另一类媒介所不能到达的目标受众。由于是多种媒介的组合使用，所以实施分散式媒介组合的前提是需要较多的预算支持。

7.3.2.2 广告媒介组合策略的方法

广告媒介组合包括两个方面，即媒介载体的组合和广告单元的组合。

(1)媒介载体的组合

就是对具体媒介进行组合。可以在同类媒介中进行，也可以在不同的媒介中进行；可以把自用媒介和租用媒介结合起来，也可以以租用媒介为主进行组合。

①同一类型的媒体组合。即把属于同一类型的不同媒体组合起来使用，刊登或播放同一个广告。例如同属于印刷媒介的报纸与杂志组合，全国性报纸与地方性报纸组合等。

②不同类型的媒介组合。这是经常采用的一种组合。这种组合不仅能扩大接触范围，同时可以有效地调动目标对象的感官，增强广告效果。报纸与广播组合，可以使不同文化程度的消费者都能够接受到广告信息。报纸与电视组合，可以先用报纸广告对商品进行详细说明，而后再以电视广告产生强力推销效果。电视与广播组合，可以使城市和乡村的消费者都接受到广告信息。报纸与杂志组合，可以先用报纸广告开拓市场，再用杂志广告来稳定市场，或者先以报纸广告稳固市场，再以杂志广告拓宽市场。报纸或电视与直邮广告组合，可以用直邮广告做试探性宣传，而后以报纸或电视开展强力推销，也能取得比较显著的效果。

③自用媒介与租用媒介组合。这种组合是将企业自用的促销媒介与需要购买的大众传播媒介进行组合。例如，报纸或电视与企业自备的销售点广告组合，有利于提醒消费者购买已经有了感知信息的商品。直邮广告和售点广告组合，在对某一区域进行广告宣传时，可以起到巩固和发展市场的作用。

(2)广告单元的组合

广告单元是指发布广告的媒介的具体时间、版面等基本单元，在选择组合媒介的同时需要进行广告单元的组合。在确定了媒介载体组合以后，还要把握发布广告的时机，也就是确定在什么时候、选择多长时间发布广告的效果最佳。

在广告发布上必须考虑商品的季节性。比如，选择在冬季快要结束的时候做取暖器广告，并不一定能够带来实际购买，而在秋末冬初做广告就比较合适，不仅能够扩大知名度还能增加销量。

当产品在市场上已有较高知名度时，可以选择间隔式广告，此时所起的作用是“提醒”。而在产品刚刚进入市场时，就必须采用高频率的广告方式，才能迅速树立企业形象和品牌，从而扩大知名度，增加市场占有率。

因此，发布广告的时机不同，效果也不同。在同等的时间里，选择不同量的广告宣传，效果也会不同。企业在运用广告媒介进行广告宣传时，要深入分析各种广告媒介所能产生的效果，进行优化组合，充分发挥整体效应。

7.3.3　广告媒介组合的注意事项

创意性地使用广告媒介组合，再配合充满创意的广告内容，不仅能最大限度地提高广告的触及率和重复率，扩大认知，增进理解，而且可以使广告充满新鲜感，在心理上给消费者造成声势，留下深刻印象，增强广告效益。在运用广告媒介组合策略时需要注意以下事项。

7.3.3.1　要能覆盖所有的目标消费者

在进行广告媒介组合时要把选择好的媒介的覆盖域相加，看是否把大多数目标消费者纳入了广告影响的范围之内，即媒体能否有效地触及到广告的目标对象。也可以将媒介的针对性相加，看广告目标消费者是否能够接收到广告。如果这两种形式的累加组合还不能够保证所有的目标消费者都接收到广告，就说明这种媒介组合存在问题，需要重新调整。值得一提的是，媒介覆盖的范围不能过多地大于目标市场的消费者，以免造成不必要的浪费。

7.3.3.2　要选取媒介影响力的集中点

广告媒介的影响力主要体现在质和量两个方面。质的方面，指的是针对目标消费者进行说服的深度，即媒介在说服力方面的效果。量的方面，指的是媒介覆盖面的广度，即广告被接触的人数越多，影响力越大；组合以后的媒介，其影响力会有重合，重合之处就是企业的重点目标消费者，这样才能增加广告收益。如果媒介影响力重合之处是非重点目标消费者，甚至是非目标对象上，这样就造成广告经费的浪费。所以，要增加对重点目标消费者的影响力，确定媒介购买的投入方向，从而避免浪费。

7.3.3.3　要与企业营销策略组合一致

企业要实现营销目标，就要运用营销策略，进行多种营销策略手段的组合。广告媒介组合要与营销策略组合保持一致，必须符合整合营销传播的要求，与此同时，还要注意与企业公共关系战略相互配合。媒体组合运用是比较复杂的，企业不能随心所欲，而应建立在深入分析和计划的基础上。一般来说，媒介组合策略比较适合于开拓新市场及推出新产品时使用。由于使用媒体组合需要大量广告费用，所以对于经济实力比较强的大中企业比较适用。

7.3.4　广告媒介组合的典型案例

7.3.4.1　脑白金的媒介组合策略

脑白金这个神秘的保健品，在国内市场上刮起了阵阵旋风，短短两三年时间，就创造了十几亿元的销售奇迹。脑白金呈现在我们面前的，是一个个火爆的市场，却难以见到其成功的企业形象！脑白金的品牌策划，完全遵循“721 原则”，即花 70%的精力服务于消费者，把消费者的需求放在第一位；投入 20%的精力，做好终端建设与管理；只花 10%的精力来处理经销商关系，在战略上实行“卖方市场”向“买方市场”转移，这是脑白金品牌营销的核心所在。

脑白金的媒介组合策略，追求最有效的途径，最合适的时段，最优化的组合，不求全面但求到位。脑白金最初以报纸媒介、小册子为主导，以终端广告为辅来启动市场。随着产品渐入成长期，其媒介投放开始调整，报纸、电视广告成为重要的媒介组合，宣传册子成为集团购买与传播产品知识的主力媒介。所以，可以将脑白金的媒介组合策略分为两个阶段：市场启动期、市场成长期和成熟期。

在市场启动阶段，脑白金基本以报纸媒介为主，选择某城市的一两家报纸，以每周一到两次的大块新闻软文，集中火力展开攻势，随后将十余篇功效软文轮番刊登，辅以科普资料佐证。软文的组合，一个月后就收到了效果。新闻传播是脑白金营销最得意的绝技之一，脑白金的精彩问世，就是以五篇大块新闻软文鸣锣开道，制造一个非常新奇的新闻亮点，引出人体脑白金的话题。如以美国人的疯狂，引发“人类长生不老?”的话题，深层次发掘人们求长生的心理。将脑白金与克隆技术相比较，以宇航员登太空吃脑白金改善睡眠为事件等，抓住热点事件，宣传脑白金的神秘特点。不仅如此，脑白金还善于创造新闻，引导热点导向。在 1999 年 6 月 30 日，脑白金在上海展览中心举办的免费赠送活动，就是一个典型的案例。

请看脑白金的一封致歉信：

“对不起！钟爱脑白金的市民，我们决不让失误延续”；

“在脑白金进入上海市场的半年之际，为回报广大市民的关心和支持，我们策划和组织了 6 月 13 日‘脑白金千人赠送，万人咨询’的活动”；

“由于低估了市民对脑白金的热忱，面对数以万计市民的现场，我们仅有的 40 余名维护次序人员手足无措，加之烈日的蒸烤，最终导致现场失控，护栏挤倒，保安冲散，十余人挤丢鞋子，用于赠送的脑白金被哄抢，甚至出现近十人受伤(皮外伤)的悲剧……”

“这是我们最为心痛和始料不及的，我们心痛那些从清晨 5：30 分开始排队的市民，我们心痛早晨 7：00 时近千人井然有序的队伍，队伍中大多数人服用过脑白金，因效果显著已成为我们忠诚的朋友，原本他们都可以高高兴兴地领到一盒脑白金，感受脑白金改善睡眠与润肠通便的奇效。心痛之余，我们仍然要感激许许多多理智的市民和闻讯赶来的静安寺公安同志，是你们及时制止了混乱，提出许多忠告和建议。在此，我们再次表示诚挚的谢意，道一声‘辛苦了’，谢谢您……”

此次免费赠送活动的策划与组织，每一流程都经过巧妙设计，从活动前的信息宣传，到活动中出现的骚乱场景，脑白金策划人员紧紧把握了新闻点，及时加大了传播力度。传播活动现场的壮观场面，暗示老百姓高涨的热情，传播活动中的混乱秩序，借势渲染市民的迫切心情，不仅传播了企业的公德心，还树立了产品品牌形象。以下的文案就足以说明此点：

“事件发生后，我们妥善登记安置了近十名受伤者，并在当天晚上致电每一位受伤市民，预约了登门问候慰问的时间，我们带去了一个疗程的脑白金和慰问品，这是我们的一份心意，同时，我们还要感激你们的仁义和宽厚。”

“为了免除钟爱脑白金市民的又一次奔波之苦，我们将拨出万余元专款专门用于快递公司专程上门送一盒脑白金产品，来感谢大家对我们的信任与支持……”

新闻传播为脑白金的知名度与美誉度提升，起到了推波助澜的效果。这种形式的新闻传播在哪里推出，哪里就会引起强烈反响，脑白金就会引起轰动。因而，每逢佳节来临之际，当脑白金进入旺销期时，很多销售点出现断档，策划人员就会围绕这一事件，大报特报老百姓抢购脑白金的疯狂场景，还以新闻追踪形式报道消费浪潮、经销商、商家与厂家热销及加班生产状况，其目的是树立产品美誉度，迎合大众心理，更加掀起抢购狂潮。脑白金在江城——吉林开展免费赠送活动时，恰逢雨天，几千人在大雨中排队等候领取脑白金。于是策划人员抓住契机，将天时、地利与人和相结合，连续在媒介上大做文章，如《江城万人感冒》等，信息传开后，收到了极好的新闻效果。

除了软文，脑白金还在终端做室内广告，如独创的产品大小模拟盒、海报、POP等，在媒体中最值得研究的是那本《席卷全球》小册子。

脑白金在成长期和成熟期，媒介重心向电视广告转移。电视广告每天滚动播出，不断强化产品形象，广大中老年人有更多的机会接触电视，接受产品信息。脑白金的电视广告分为三种版本：一是专题片，二是功效片，三是送礼片。三种版本相互补充，组合播放，传播力度较大。

在产品的成熟期，脑白金有8部专题片，每天播放的科普片不重复。一般在黄金时段、亚黄金时段播放一次。其送礼广告，更趋向于黄金时段，强调媒介组合使用，体现系列性和时间上的错开排播。

户外广告也是脑白金中后期新增的媒介亮点，户外广告主要是根据各区域的市场特点，有选择性的开展以下宣传：如车贴、车身、推拉、墙面广告与横幅。户外横幅求多不求精，最好大街小巷都挂，营造脑白金氛围。同时还辅助做一些车贴、车身广告、墙面广告、推拉广告，让脑白金随处可见，走进千千万万消费者的心目中。脑白金广告宣传策略的时段性、时效性极强，销售的淡季、旺季有所不同。如节假日着重宣传礼品概念，非节庆日宣传功效，其媒介组合也进行相应调整。

善于创造新闻，善于发现亮点，善于危机公关，善于树立口碑形象，是脑白金的成功之处。适时而变，顺时而推，整合不同时期的广告媒介组合策略，力争做得更好，这就是脑白金的媒介组合策略。

资料来源：http：//wenku. baidu. com/view/48f12606eff9aef8941e06c3. html

7.3.4.2 红罐王老吉的广告媒介组合策略

王老吉是我国饮料市场快速发展的一个典型代表。2005年，“怕上火，喝王老吉”已响彻了中国大江南北，一时间喝王老吉饮料成了一种时尚，王老吉饮料成了人们餐间饮料的重要组成部分，而这句广告语也成了家喻户晓、路人皆知的口头禅。

红罐王老吉作为第一个预防上火的饮料推向市场，消费者通过它知道和接受了这种新饮料，使红罐王老吉成为预防上火的饮料的代表，从而持久、有力地影响消费者的购买决策。

在第一阶段的广告宣传中，红罐王老吉都以轻松、欢快、健康的形象出现，避免出现对症下药式的负面诉求，从而把红罐王老吉和“传统凉茶”区分开来。为更好地唤起消费者的需求，电视广告选用了消费者认为日常生活中最易上火的五个场景：吃火锅、通宵看球、吃油炸薯条、烧烤和夏日阳光浴，画面中人们在开心享受上述活动的同时，纷纷畅饮红罐王老吉。结合时尚、动感十足的广告歌反复吟唱“不用害怕什么，尽情享受生活，怕上火，喝王老吉”，促使消费者在吃火锅、烧烤时，自然联想到红罐王老吉，从而促成购买。

红罐王老吉的电视媒体选择主要锁定覆盖全国的中央电视台，并结合原有销售区域(广东、浙南)的强势地方媒体，在2003年短短几个月，一举投入4 000多万元广告费，销量立竿见影，年销量达到了6亿元。同年11月，企业乘胜追击，斥巨资购买了中央电视台2004年黄金广告时段。正是这种疾风暴雨式的投放方式保证了红罐王老吉在短期内迅速进入人们的头脑，给人们一个深刻的印象，并迅速红遍全国大江南北。

在地面推广上，除了强调传统渠道的POP广告外，还配合餐饮新渠道的开拓，为餐饮渠道设计布置了大量终端物料，如设计制作了电子显示屏、灯笼等餐饮场所乐于接受的实用物品，免费赠送。在传播内容选择上，充分考虑终端广告具有直接刺激消费者购买欲望的特性，将产品包装作为主要视觉元素，集中宣传一个信息："怕上火，喝王老吉。"正是这种有针对性的推广，消费者对红罐王老吉"是什么"、"有什么用"有了更强、更直观的认知。目前，餐饮渠道业已成为红罐王老吉的重要销售传播渠道之一。

在频频的消费者促销活动中，同样是围绕着"怕上火，喝王老吉"这一主题进行。如在一次促销活动中，加多宝公司举行了"炎夏消暑王老吉，绿水青山任我行"刮刮卡活动。消费者刮卡中"炎夏消暑王老吉"字样，可获得当地避暑胜地门票两张，并可在当地度假村免费住宿两天。这样的促销，既达到了即时促销的目的，又有力地稳固了红罐王老吉"预防上火的饮料"的品牌定位。

同时，在针对中间商的促销活动中，加多宝除了继续巩固传统渠道的"加多宝销售精英俱乐部"外，还充分考虑了如何加强餐饮渠道的开拓与控制，推行"火锅店铺市"与"合作酒店"的计划，选择主要的火锅店、酒楼作为"王老吉诚意合作店"，投入资金与他们共同进行节假日的促销活动。由于给商家提供了实惠的利益，因此红罐王老吉迅速进入餐饮渠道，成为主要推荐饮品。

这种大张旗鼓、诉求直观明确的"怕上火，喝王老吉"的广告运动，直击消费者需求，迅速地拉动了销量；同时，随着品牌推广地进行，消费者的认知不断加强，逐渐为品牌建立起独特而长期的定位——真正建立起品牌。

"怕上火，喝王老吉"这种简洁明了的定位，非常直观的给消费者传达了王老吉的产品特性，填补了消费者在心智中对降火性饮料需求的缺位，树立了降火饮料第一品牌的概念，给这个有175年历史的、带有浓厚岭南特色的产品带来了巨大的效益：2003年红罐王老吉的销售额比去年同期增长了近4倍，由2002年的1亿多元猛增至6亿元，并以迅雷不及掩耳之势冲出广东；2004年，尽管企业不断扩大产能，但仍供不应求，订单如雪片般纷至沓来，全年销量突破10亿元；以后几年持续高速增长，2008年销量突破100亿元大关。

作为2010年广州亚运会的高级合作伙伴，王老吉开展了"举罐齐欢呼，开罐赢亚运"活动，吹响了亚运会的号角。同年8月，由国际食品科技联盟召开的第十五届世界食品科技大会上，加多宝集团获得了具有食品界"奥斯卡奖"之称的"全球食品工业奖"，代表中国取得了全球食品饮料的最高荣誉，一展中国饮料第一罐问鼎世界的独特风采。

红罐王老吉已成为毋庸置疑的中国民族饮料品牌的代表，其成功的关键在于：①品牌的准确定位。②优化广告媒介组合，广告表达准确，对品牌定位传播到位。③企业领导人准确的判断力和果敢的决策力。④优秀的执行力，强大的渠道控制力。⑤量力而行，滚动发展，在区域内确保市场推广力度处于相对优势地位。

资料来源：http：//wenku. baidu. com/view/c7877723192e45361066f5a7. html

关键术语

广告媒介　大众传播媒介　小众传播媒介　网络媒介　网络广告　广告媒介组合　集中式媒介组合策略　分散式媒介组合策略

思考题

1. 选择广告媒介的要素有哪些？
2. 分析和比较传统四大广告媒介的优势和劣势，并说明其各自的适用领域。
3. 比较网络广告的传播优势和劣势。
4. 列举网络广告的类型及各自的特点。
5. 分析兰蔻化妆品广告适合选择哪些网络广告类型？
6. 网络广告有哪些计价方式？企业应该如何选择适合自己的网络广告？
7. 影响广告媒介选择的因素有哪些？
8. 广告媒介组合策略的要素及方法各有哪些？
9. 在运用广告媒介组合策略时有哪些注意事项？
10. 你认为肯德基广告适合采用哪种媒介组合策略，为什么？

第 8 章　广告效果评估

◈ **学习目标**

◈ 掌握广告效果评估的含义、特征、要求及内容；掌握广告沟通效果、经济效果和社会效果测定的方法。

◈ **学习重点**

◈ 广告效果评估内容，广告效果评估方法。

◈ **学习难点**

◈ 广告经济效果评估方法。

一幅好的广告作品，能吸引广大消费者的注意，打动消费者，使消费者产生偏好，最终下定决心进行购买，是广告活动的中心目的。当然广告活动可能还希望推出企业形象，使企业在广大消费者面前建立一个良好的企业形象和产品形象。那么，如何才能知道广告活动达到了预期的目的呢？以及如何知道其活动效果达到了预期目的的程度呢？

对广告效果进行评估，是保证广告活动能够最好地达到预期目标的重要举措，也是支付了巨大广告费用的广告主最为关心的问题。广告活动通过深入细致的评估研究之后，必然会对整体策划指导思想之下的广告表现和广告内容进行准确、科学地评估，借以及时准确地掌握广告效果。

8.1　广告效果评估概述

8.1.1　广告效果的内涵

广告效果最有效的衡量指标是广告活动对消费者的影响。广告效果可以表述为：广告信息通过广告媒体传播之后对消费者产生的所有直接和间接的影响总和。广告效果的内涵主要有以下 4 个方面。

第一，表现为传播效果，即社会公众接受广告的层次和深度。它是广告作品本身的效果，反映了消费者接触和接受广告作品的一般情况。如：广告主题是否准确、广告创意是否新颖、广告语言是否形象生动、广告媒体是否选用得当等体现广告作品水平的各种指标。这是测定广告效果的一个重要内容。

第二，表现为经济效果，即企业在广告活动中所获得的经济利益。它是广告主做广告的内在动力，直接反映广告所引起的产品销售状况。如销售量的增加、利润的大幅度提高等一切同经济活动有关的指标。它是测定广告效果的最重要内容。

第三，表现在沟通效果上，即广告对社会公众的各种心理活动的影响程度。它是广告活动对消费者内心世界的影响，反映消费者对广告的注意度、记忆度、兴趣以及购买行为等方面。心理效果主要测定消费者对广告的态度变化，因此它是广告效果测定不可缺少的内容。

第四，表现在社会效果上，即广告构思、广告语言及广告表现所反映出的道德、艺术、审美、尊严等方面对社会的经济、教育、环境等的影响程度。它是广告作品的高层次追求，反映了一个社会的文明程度。

把广告效果划分为传播效果、经济效果、沟通效果和社会效果，这是从传播层次上进行的划分，目前在测定广告效果时被广泛使用。

除此之外，广告效果的内涵还可以从下面这几种划分方式上进行把握。

① 按照广告效果的显现时间划分。广告效果可分为即时效果、近期效果、远期效果。

即时效果指广告发布后即刻就产生了效果，如商店的 POP(购买点)广告在消费者一看到后就采取了询问或购买行动。

近期效果指广告发布后在短期内产生的效果，通常指一个月内，一个季度内，最长不能超过一年。绝大多数商品广告的效果都体现在这种近期性上，它是广告主确认广告成功与否的重要判定标准。

远期效果指广告发布后在相当长的时间内对消费者影响。它是企业广告和形象广告所追求的目标。一般商品广告表现出的这种特性尚未被广告主充分认识到。

这种划分方式说明广告效果有时表现为直接的、短期的；有时也表现为较长期的，甚至长远的。因此，它提醒我们在测定广告效果时，如果一味地追求直接的经济效果而忽视广告对消费者的长远影响，势必对广告活动本身带来不利影响。这是一种重要的划分方式。

②按照广告活动的测定程序，广告效果可分为：事前测定、事中测定和事后测定。

广告事前评估为广告作品创作提供了丰富的创作源泉和改进作品的参考依据。消费者的购买行为和购买动机有助于广告创作者的思考。文案测验可以更准确地了解消费者的需求，确立广告诉求重点，唤起购买欲望。

广告事中评估是对广告推进的跟踪调查。广告刊播期间，调查消费者的评价，有助于充分认识广告活动对企业营销的作用。了解消费者的购买态度，可以为推进决策提供依据，以便随时增减广告量，更换广告媒体。

广告事后评估是广告管理的要求，它是广告主对广告投资所做的回馈作业。对投入的大量广告费，究竟是否获得了适当的报偿，这需要对广告效果予以测定，根据其投入和产出来评价其效益并为开展新的一轮广告活动提供翔实准确的参考资料。

③按照广告在消费者心目中所产生的影响，广告效果可分为：广告的认识效果、广告的态度效果和广告的行动效果。这种划分方式很有意义，但测定起来困难较大。“认识”、“态度”、“行动”都是心理上的，没有一个权威的衡量指标和科学的测定方法是很难说服广告主的。

④按照广告所使用的具体媒体，广告效果可分为：印刷媒体效果、电子媒体效果、OD(户外)媒体效果、DM(直接邮寄)效果以及POP(购买点)广告效果。

⑤按照广告效果调查要素，广告效果可分为：广告信息调查、广告媒体调查和广告活动效果调查。

广告效果还可以按照不同的分类标准继续分下去，以便研究不同的测定方法。这些分类之间并不矛盾而是相互通用的。

8.1.2 广告效果的一般特性

我们这里要谈的一般特性是指与广告学类似的其他学科(如传播学、信息学等)效果所具有的共同属性。其中，广告效果的滞后性、复合性、积累性、效果两重性、难测定性，就是广告效果一般特性的重要表现。

(1)时间的滞后性

滞后性是指广告发布与广告产生效果的移后性。这使广告宣传的效果不能快、很明显地显示出来。罗贝尔·格兰说：“广告只是表示了想卖的心理，并非卖出去的行动。”除少数POP广告有即时性外，大多数广告的效果都明显地带有滞后性。推移的间隔受到各种各样的销售努力和企业竞争环境等多种因素和条件的制约，短的可用天、月来计算，长的可用年、甚至几十年、上百年来衡量。滞后性还表现为影响消费者未来行为。如旧品牌没有用完，物质条件不具备，审美能力没达到等。滞后性使得广告效果表现得不明显，这就要求广告宣传应适当的超前，测定广告效果时要准确地掌握它的时间周期。

(2)效果的复合性

发布广告信息主要是为了提升销售业绩和改善经营环境。然而销售额的增长和市场占有率的扩大，既受广告的影响，同时又受到价格、购买力、人员推销、公共关系、营业推广、同类产品竞争等多种要素制约。广告只是这些促动因素的一股小力量，其效果大小自然受控于其他各要素的变化。美国一位营销专家曾把影响产品销售的因素归纳为37种之多，可见广告效果绝不是单一的广告活动所为，而是多种营销策略的复合体现。若不进行专门的测定，很难从相互交融的因素中明显地从量上辨别出哪些是广告在经营活动中发挥的作用。把业绩的提升和内外环境的改变统统都记在广告传播上，实属幼稚行为。

(3)效果的累积性

广告信息通过广告媒体传播之后，多数情况下不能立竿见影地马上影响消费者，这就需要反复宣传不断强化，促使人们将接受到的广告信息转化为一种潜意识，当这种意识积累到一定程度后就会转化为某种需求或购买力。因此，我们说广告的效果是逐次累积而成的。累积性要求企业在制定广告战略时，既要考虑短期利益又要兼顾长远利益。

(4)效果的间接性

广告效果的间接性主要表现在两个方面：受广告宣传的消费者，在购买商品之后的使用或消费过程中，会对商品的质量和功能有一个全面的认识，如果商品质量上乘并且价格合理，消费者就会对该品牌商品产生信任感，就会重复购买；另一方面，对某一品牌商品产生信任感的消费者会将该品牌推荐给亲朋好友，从而间接地扩大了广告效果。

(5)竞争性

广告是竞争的手段。现代企业的竞争常常反映在广告大战上，广告能借助媒体的权威性来抬高自己的地位，成了企业推销产品、树立形象的首选手段。从消费者的角度来讲，他们一般都愿意购买已知名的商品，对从未在广告上出现的商品持怀疑态度。调查表明：消费者认为经常做广告的厂家有一定的信誉和经济实力。因此，扩大市场占有率，提高企业信誉，战胜竞争对手，广告是不可缺少的利器。

(6)二次传播性

广告一般都是通过大众媒体发布信息的，广告受众面很广，但直接接受广告信息的消费者却很少，广告传播出现了“听者众和买者寡”的局面。那些敢为先者和受广告累积性影响而购买商品的消费者将他们购买体会再活灵活现地传播给他们周围的人，这个过程就是广告效果的二次传播。广告的第二次传播实际上是免费的人际传播，然而它的可近性、可亲性、可信度远远高于第一次的大众传播。先使用广告商品而成为该商品“意见领袖”的消费者，他们的传播能力是巨大的。据传播学家测算：每个人际传播者至少能影响 100 个人。广告效果的二次或多次传播提醒广告主们注意，任意夸大或做虚假广告发布“水货”信息将自砸饭碗。

8.1.3　广告效果评估的程序

广告效果测评的全过程，它包括三个互相衔接、协调进行的步骤：调查准备、调查实施、分析总结。

8.1.3.1　调查准备

调查准备是指确定所要研究的问题。它是从事广告效果测评的第一步。

(1)准备途径

确定要测定的广告效果的研究问题可从三个方面入手：一是调查者通过自己的观察、体验，去发现需要研究的题目，作为效果测评的目的；二是查阅文献，把握方向，了解现状，以个人爱好攻击一点；三是通过脑力激荡，和那些有经验的人讨论，吸取他们对问题的看法，再提出自己所要研究的问题。

(2)拟定测评计划

经过上述分析研究后，如果决定要进行正式调查测评，就必须拟定调查方案和测评工作计划。所谓调查方案就是对某项调查本身的设计，它包括调查的目的要求、调查的具体对象、调查表格的制订、调查范围的确立以及调查资料的收集等。所谓测评工作计划是对某项调查测评的组织领导、费用预算、人员配备、工作进度等做的预算谋划。一般来说，只有大型的效果评估才分别制定方案和计划。通常一些内容不很复杂、范围较小的广告效果测评，只制定一个测评计划，再附上测评内容提纲即可。

8.1.3.2　实施测评计划

实施测评计划通常分两步。

第一步，对广告效果测评予以假设。假设的类型有描述性假设如阅读率、视听众调查等；另一类是相关性假设，例如：假设洋酒比国产酒对消费者的购买行为影响力大。假设的优点在于提供了研究方向，确定了评估标准。

第二步，是根据假设搜集资料。资料来源可分为原始资料和现成的二手资料。原始资料指调查人员通过实地调查得来的第一手材料。取得这部分资料将要投入大量的时间和金钱。方法一般有询问法、观察法和实验法。现成资料指本组织的内部资料和外部资料。在实际调查中应尽量组织调查人员搜集二手资料。

下面我们用例子来说明实施测评计划的过程。假如我们要研究的问题是：化妆品电视广告影响消费者产生购买行为的动机是什么？

首先假设。假设"化妆品电视广告能使消费者产生情绪上的共鸣，是产生购买动机的主要原因"，对"化妆品电视广告"、"情绪上的共鸣"、"购买动机"等加以定义。

其次根据上面假设搜集有关资料。需要考虑的是搜集资料所使用的方法是用实验法、观察法、访问法、问卷法还是回单法，确定完之后还需要考虑一个问题，就是用什么工具记录资料，是录音机、观察表还是问卷表。

8.1.3.3 分析总结

搜集资料工作结束后，接下来的任务便是伏案整理、分析结果，看它是否和原来的假设相符合。这个阶段的工作可分为以下几个小步骤：

(1)整理资料

调查人员从四面八方搜集来堆积如山的一手或者二手资料都堆在桌面上。这些资料价值不等，真实性有待确定，需要系统整理。整理属技术性工作，包括分类、鉴定、编号、列表等。分类是按照调查提纲要求，以问题归类。如果用电脑处理数据要增加一个卡片打孔过程，把数据信息变成一个代码打入卡片。鉴定包括对资料量的鉴定，如资料是否收集齐全、是否有重复或遗漏的数据、数据是否有可比性等。也包括对资料质的鉴定，如资料的真实性是否有差错、数据和情况是否有矛盾。编号是指按页数编写顺序号，用来固定每份资料的排列位置。计算列表是把相关资料数据列成表格形式，以便对比使用。

(2)分析资料

运用整理出来的资料与数据，找出它们内在联系，揭示资料所显示的意义并从中得出合乎逻辑的实际结论，这就是分析资料。在分析过程中可以运用各种统计方法，并制成统计表。广告效果测评中应用最广的统计方法是百分率分配的计算、频数分析的演算及相关系数的推算等。

(3)撰写测评报告

测评报告是广告效果分析、检验、评估过程中最后的书面陈述形式。它是测评广告效果最后阶段最主要的任务，是提高广告管理水平不可缺少的一个环节。

测评报告的结构多种多样，没有固定格式。通常都是由导语(开头、前言)、报告正文(主体)、结尾及附件构成。导语包括该次测评的目的、所研究的问题及其范围、测评的方法及步骤、测评的组织及人员状况。报告正文包括测评的时间、地点、内容及分析结果，各种指标的数量关系，所获资料与原来假设比较。结尾部分包括经验总结与问题分析，向领导或有关部门提出自己的建议。附件包括样本分配、推算程序、图表等。

8.1.4 影响广告效果测定的因素

在各种各样的销售努力和企业环境中，影响广告效果测定的最主要因素有以下几个方面：

(1)信息资料

进行广告效果测定需要全面地、系统地掌握有关历史和现实的统计数据与情况，这是开展广告效果测定的基础，是提高测定精度的前提。如企业要进行销售测定，必须了解顾客的需求和态度，了解包括消费者收入、市场价格、竞争、社会文化、科学技术等在内的宏观环境变化情况。不掌握有关信息，全凭主观判断，就谈不上科学的效果测定。资料残缺或不准确也制约着测定效果。尤其是资料不准确危害性更大，即使是采用了现代数学方法和微机处理，也不过是“进出”，得到些无用的、错误的结果。

因此，为了使测定工作顺利进行并达到预期目的，首先要做好的就是资料的搜集和积累。具体包括两个方面：一是诉求对象的相关资料，如主题调查、文案测验等；二是媒体受众阶层的相关资料，如媒体广告的发行量、篇幅、时段、文案内容等。

(2)测定期限

广告效果测定期限的长短，对测定精度有一定的影响。一般来说，测定的期限越短，外部环境和条件发生变化的可能性就小，测定结果就趋于准确；反之，测定时间越长，在测定期的外部环境和条件已发生了根本变化或重大改变，这些变化在建立测定模式时未曾估计到，从而产生较大误差。这不是说不能搞长期测定，只是提醒人们，此时应注意不断修正测定效果。

(3)判断能力

判断贯穿于广告效果的全过程，不论是信息的搜集、整理、鉴定，还是测定方法的选择与检验，每一步都是由人来实现的。因此，测定广告效果的人，他本身的知识、经验、观察思考和判断能力的高低，对测定效果的准确性具有决定性的影响力。

广告效果测定人员的素质要求通常包括三个方面：测定人员的态度、专业素质、基本素质。

(4)方法的选择

在广告效果的测定过程中，无论是市场信息资料的搜集还是测定模式的选择与计算，均有一个方法问题。方法选择得当，测定结果的准确性就高；方法选择不当，测定结果的可信度就差，导致事倍功半甚至劳而无功的结局。如实际调查方法和测定方法多种多样，每种方法都有一定的适用范围和优缺点，选择时就应根据资料的性质、准确程度、时间、难易程度及费用而定，不能盲目选择。再比如，在资料搜集阶段，资料来源可能五花八门，这就需要从优选择，选择准确可靠而又经济实惠的来源。

8.2 广告沟通效果测定

广告沟通效果是指广告目标经过特定的媒介传播后，对消费者心理活动的影响程度。对广告沟通效果的测定，是以广告的收视率、兴趣与欲望、产品知名度等间接促进销售的因素为依据，接收人对广告印象，以及引起的心理效果，目的是为了了解广告在知晓度、认知和偏好等方面的效果，即广告的心理效果。

8.2.1 广告沟通效果测定的内容

广告沟通效果测评主要是测评广告对消费者的影响程度，这种影响程度除了体现在销售额上，更主要地体现在消费者的认识、情感、意志等心理因素的影响程度上。因此，广告沟通效果测评主要就是对消费者因广告作用而引起的一系列心理反应的测定和评价，具体内容包括：

(1)感知程度的测定

感知程度测定主要是测定广告到达效果，即对广告受众的媒体接触情况的调查。调查的内容包括对电子媒体的收视率调查和对印刷媒体的读者调查，具体内容包括：

广告到达地区的消费者家庭电视机普及率是多少；每天收看电视节目的时间是多少；哪一个电视节目最受欢迎；广告到达地区的报刊、杂志的地区发行量有多大；报刊杂志的阅读状况如何；读者的构成情况如何。

某则广告的知晓度＝被调查者中知道该广告的人数/被调查者总人数×100％

某则广告的了解度＝被调查者中知晓并了解该广告的人数/被调查者中知晓

该广告的人数×100%

例如：广告公司发放对某则广告知晓度调查问卷10 000份，在10 000个媒介受众中，有8 000人知晓该则广告，那么该则广告的知晓度为80%。在知晓该广告的8 000位媒体受众中，如果有3 000人对广告宣传的产品有比较深的了解，那么广告的了解度为37.5%。

当新产品上市时，广告宣传的目标是为了告知媒体受众新产品的存在。当产品处于成长期、成熟期或衰退期时，广告的诉求点则在于产品的功能及特性等方面的信息的传输。广告知晓度和了解度正是用于测定不同阶段广告效果的有效指标和内容。

(2)认知程度的测评

认知程度测评主要是测评广告的知名度、受注意度，即消费者对企业、商品、商标等的认知程度。企业或广告公司选择平面媒体的依据主要有两条：一是发行量数据，二是阅读率数据。由于中国缺乏像国外ABC行业协会那样的监督管理，各媒体宣称的发行量数据一直被广告界认为是失真的，阅读率便显得更为重要。

阅读率是指大概知道企业、商品、商标但对具体广告内容不了解的读者百分比；报纸阅读率可以反映某份报纸有多少人在读，他们是谁、怎么读、在哪儿读、关心哪些版面、平时注意哪些广告，他们的生活习惯如何。它是反映报纸读者规模和构成的客观依据，它不同于报纸发行量数据。

报纸广告的广告主关心的是能说明广告投放效果的数据，即阅读率数据和发行量数据。

阅读率的数据是通过对城市人口的抽样调查得到的，它能帮助广告主了解媒体的特色，包括平均每期阅读率、到达率、读者的个人特征、家庭特征、阅读环境、报纸来源、版面关注度等。

平均每期阅读率(AIR)是读者调查的基本常用指标，它表明对于每期报纸(对于日报是每天，对于周报是每周)的阅读人数占总人口的比率。媒体的广告发布一般都要经历购买版面(时段)、了解阅读率(收视率)及特定的读者群发展。实际上，广告主购买的不是报纸的版面，而是与其商品目标消费者群一致的阅读该报纸的读者。

千人成本(CPM)是指1 000个读者看到广告所需要花费的广告费用。它是衡量每份报纸的成本高低，选择最优的广告投放方案的指标。如某家用小轿车厂商决定在某地开拓市场，目标消费群是月收入在1 500元以上的男性收入人群。某地的两份地方报纸中，A报的平均阅读率较高，为48%；而B报只有30%，两份报纸广告均价相差不多，那么投放在A报的广告的千人成本低于B报。进一步分析数据，这部分男性收入人群对B报的阅读率是35%，对A报的阅读率是20%，计算目标消费者的广告千人成本，B报就低于A报。对于此种家用轿车，选择B报投放广告，可以用较少的费用更多地到达目标消费群。

精读率是指认真阅读50%以上广告内容的读者百分比。

在此基础上，可计算出广告阅读效率。

(3)态度变化测评

接触广告、注意广告的结果是引起消费者态度的变化，而态度变化效果又直接影响着购买行为的发生，因此态度变化测评是广告心理测评的一项重要内容。

广告信息对消费者的心理影响一般要经历认知—理解—确信—行动4个发展阶段，态度变化测评主要是在认知度测评的基础上，进一步测评消费者对广告观念的理解喜好程度，即对理解度和喜好度的测评。

理解度测评主要是了解消费者是否全面准确地认识商品的特征。在广告的不同诉求点中，哪些诉求点理解度高，哪些理解度低，比如，可对消费者层层提问：如何理解—为什么会这样—结果会怎么样，由此掌握消费者对广告的理解程度。

喜好度测评主要是了解有多少人建立了对广告商品的信赖度和偏好度，这是消费者购买商品的重要原因。一个人的态度变化很难直接观察到，一般只能从其表现出的言辞和行动去推测。因此，态度变化测评一般是通过深入交谈和投射法来进行的。

(4)行动购买测评

行动购买测评主要是对购买人数、销售额、零售额的测评。

8.2.2 广告沟通效果的测定方法

广告的沟通效果测定大致分为沟通效果的事前测定、事中测定和事后测定。

广告沟通效果的事前测定是指在广告作品尚未制作完成或正式发布之前，广告人对广告作品进行评估，它包括：

①专家意见综合法——是在广告作品或媒介组合计划做好后，通常是拿出几种可供选择的方案，请有经验的广告专家、权威人士、营销专家等进行测定，多方面多层次对广告作品和媒介组合方式将会产生的效果作出预测。

②消费者评定法——是指选则一定数量的具有代表性的消费者，根据他们对广告形式的喜好来判断，直接审定广告效果。可请内部职工或同行评定，也可以直接征求顾客意见。

③检查表测定法又称采分法——是指将同一产品的若干种表示不同创意的广告，让评审者从比较中测定哪一种广告更能吸引人们的注意力，以便选用其中最好的一幅。

④言词反应法——是指将一幅广告作品向消费者展示几秒钟，然后收回广告作品，并且要求消费者马上讲出或写下几个他当时想到的言词，测试人再将各位消费者的反应词汇总起来进行心理分析，可以通过消费者受广告的刺激，所产生的联想，判断消费者对所看到广告的心理反应，测定对产品的态度。

⑤机械测定法——包括人的视线习惯测定；从文字直写与横写的易读性测定排列顺序；瞬间显露测试，如看文案时最先看到的是哪一部分。

⑥概念测定法——是指针对广告表现的概念进行的测试，以寻求最贴切的方式，最具冲击力的策略，以便作为广告出击的依据。

⑦节目分析法——是指在节目播映前，测试视听者对节目或广告喜欢的程度。通常的办法是让被测试者视听所播映的节目，被测者认为广告或节目引人注目时或感到有趣时按绿色的按钮，一直有趣继续按，不引人注目时或无趣时就按红色的按钮，两者皆否时不按钮。

8.3 广告经济效果测定

广告的经济效果是广告活动最佳效果的体现，它集中反映了企业在广告促销活动中的营销业绩。广告经济效果测定是衡量广告最终效果的关键环节。研究广告沟通效果有助于广告主评价广告的沟通效果，但其对销售的影响如何却揭示得很少。如提高了品牌知晓度20%和品牌偏好度10%，那么销售量因此而增加了多少呢?

8.3.1 广告经济效果测定的含义

广告经济效果测定，就是测定在投入一定广告费及广告刊播之后，所引起的产品销售额与利润的变化状况。

需要明确的是“产品销售额与利润的变化状况”包含两层含义：一是指一定时期的广告促销所导致的广告产品销售额以及利润额的绝对增加量，这是一种最直观的衡量标准；二是指一定时期的广告促销活动所引起的相对量的变化。它是广告投入与产出结果的比较，是一种更深入、更全面了解广告效果的指标。这种投入产出指标对于提高企业经济效益有着重大的意义。它要求：

第一，每增加一个单位产品的销售额和利润额，要求广告投入最小，销售增加额最大。

第二，每增加一个单位的广告经济效益相对指标，要求企业获益最大。即经济效益的提高要与企业形象、品牌形象的成功塑造相结合。

第三，这种相对指标的提高，要有利于形成一个良好结构与良性循环。良好的结构是指企业内在的生产经营结构与市场需求趋势以及消费者偏好相适应，从而有利于企业开展促销活动；良性循环是指广告促销活动有利于企业调整生产经营结构，开发新产品，生产出适销对路的产品，这一循环成为企业发展的一种内在的自律机制。

8.3.2 广告经济效果测定的方法

广告的销售效果一般比沟通效果难以测定，销售除了受广告促销的影响外，还受其他许多因素的影响，诸如产品特色、价格、售后服务、购买难易程度以及竞争者的行动等。这些因素越少以及可控制的程度越高，广告对产品销售量的影响就越容易测定。

常用的广告经济效果测定的方法主要有以下几种：

(1)广告费用比率法

为测定每百元产品销售额所支付的广告费用，可以采用广告费用比率这一相对指标，它表明广告费支出与销售额之间的对比关系。其计算公式如下：

广告费用率＝本期广告费用总额/本期广告后销售总额×100％

广告费用率的倒数可以称为单位广告费用销售率，它表明每支出一单位的广告费用所能实现的产品销售额。计算公式如下：

单位广告费用销售额＝本期广告后销售总额/本期广告费用总额×100％

(2)单位广告费用销售增加额法

单位广告费用销售增加额法的计算公式如下：

单位广告费用销售增加率＝(本期广告后的产品销售额－本期广告前的产品销售额)/本期广告费用总额×100％

(3)广告效果比率法

广告效果比率法的计算公式如下：

广告销售效果比率＝本期销售额增长率/本期广告费用增长率×100％

广告销售利润效果比率＝本期销售利润额增长率/本期广告费用增长率×100％

(4)广告费用利润率、单位广告费用利润率和单位广告费用利润增加额法

费用利润率、单位费用利润率和单位费用利润增加额法是一种综合方法，具

体的计算公式如下：

广告费用利润率＝本期广告费用总额/本期广告后利润总额×100％

单位广告费用利润率＝本期广告后利润总额/本期广告费用总额×100％

单位广告费用利润增加额＝(本期广告后利润总额－本期广告前利润总额)/本期广告费用总额×100％

(5)市场占有率法

市场占有率是指某品牌产品在一定时期、一定市场上的销售额占同类产品销售额的比例。计算公式如下；

市场占有率＝某品牌产品销售额/同类产品销售总额×100％

市场占有率提高率＝单位广告费用销售增加额/同类产品销售总额×100％

市场扩大率＝本期广告后的市场占有率/本期广告前的市场占有率×100％

(6)市场占有率与声音占有率法

市场占有率法主要用来评价广告开支是多还是少。声音占有率是指某品牌产品在某种媒体上，在一定时间内的广告费用占同行业同类产品广告费用总额的比例。假设以下公式成立：

广告费用占有率＝声音占有率＝注意占有率＝市场占有率

换言之，广告主广告费用占有率产生相应的媒体受众听见声音的占有率，并因此获得他们相应的注意占有率，从而最终决定他们的购买行为。美国广告专家派克·汉(Peck　Hem)研究了几种产品消费的若干年声音占有率与市场占有率之间的关系，发现老产品的这一比例为 1∶1，新产品的比例为(1.5～2.0)∶1.0。广告有效率等于市场占有率与声音占有率之比。计算公式如下：

广告有效率＝市场占有率/声音占有率×100％

例如：A，B，C 三家公司在某段时间的广告费用、声音占有率、市场占有率的情况如下表所示：

公司名称	广告开支/万美元	声音占有率/％	市场占有率/％	广告有效率/％
A 公司	200	57.1	40.0	70
B 公司	100	28.6	28.6	100
C 公司	50	14.3	31.4	220

由此可知，A 公司花费了整个行业广告开支总额 350 万美元中的 200 万美元，因而其声音占有率为 57.1％，但市场占有率只有 40％，用声音占有率除市场占有率，得出广告有效率为 70％，这说明 A 公司广告开支不是过多就是分配

不合理；B公司花费了开支总额的28.6%，并且有28.6%的市场占有率，结论是B公司的广告有效率高；C公司只花费了广告费用总额的14.3%，然而得到31.4%的市场占有率，说明该公司的广告效果非常好，也许应该增加其广告费用，扩大其广告规模。

(7)盈亏临界点法

盈亏临界点法的关键是确定平均销售广告费用率，计算公式如下：

平均销售广告费用率=广告费用额/产品销售额×100%

用符号代入推导：

$$L=(X+\Delta X)/C \rightarrow L\times C=X+\Delta X$$

得出 $\Delta X=LC-X$

式中：X 为基期广告费用；ΔX 为报告期广告费用增加额；C 为报告期产品销售额；L 为平均销售广告费用率。

如果计算结果 $\Delta X>0$，说明广告费用使用合理，经济效果好；$\Delta X<0$，说明广告费用使用不合理，需要调整广告宣传策略，压缩广告预算规模。

(8)广告效果测定指数法

广告效果测定指数法是假设其他因素对广告产品的销售没有影响，只有广告促销与产品销售有密切的关系。具体做法如下：

广告刊播以后，广告经营者对部分媒体受众进行调查。调查的问题是：

是否看过某则广告？

是否购买了广告宣传中的产品？

假定调查结果如下表所示：

项目	看过某则广告人数	未看过某则广告人数	合计人数
购买广告产品的人数	a	b	$a+b$
未购买广告产品的人数	c	d	$c+d$
合计	$a+c$	$b+d$	N

表注：a 为看过广告而购买广告产品的人数；b 为未看过广告而购买广告产品的人数；c 为看过广告而未购买广告产品的人数；d 为未看过广告而又未购买广告产品的人数；N 为被调查的总人数。

从表中可以看出，即使在未看过广告的被调查者中，也有 $b\div(b+d)$ 的比例购买了广告产品。因此，要从看过广告而购买产品的 a 人中减去因受广告以外影响而购买广告产品的 $(a+c)\times b\div(b+d)$ 人，才能得出真正因为广告而唤起的购买欲望效果。用这个人数除以被调查者总人数，所得的值就是广告效果指数(advertising effectiveness index，AEI)。这个指数常用AEI来表示。其计算公式如下：

$$AEI=1/N\times[a-(a+c)\times b\div(b+d)]\times100\%$$

例如，某糖果生产企业为自己的同一系列产品进行过两次电视广告宣传，经过调查，获得以下有关资料：

某品牌产品的第一次广告宣传人数统计 个

项目	看过电视广告人数	未看过电视广告人数	合计人数
购买广告产品	50	28	78
未购买广告产品	70	92	162
合计	120	120	240

某品牌产品的第二次广告宣传人数统计 个

项目	看过电视广告人数	未看过电视广告人数	合计人数
购买广告产品	60	18	78
未购买广告产品	55	107	162
合计	115	125	240

AEI(第一次)=1/240×[50－(50＋70)×28÷(28＋92)]×100%=9.17%

AEI(第二次)=1/240×[60－(60＋55)×18÷(18＋107)]×100%=18.1%

从两次计算结果可以看出，第一次广告效果指数为9.17%，第二次广告效果指数为18.1%，第二次比第一次提高了8.93个百分点。如果两次的广告媒体选择、播放时间、广告预算总额相等同，那么就说明第二次广告策划明显好于第一次。因此，有必要对第一次广告策划进行策略性调整或修改。

8.4 广告社会效果测定

广告社会效果是指广告在社会道德、文化教育等方面的影响和作用。广告能够传播商品知识，可以影响人们的消费观念，会被作为一种文化而流行推广等。由于广告所具有的特性，广告对社会所产生的效果是深远的，需要重视和引导。

8.4.1 广告社会效果的测评方法

广告社会效果的测评方法分为两种情况。

一是测量广告的短期社会效果时，可采用事前、事后测量法。通过接触广告之前之后的消费者在认知、记忆、理解以及态度反应的差异比较，可测定出广告的短期社会效应。具体的操作手段与测定广告传播效果的方法大体相同。

第二种情况是测定广告的长期社会效果，这需要运用较为宏观的、综合的、长期跟踪的调查方法来测定。长期社会效果包含对短期效果的研究，但是还远不止这些，同时要考虑广告复杂多变的社会环境中所产生的社会效果。这方面的研究更多属于人文科学范畴。

8.4.2 广告社会效果测评的依据

测定广告所产生的社会效果，应进行综合考察评估。其基本依据是一定社会意识条件下的政治观点、法律规范、伦理道德和文化艺术标准。不同的社会意识形态，调整、制约的标准也是不一样的。同时，测定广告社会效果，往往不能量化。因为社会效果不可能以简单的一些指标数字来标示衡量。这既要通过一些已经确定的或约定俗成的基本法则来测定和评价，又要结合其他的社会因素来综合考评。

广告社会效果测评的依据主要有以下几方面：

(1)真实性

广告所传达的信息内容必须真实，这是测定广告社会效果的首要方面，广告发挥影响和作用，应该建立在真实的基础上，向目标消费者实事求是地诉求企业和产品(劳务)的有关信息、企业的经营状况、产品(劳务)的功效性能等，都要符合事实的原貌，不能虚假，误导消费者。广告诉求的内容如果造假，那所形成的社会影响将是非常恶劣的。这不仅是对消费者利益的侵害，而且反映了社会伦理道德和精神文明的水平较为低下。而真实的广告，既是经济发展、社会进步的再现，又体现了高尚的社会风尚和道德情操。所以，检测广告的真实性，是考察广告社会效果的最重要的内容。

(2)法规政策

广告必须符合国家和政府的各种法规政策的规定和要求。以广告法规来加强对广告活动的管理，确保广告活动在正常有序的轨道上运行，是世界各国通行的做法。法规管理和制约，具有权威性、规范性、概括性和强制性的特点。一般来说，各个国家的广告法规只适用于特定的国家范畴，如我国于 1995 年 2 月 1 日开始实施的《中华人民共和国广告法》，就是适用于我国疆域（大陆）内的一切广告活动的最具权威的专门法律。而有一些属于国际公约性质的规则条令等，则可国际通行，如《国际商业广告从业准则》就是世界各个国家和地区都要遵从的。

(3)伦理道德

在一定时期、一定社会意识形态和经济基础之下，人们要受到相应的伦理道德规范方面的约束。广告传递的内容以及所采用的形式，也要符合伦理道德标准。符合社会规范的广告也应是符合道德规范的广告。一则广告即使合法属实，但可能给社会带来负面的东西，给消费者造成这样或那样的损害、包括心理和生理上的损害，这样的广告就不符合道德规范的要求，如暗示消费者盲目追求物质享受、误导儿童撒娇摆阔等。要能从建设社会精神文明的高度来认识，以有利于净化社会环境、有益于人们的身心健康的标准来衡量。

8.4.3　广告社会效果测评注意事项

广告对社会道德、文化、教育、伦理、环境等社会环境产生的影响也是复合性和累积性的。一则广告有可能立即产生轰动的社会效果，也可能潜移默化地影响社会的各种道德规范或行为规范等。在测定广告的社会效果时，一般要把握几个主要方向：

(1)是否有利于树立正确的价值观念

广告的劝服、诱导性行为容易激发消费者的注意和学习，甚至以实际行动相迎合。因此，测定广告的社会效果，要看它有否与社会的道德观念、伦理价值、文化精髓等社会道德体系的规范相悖，如果广告产生了违反社会道德规范的不良效果，就应该立即停止。

(2)是否有利于培养正确的消费观念

正确的消费观念是宏观经济健康发展的思想基础，也是确保正常经济秩序的基础。有一段时间，我国广告宣传倡导“超前消费”，认为“超前消费”可以刺激国民经济的发展，加快国民经济发展速度。实践证明，超前消费作为一个非常时尚的经济行为和消费方式，要因人而异，应量力而行，绝对不能不顾及自己的承受能力而追求时尚和格调。而盲目“超前消费”导向的广告宣传应该受到社会的谴责。

(3)是否有利于社会市场环境的良性竞争

同类广告之间的商家竞争是非常激烈，即使是在这种情况下，广告也要维护市场的良性竞争。类似于发布假信息、模糊信息压制对方或完全不顾市场规范的广告行为都将产生恶劣的社会效应，理应禁止。

思考题

1. 简述广告效果的特征。
2. 测定广告效果的现实意义是什么?
3. 简述广告沟通效果测定的主要内容。
4. 什么是广告沟通效果的事前、事中和事后测定?
5. 简述广告经济效果测定的主要方法。
6. 广告的社会效果应该体现在哪几个方面?
7. 测定广告的社会效果时应遵循哪些原则?

第9章　广告组织

◆ **学习目标**

◇ 了解广告代理制的产生和发展过程；掌握广告代理制的内容；了解企业广告组织的机构模式；掌握广告代理公司的类型及其职能；了解媒介广告组织和广告团体。

◆ **学习重点**

◇ 广告代理制的内容，广告代理公司的类型及其职能。

◆ **学习难点**

◇ 广告代理制的内容；广告代理公司的分类；专业广告代理公司与广告制作公司和媒介购买公司之间的区别。

组织是通过协调活动来达到个人或集体目标的社会群体。它依靠自身的组织结构，在发挥组织功能的同时，实现组织的目标。组织具有结构性、功能性和目标性等特点。

作为行业组织之一，广告组织具有不同于一般组织的行业特点。广告组织是为了对广告工作实行有效管理，以便更好地完成各项广告业务而设立的对广告活动进行计划、实施和调节的经营机构。广告组织包括广告公司、媒介广告组织、企业广告部门和广告团体等。而目前在我国从事专业广告的组织主要有三类，即专营单位、兼营单位和代理单位。

9.1　广告代理制的发展

广告代理制指的是广告代理方(广告经营者)在广告被代理方(广告客户)所授予的权限范围内来开展一系列的广告活动，就是在广告客户、广告公司与广告媒介三者之间，确立广告公司为核心和中介的广告运作机制。它是国际通行的广告经营与运作机制。广告业现代化的主要标志之一就是在整个产业结构中，广告代理公司处于中心地位。而对于相对滞后的我国大陆的广告业，媒介处于中心和强势地位，有“强媒介弱公司”的说法。广告代理制的最终确立与实施仍是我国广告业今后发展的努力方向和基本趋势。

9.1.1 广告代理制度的产生与发展

伴随着社会经济的发展需求和广告业自身发展的内在要求，广告代理制从最初的萌芽——广告代理店，演变成为现代的、能够为客户提供系统而又全面的综合服务的广告公司，其间经历了漫长的岁月。

早期的广告代理，从属于报业。因为最早承揽并发布广告的大众传媒是报纸，此时的广告代理主要是报纸广告版面的销售代理，被称为“版面销售时代”。1841年，美国人沃尔尼·B·帕尔默在费城建立了第一家脱离媒体的、独立的广告代办处，专门为他所代理的各家报纸兜售广告版面，充当广告客户的代理人，并从报社收取25%的佣金。它被视为是现代广告代理的最早萌芽，也是美国和世界上最早的广告代理店。

1865年，乔治·罗威尔在波士顿创办了与今天的广告代理公司更为相似的媒介掮客公司。他与百家报纸签订了版面代理合同，收取报社25%的佣金，再把版面分成小的单位零售给广告主，获利丰厚。1869年罗威尔又出版了《美国报纸导读》，公开发表美国和加拿大多家报纸的估计发行数量，并向广告代理商和广告客户提供各报的版面价格，为广告客户选择媒介提供了参考依据。罗威尔所从事的广告版面的买卖业务虽然仍是单纯的媒介代理，但比早期的广告代理又进了一步。它正式摆脱了报社附庸的地位，减轻了媒介经营广告的风险，初步具备了真正意义的广告代理性质。

1869年，弗朗西斯·W·艾尔在美国开设了艾尔父子广告公司。其经营重点从单纯为报纸推销广告版面，转向为客户提供专业化的服务。他站在客户的立场上，向报社讨价还价，帮助客户制定广告策略与计划，设计与撰写广告文案，建议与安排合适的广告媒介。同时，艾尔父子广告公司实行“公开合同制”，规定广告代理店为广告客户和广告媒介提供服务，其代价是将真实的版面价格乘以一定的比率作为佣金，还进一步将广告代理佣金固定为15%。这一制度于1917年在美国得到正式确认，一直沿用至今并成为国际惯例。广告历史学家称艾尔父子广告公司为“现代广告公司的先驱”。

这一时期独立的、服务专业化与多样化的广告代理公司的出现，广告客户与广告公司的代理关系以及广告代理佣金制度的建立与确认，标志着现代意义上的广告代理制度的真正确立。

自艾尔父子广告公司奠定广告代理制度的基本形态之后，经过约半个世纪的发展，20 世纪 30 年代以后，专业意义上的广告代理制在美国基本形成，并相继在广告业比较发达的日本、法国等国家和地区普及，逐渐成为国际通行的广告经营机制。广告公司开始全面代理广告客户的广告活动，在广告客户授予的权限范围内，完成有关环节的各项工作，包括市场调查、广告策划、广告设计与制作、广告文案撰写、广告发布、广告效果测定等一系列服务项目。广告公司的广告代理方案获得广告客户的认可并付诸实施后，可以从所代理广告的媒介刊播费中获得 15%的媒介代理佣金，在制作过程中各项支出总额的基础上获得 17.65%的加成。

广告代理制的确立与实施，确立了广告公司在广告运作中的中心地位，对广告公司的实力与水平提出了更高的要求。随着经济全球化趋势的日益加强，广告经营的国际化、规模化成为必然。同时，现代高新科技特别是信息通讯技术的不断发展，也使得全球性的广告媒介和全球性的广告运作有了可能。自 20 世纪 70 年代开始至 20 世纪 90 年代，西方许多大型广告公司相继实施了规模化经营的发展战略，走上了国际化发展的道路。国际化、规模化的广告经营，大大降低了广告成本，增强了广告公司的活力与实力。

进入 21 世纪以后，整合营销传播成为广告公司的努力方向，对广告公司的全面代理能力提出了更高的要求，广告代理的业务范围又进一步扩展。在广告代理活动变得更为精细的同时，又要求广告代理公司能够根据消费者的具体情况确立统一的传播目标，有效发挥各种不同的传播手段向消费者传达本质上一致的声音，为广告客户提供包括广告传播、公共关系、形象策划、包装与新媒介、直销、CI 等内容的综合型服务，为企业的整体市场营销战略提供全面的、专业化的服务。这与广告代理兴起之初的简单的媒介代理已有了根本的不同，对当今的广告代理公司无疑是巨大的新挑战。

9.1.2　广告代理制的内容

广告代理制主要包括广告公司的客户代理和媒介代理、代理服务的业务范围及代理佣金制等内容。客户代理和媒介代理，构成了广告公司代理业务的主要范畴。广告代理制突出了广告代理公司在广告运作中的中心地位和作用。

广告代理具有双重代理的性质：一方面它全面代理广告客户的各项广告活动。在广告代理制度下，广告客户必须委托有广告代理权的广告公司代理其广告业务，不得与广告媒介单位直接联系发布广告(分类广告除外)，这样可以有效保证广告客户的广告投入的效益。另一方面它又代理媒介的广告时间与广告版面的销售，为媒介承揽广告业务。也就是说，媒介单位不能直接面对广告客户承接广告的发布、设计和制作等业务，这些活动都应该归属于广告公司的业务范畴。

广告公司在双重代理、双向服务的过程中，其劳动收入主要来自为媒介出售广告版面和广告时间而获取的佣金。按国际惯例，代理佣金的比率为：大众传播媒介的佣金比率是广告刊播费的15%，户外媒介的佣金比率为16.7%。在我国，承接国内广告业务的代理费为广告刊播费的10%，承办外商来华广告的代理费为广告刊播费的15%。

国际广告界在收取广告制作费方面也有一定的标准，即广告客户除了如数提供给广告公司各项广告制作支出外，还要给广告公司17.65%的加成，这是对广告公司代理其广告制作活动的报酬。而这也正好与媒介代理佣金一致。

虽然广告公司的代理佣金主要来自媒介，其15%的媒介佣金比例是固定的，但这容易引起广告客户的不满，因为对于广告公司而言，媒介传播广告的总费用越高，广告公司的代理收入就越多。为缓解双方矛盾，此后又出现了协商佣金制、实费制、议定收费制、效益分配制等收费制度。

协商佣金制。就是广告客户与广告公司经过协商确定一个小于15%的佣金比例，广告公司在得到媒介15%的佣金后，将超出协议佣金比例的部分退还给广告客户。这在一定程度上保护了广告客户的利益，主要适用于媒介支出费用较大的广告代理业务。

实费制，就是按照广告公司实际的成本支出和劳务支出计算其广告代理费。广告公司依据各项实际支出的凭证向广告客户如实报销，并根据各项业务所花费的时间获取相应的劳务报酬。同时，广告公司在获得媒介15%的代理佣金后，须向广告客户如实报告，并退还超过其劳务费用的部分。但如果其所获得的媒介代理佣金低于劳务费，则由广告客户补齐所缺部分。

议定收费制是实费制的补充形式。就是广告客户与广告公司针对具体个案。在对广告代理成本进行预估的基础上，共同商定一个包括代理酬金在内的总金额，由广告客户一次性会清给广告公司。此后在实际运行过程中，广告公司自负盈亏，与广告客户无关。议定收费制可以避免广告客户与广告公司之间可能引发的付费纠纷。

效益分配制，就是广告公司可以按一定的比例从它所代理广告的实际销售额中抽取相应的利润，但如果广告不能促进销售，则得不到利润回报。这就将广告代理的权利和责任紧紧捆绑在一起，使广告公司必须承担广告代理活动的风险。

9.1.3　实施广告代理制的条件及意义

一方面，全面实施广告代理制的必要条件是需要有与之相匹配的完善的市场经济环境和成熟的广告市场环境，没有经济的繁荣，没有发达的市场经济体制和良好的行业环境，广告代理制就不可能顺利推行；另一方面，广告公司自身的状况和能力又是能否成功实施广告代理制的决定性因素。

广告代理制的实施，牵涉广告市场中广告客户、广告公司和广告媒介这3个主体。而在以广告代理制为基础的广告经营机制中，广告公司处于广告市场的主导地位，从本质上说，广告公司是实行广告代理制的中心环节。

广告公司要从事广告代理活动，首先必须获得政府有关部门的认可，并取得合法的代理资格，才能在规定的范围内从事相应的广告代理活动。广告公司代理广告业务必须得到广告客户或广告媒介的认可与委托。其次，提高广告公司自身的代理能力是增强其竞争能力的唯一途径，而高水平的各类广告专业人才、精良的广告制作设备和先进有效的内部管理机制是实现这一途径的有力保障。再次，具备充足的流动资金和雄厚的经济实力是媒介代理的前提。

当前，我国正大力发展社会主义市场经济，这有利于广告业的长足发展，有利于广告代理制的全面实施。但同时我国的市场经济体制还未发育成熟，全面推行广告代理制的市场经济环境还不完全具备，在广告业高速发展的背后，也存在着一些阻碍广告业规范发展的消极因素。其中最大的问题就是广告客户、广告公司、广告媒介三者之间的关系还没有真正理顺，分工不明确、广告行为不规范、行业结构不合理等问题都使得广告经营秩序混乱。

广告代理制的实施，有利于促进广告行业的科学化、专业化建设，有利于提高广告业的整体水平和消除行业内的不正当竞争，明确广告客户、广告公司、广告媒介各自的权利和义务。只有真正全面推行国际通行的广告经营机制——广告代理制，才能使广告市场的3个主体各司其职，各就其位，充分发挥广告业对经济发展的巨大促进作用，使我国广告业朝着健康、规范的方向发展。而本土广告公司在我国加入世界贸易组织后，在面临着跨国广告公司、国际性传播公司、营销顾问公司等业内、业界间的激烈竞争时，只有不断提高自身实力，改变服务观念和方式，从零散运作转向集约运作，从经验型服务转向专业化和科学化服务，才能在资本力量和专业化服务的新一轮洗牌中不被淘汰出局。只有这样，我国广告业才能迅速地适应并融入国际大市场，顺利实现与国际市场的接轨，在激烈的国际竞争环境中求得生存与发展。

9.2 企业广告组织

企业广告组织作为现代企业组织的重要组成部门，在现代企业营销中所发挥的作用越来越大。企业的广告管理与组织，受制于企业对广告的认识，也从属于企业的整体管理与组织形式。现在，许多规模较大的工商企业都在其组织机构内设有广告部，或设立附设广告公司，办理广告业务。这些工作，过去是由业务部门或销售部门承担，现在因为专业化分工的发展，而出现单独设立广告部门的趋势，其负责人也多为企业的高层领导人物，增加了广告业务在全盘经营中的重要性，提高了广告工作的地位。

9.2.1 企业广告部门的行政隶属关系

公司自设的广告部的地位及其隶属关系因企业的情况而异。一般而言，有直接隶属于总经理的，也有直接隶属于负责销售的副总经理的，还有隶属于销售部或业务部的。此外，在大型企业里，由于产品众多，每一类产品的生产和销售部门都有它自己的广告人员或组织。这些不同的隶属关系都是各企业根据实际需要而自己决定的，其原则是以获取最大效率为标准。其基本模式为：

(1)总经理直辖制

广告部与生产、销售部门等并列，作为企业主要部门，直接归总经理领导。

(2)负责销售的副总经理直辖制

广告部作为企业一级下属机构，直接隶属于负责销售的副总经理，对其负责。

(3)市场营销辅助制

广告部作为企业的二级下属机构，隶属于销售部门，在工作上对销售部门负责。

(4)集权制

大型企业在总厂或总公司下设立广告部，作为其一级下属机构，向上直接对总经理负责，对下则统管企业的下属分厂或分公司的全部广告工作。

(5)分权制

大型企业的各下属分厂或分公司都设立广告部，作为分厂或分公司的直属机构，负责本分厂或分公司的广告工作，只对分厂或分公司负责。

(6)附属广告公司制

这种类型的隶属关系，一般在大型或特大型工商企业中才有。广告公司作为一个独立法人单位，在组织机构和功能上具有与一般专业广告公司一样的特点，其行政关系和财政关系则不具有完全独立的性质，在业务上专门负责其总公司的广告业务。

9.2.2 企业广告部门的组织机构模式

在隶属关系上，企业广告部门设置大致有上述6种形式，而其内部组织机构设置，则也根据企业自身的大小和特殊需要而定。大致也有如下几种形式：

(1)职能组织模式

企业的广告部门按广告工作的职能要求，进行内部分工划分。

(2)产品组织模式

企业的广告部门是以企业的产品来进行内部职能分工和组织划分的。

(3)市场地区模式

企业的广告组织是以产品的销售地区市场的分布来进行组织计划和职能分工、各自开展工作的。

(4)广告对象组织模式

企业的广告部门是以不同的广告对象(工业、农业、消费品)的产品用户划分来划分其内部组织和进行职能分工的。

(5)广告媒介组织模式

企业的广告部门是按不同媒介的要求对其内部进行组织划分和职能分工的。

从我国企业的广告管理现状来看，其广告管理组织大致可分为公关宣传型、销售配合型和营销管理型三类。

公关宣传型的广告管理模式是基于企业广告的宣传功能定位，将企业广告纳入企业的行政管理系统，是企业行政职能部门的一个分支机构。这种模式比较注重企业的形象推广和企业的内外信息沟通，但也存在着广告运作缺乏实效性和针对性、脱离市场等缺陷。

销售配合型的广告管理模式，是目前国内外较多采用的一种模式。企业的广告组织从属于企业的销售部门，其主要作用在于销售配合。也就是企业的广告组织在行销主管的管理下，与企业的其他行销部门一起，共同为企业行销服务。在实际操作中，又可以分为以市场或产品为基础的两种组织管理类型。

比如：在美国的大部分消费品行销组织实行的“品牌经理制”就是以产品为基础的组织管理类型，它最早始于1929年的美国P&C公司。而目前国内企业较多采用的是以市场为基础的广告管理组织模式。其广告的管理与执行，表现出明显的层级性，企业的广告部门，既是企业的广告管理部门，又是企业的广告执行与行销服务机构。销售配合型的广告管理模式能更好地发挥广告的直接销售效果，但因过分强调广告对销售的配合，影响了企业对广告的长期规划管理，并且由于管理与执行层次繁多，也影响了广告传播的整体效果。

营销管理型的广告管理模式将企业广告部门从具体的销售层次中分离出来，提升为与其他职能部门并列的独立机构，是企业营销的重要推广组织和企业实施整体发展战略的重要组成部分。它注重将企业广告的宏观决策、组织管理和具体实施结合起来，减少了企业广告的管理层次，加强了企业广告的统一管理和长远规划，有利于企业广告资源的充分开发与合理调配。

不管企业采取何种广告管理模式，其广告基本运作程序却是大体一致的，也就是企业广告运作一般都要经过广告决策——确立企业广告基本战略思想和总体战略目标、广告计划——确立并制定出切实可行的具体广告计划、广告执行——广告计划的具体实施3个阶段。

在具体运作中，我国企业广告主要有自我执行和委托代理执行这两种方式。所谓的自我执行，就是企业配置了功能齐全的广告部门组织，其广告部门承担了企业广告运作的一切工作和职责。这与我国的广告代理制度尚未完全成熟有关。而实际情况是，企业广告运作要达到完全自我执行，难度极大，有必要实行部分代理，把企业依靠自身力量难以完成的广告运作环节(如广告策划与制作等)委托广告代理公司代理，以减少不必要的损失。相应地，委托代理执行的方式能极大提高企业广告效率，增强企业广告的投入产出比，是现代广告发展的需要，也符合企业发展的根本利益。

9.2.3 企业广告部门同企业其他部门的关系

广告部门的隶属关系是根据企业的实际需要而设定的。但是，不管隶属关系和组织机构如何设置，广告部门都必须与其他有关部门密切配合、协调工作，才能充分发挥自己的功能。这些部门是业务部门、生产部门和管理部门。

业务部门或销售部门是企业营销计划的具体执行部门，广告部门必须与之密切联系及协调。促销是两者的共同目标，必须互相配合，才能达到目的。在广告部门发动宣传攻势时，销售部门必须通知各分销商及分销单位予以配合；同样地，销售部门的任何销售活动和促销措施也必须得到广告部门的支持，由其担任部分联络及宣传工作。仅就这点而言，两者是密不可分的。

生产部门是企业的基本核心部门，它负责产品的设计和制造。广告部门通过广告活动从外界得到的所有信息反馈都必须迅速地通知生产部门，以便于生产部门从事产品品质的改进、产品的更新换代、包装装潢设计的更换以及新功能的开发等。生产部门也应时常听取广告部门的意见，或委托广告部门进行消费者的意见调查。同时，广告部门对于产品的生产过程及产品质量的优劣必须心中有数，避免发生任何宣传错误。

管理部门是企业的神经中枢，它包括政策设计、决策和执行以及人事、财务管理等功能。广告部门的任何建议和调查结果都必须反映给决策部门作通盘考虑，一旦被采纳，须由执行单位通知各部门密切配合联系。至于人事、财务部门的支持，更是广告活动中必不可少的。在管理部门中，法律咨询部门也可为广告部门随时提供咨询。

广告部门的工作主要是承担企业的广告宣传任务，此外，还有许多工作也是广告部门必须承担的，在广告活动方面，如果企业委托了广告代理公司代理其广告业务，则广告部门的任务就是负责广告的策划和监督执行。如果没有委托广告公司，则很可能从广告调查、广告计划到广告制作、实施的全过程均由广告部门执行。此外，广告部门还应承担企业的对内对外公关工作。

许多公司自设广告部，但重要的广告业务则委托专业广告公司代理。此时，广告部门的任务主要是选择合适的广告代理公司，并密切配合其工作，经常监督指导，控制其费用支出，随时为广告活动提供新的观念和新的构想。

选择广告代理的原则首先是看对方的成绩及信用。在组织方面，需要考察其历史、广告经验和成绩以及人员配备和创意能力。在实际业务上，则要看其广告策略的运用是否灵活有效、有无创意、与传播媒介的联系、广告推广方式、有无调查研究的能力以及有什么样的宣传技巧和广告制作水平等。选择的基本着眼点主要在预算所得效果和预期能达到的最理想效果。

在选择好广告代理公司之后，广告部还必须与之密切合作，为广告公司提供有关产品销售记录、产品测试结果、产品分析报告等方面的资料，并密切配合广告公司的工作，而不对其横加干涉。广告部应给予广告公司自由处置的权力，让其执行广告计划的实施，静观其效。

对于广告费用的控制，广告部应该预先编制好详细的预算，作为审查广告公司费用支出的依据，并应在广告预算中详细列出各项广告费用支出，标明工作进度。对费用的监督，最好以周或月为单位按期检查，并用图表显示，清楚明确地反映各期费用支出情况。

广告部对于广告代理和企业，最重要的工作在于提供新的观念和新的构想。广告公司因为其专业性质，可能不会了解企业的经营经验，这方面的材料必须由广告部提供。对企业而言，因为广告部的接触面广，常可发现好的构思和意见，供企业参考，为企业的经营和管理提供宝贵的咨询意见和建议。

9.3 广告公司

广告市场中存在着广告客户、广告公司和广告媒介这3个主体。而在以广告代理制为基础的广告经营机制中，广告公司处于广告市场的主导地位，它是实施广告代理制的中心环节。

广告公司就是专门从事广告代理与广告经营的商业性服务组织。按照服务功能与经营业务的不同，广告公司可以分为专业广告代理公司、广告制作公司和媒介购买公司。而不同类型的广告公司，也就相应地具有不同的组织形式和机构设置。

9.3.1 专业广告代理公司

9.3.1.1 专业广告代理公司的机构设置

专业广告代理公司的机构设置一般分为四大部门：客户服务部、媒介部、创作部和市场研究部。每个部门都有特定的工作范围与专业要求。

广告客户部是直接与客户发生接触的专职部门，负责接洽客户，协调广告主与广告公司的关系。在广告公司接触到一位客户时，首先由客户部作初步接触，由客户部提供有关资料，如产品知识、市场情况、广告费用预算及市场计划等。客户部在对这些资料加以整理后，便会同其他有关部门制定出初步的广告计划方案，订下工作日程，由各部门执行。在广告活动进行过程中，客户部门还负责与广告客户的联络和信息反馈，负责对广告的设计、创作和实施过程进行监督。因此，客户部工作人员都扮演着双重角色，对外代表广告公司，对内则代表客户的利益。在广告公司内，客户部门往往还承担着公司公共关系的任务。

媒介部门负责制定广告的媒介策略、广告媒介的选择和有关媒介部门接洽联络。这些工作任务要求媒介部门的工作人员有丰富的媒介知识，熟悉各种媒介的特性和有关媒介部门的情况，并同有关媒介部门保持着一定的联系。在广告活动中，媒介部门不仅要为广告活动制定广告媒介策略，为广告计划和广告预算的制定提供具体意见，而且，在广告实施过程中，还应与有关媒介单位保持经常性的联系，对广告的实施进程进行监督，并在实施完毕后代理媒介部门收取广告费。

广告创作部门负责广告的设计、创作和制作。广告创作部门具体地可细分为文稿、画面和制作合成。文稿负责广告文稿(标题和正文)的设计创作，是广告创意的关键，它要求文稿人员具有较强的语言能力和创造性的思维，以及非凡的写作才能，要能用精炼的语言来表达广告的创意，传达广告信息，展开对消费者的宣传。图画或摄影人员的工作任务是为广告配上相应的画面，要求有艺术性，富有情趣和容易引发人们的联想，增强广告的记忆效果。广告的制作合成人员的任务则是完成广告文稿与广告画面的设计合成。这些工作往往由文稿人员和广告画面创作人员共同承担，或由专职员工负责。在定稿之后，便可送去制作。广告活动要求广告创作人员同样熟悉各种类型的媒介，并根据不同的媒介要求，进行广告的创意研究、广告设计、创作和制作，同时还要求创作人员熟悉各种媒介广告的制作过程，并对广告的制作(印刷或摄影、录像)过程和制作质量进行监督。

广告调研部门的工作任务，是按照广告活动的要求，开展目标市场调查，为广告主和广告公司制定广告计划提供有关的市场环境和市场潜力的背景资料，并就有关市场问题提供咨询意见和建议，为广告决策以及广告主的市场决策提供客观依据。这要求广告调研人员具有丰富的专业知识和技能，了解广告产品的各项基本性能，并能够把握市场的变化趋势和市场调查程序，具有一定水平的写作能力。

此外，除业务部门外，广告公司一般还有财务、后勤等管理部门和后勤支援部门。

9.3.1.2 专业广告代理公司的分类

专业广告代理公司按其功能可分为两类：全面服务性广告公司和有限服务广告公司两种。

(1)全面服务性广告公司

即一般人所谈及的广告公司。

这种广告公司为客户提供全面性的服务，包括市场调查、广告计划和广告策略的拟定、广告的设计与创作、选择媒介、制定预算、广告效果预测、信息反馈处理、公关服务等。专业广告公司具有七大服务标准内容。

①产品研究。广告公司通过搜集各方面的资料并经研究分析之后，为广告客户提供制定广告计划所需的产品研究资料。

②市场调查与预测。通过分析市场调查资料和市场历史，广告公司为客户找出潜在顾客、显在顾客、影响市场销值的外在因素以及市场环境对市场的影响等。

③产品销售分析。广告公司对产品的销售渠道和销售网络的情况进行一定地调查了解，使广告能在分销网的建立健全和良性运转的基础上发挥作用。

④媒介分析。广告公司应能够为广告客户选择最有效而又最便宜的媒介，把

广告信息传播到消费者的心中。

⑤拟定广告计划。为客户提供有关确定产品市场、改进销售网点、改变价格策略、创作广告作品、应使用的广告媒介、广告诉求主题、广告信息内容、广告预算和广告活动内容的建议和咨询意见，以达到最佳的促销效果。

⑥执行广告计划。在制定广告计划后，广告公司必须把广告计划中的建议付诸实施，负责到底。

⑦配合客户的其他市场活动，以使广告活动发挥最大的效益。

(2)有限服务广告公司

有限服务广告公司的广告经营范围较狭窄，服务项目较单一，一般不承担广告运作的整体策划和实施。但它能满足特定广告客户的特殊需要，具有一定的专业优势，同时顺应了广告专业化分工的趋势，有利于广告专业水平的提高。一般说来，专项服务广告代理公司又可分为三种：提供某一特定产业的广告代理专项服务，如房地产广告代理公司；提供广告活动中某一环节的广告服务，如广告创意公司、广告调查公司；提供特定媒介的广告服务，如户外广告公司、交通广告公司等。

9.3.1.3 专业广告公司的地位和作用

在广告代理制度得以发展并日趋完善之后，专业广告公司的功能愈来愈齐全，所发挥的作用也越来越大。他们为企业进行广告调查、广告策划和进行广告创作，并为广告的发布选择合适的媒介。专业广告公司承担着广告信息的加工、处理任务，是联系广告主和广告媒介之间的桥梁和纽带。对广告主而言，他们代理广告主的广告业务，为广告主节省大量的人力、物力和财力；而对于媒介而言，他们代理媒介寻找广告主，并在广告发布之后代理媒介向广告主收取广告费用。广告主委托专业广告公司承担广告工作，有如下好处：

(1)制定较完善的广告策划

功能齐全的广告公司具有丰富的广告经验，拥有专业的和经验丰富的广告人才，与广告媒介联系密切，与其他地区的广告代理业有业务往来，并拥有齐全的和完备的广告调查机构，掌握着商品市场动态，能为广告客户制定完善的广告计划，设计制作高水平的广告作品。

(2)及时了解广告效果

广告公司可以为广告主进行广告效果测试，并进行反馈处理，总结经验，修订计划，提高广告作品制作水平。

(3)节省广告费用

在委托广告公司负责办理广告业务之后，多数工商企业都只需设立精简的广告机构来处理日常的广告事务，这样既节省广告开支，又能收到较好的广告效果。

9.3.2 广告制作公司

广告制作公司一般只提供广告设计与广告制作方面的服务。由于广告制作业务的专业性，广告制作从一开始就与广告代理分离，成为独立的广告业务服务机构。如平面广告制作公司、影视广告制作公司及路牌、霓虹灯、喷绘等专营或兼营制作机构等都属于这一类。它可以直接为广告客户提供广告设计和制作服务，也可以是受专业广告代理公司的委托，通过提供广告制作服务收取广告制作费用。广告制作公司最大的优势就在于设备的精良和人员技术的专门化。随着科技和现代广告业的飞速发展，广告客户对广告制作的要求越来越高，广告制作设备和人员的投入也越来越大。所以，即使是大型的广告代理公司，也日益倾向于委托专门的广告制作机构来完成其广告设计，而不再设置专门的广告制作部门。

9.3.3 媒介购买公司

媒介购买公司的主要职能，是专门从事媒介研究、媒介购买、媒介策划与实施等与媒介相关的业务服务，它是早期广告代理中媒介代理职能的一种延续，又是适应现代广告业与广告市场变化的一种新发展。媒介购买公司一般设有媒介研究、媒介策划、媒介购买与媒介执行等几大业务部门，对媒介资讯有系统的掌握，能为选择媒介提供依据，能有效实施媒介资源的合理配置和利用，并有很强的媒介购买能力和价格优势。因此，媒介购买能力、媒介策划与实施能力以及媒介组织的支持是媒介购买公司生存和发展的必备条件。

从全球范围来看，独立的媒介公司及购买公司，呈现快速发展的趋势。而目前在我国，媒介集中购买是广告媒介业务发展的大势所趋，这一点也得到了业界的普遍认同。我国大陆的第一家专业媒介购买公司是1996年在北京由盛世长城与达彼恩广告公司合并成立的“实力媒介”(Zenith Media)。1997年智·威·汤逊与奥美广告公司在上海组建了“传立媒体”。中央电视台的未来广告公司、北京的海润国际、上海的兆力媒体和广州的大网与东升媒体等，都是国内较有影响的媒介购买公司。

9.4 媒介广告组织与广告社团

9.4.1 媒介广告组织

在广告市场中扮演着极为重要角色的媒介是广告行为主体之一，其广告职能是通过媒介的广告部门来具体实现的。广告媒介中发展最早的大众化传播媒介是报刊，媒介广告组织最早也在报刊部门出现。早期的报刊广告是由广告主起草，送由报刊发行单位的编辑审定，不设广告专职部门，也没有专职广告人员。随着商业的发展，报刊广告数量增多，并开始讲究排列，注重广告效果。为了加强管理、提高广告作品水平，报刊单位开始出现专职的广告组织。在广播、电视、报纸和杂志四大媒介发展起来后，这些媒介单位也相应地设立了媒介广告组织，并且日臻完善和复杂化，成为这些媒介组织的有机组成部分。但由于各个国家和地区的具体情况不同，广告经营运作方式也不同。媒介的广告机构也就根据媒介在广告经营中所实现的具体职能来设置。不同的国家和地区的媒介广告职能不同，决定了广告机构设置的不同。

9.4.1.1 媒介广告组织的机构设置

媒介广告组织因其广告业务规模不同，有的比较精简，有的则发展得很完善，职能齐全，机构也很复杂。

(1)报纸广告组织的机构设置制度一般有两种类型：

①列举制。在报社总编辑下设编辑部、广告部、发行部、印刷业务部等各主要业务部门。

编辑部负责报纸各版面的编辑出版，在广告业务上则负责为广告安排版面。

发行部专门负责报纸的发行、收订以及发行事务的安排、发行渠道的组织、报纸的发放等。

印刷业务部则负责报纸的印刷事务，包括与印刷厂的联系工作、印刷时间安排和印刷计划安排，并监督印刷工作、检查印刷质量。

报纸的广告部是专门负责报纸广告业务的职能部门。它承担广告业务的接洽、签约、设计制作和实施发布等工作，并对外来的广告作品负责编辑、检查审核和安排发布时间与版面的事宜。

大型的报纸单位一般还在广告部下设调研、艺术、分类广告、策划、普通广告、娱乐广告、广告编辑、校对、分发、印刷监制和出纳等专业小组，分别负责广告的调研、策划、设计制作、实施发布和财务管理等专业业务。

②综合制。为一般小报所采用，在总编辑下设编辑部，编辑部内设广告组，其下再设编辑、营业、分类广告等专业小组。

(2)杂志

杂志广告部门也同报纸一样，根据机构大小、业务量多少而设置。

①小型杂志。小型杂志社由于其业务量小，一般不单独另设广告机构，由编辑、美工和发行人员兼办广告业务。

②大型杂志。一般有一套与大型报社相类似的机构设置。总编辑室下设编辑组、美工组、印刷业务组、发行组和广告业务组等专业小组。编辑负责文字编排，而美工则负责美工设计和杂志版式设计，他们都在一定程度上参与广告的编排制作工作。尤其是美工组，杂志广告的版式设计、图画创作一般由他们去完成。印刷业务组负责杂志的印刷事宜。发行组专责发行。广告组则负责广告业务的联系接洽、签约、策划和设计制作以及广告实施发布等事宜，其工作量也相当可观。

(3)广播

由于业务量相对较大，一般广播媒介单位的机构设置都很健全，有独立的广告部。在广告部下设业务、编辑、导演、录音、制作合成、财务等，并按工业、农业、商业、贸等设立专业小组，负责接洽业务、制作广告和实施发布等工作。

(4)电视

电视媒介单位的广告机构设置基本与广播单位相同，但多了摄影、摄像、美工等。

9.4.1.2 媒介广告组织的工作任务

媒介广告组织的工作任务，主要是负责发布广告、设计制作广告和搜集广告反馈。

(1)发布广告

广告媒介是实施广告的工具和手段，是传播广告信息的载体。它们的主要任务就是发布广告。广告的来源主要有两方面：一是直接受理广告客户的广告，二是广告公司代理承揽的各项广告业务。媒介广告部门与本地或外地的广告公司签订合约出售一定的广告版面或广告时间，以便各广告公司有计划地安排版面或时间发布广告。

(2)设计制作广告

广告媒介单位在接受广告任务时，一部分广告已制作成广告作品，只是负责安排版面或时间。但有的广告客户只提供广告资料和广告要求，须由广告部门负责策划、设计和制作，如报纸、杂志、广告的文稿撰写、美工设计；电台、电视广告的脚本撰写、演员排演、录音录像、拍摄、剪辑等。

(3)搜集广告反应

广告媒介部门在发布广告之后，往往收到许多人来函来电，提出查询或投诉，媒介广告部门应定期整理，向广告主反映，加强与广告主或广告代理公司之间的联系，及时掌握广告反应，稳定广告客户的信心。

9.4.2 广告团体

广告团体是指民间性质的广告行业协会组织或学术组织，如广告协会(公会)、广告学会、广告业联谊会和广告业联合会等。广告行业团体的任务一般是代理政府对广告行业的管理，执行行业自律，开展对外联络，协调会员间的工作，统一对外口径，以求广告行业的共同发展。开展行业内的业务合作和技术交流，帮助会员广告公司提高业务水平和经营管理水平。此外，还以团体名义开展对外活动，加强国内、国际广告业务交流，组织会员参加或主持召集国际会议等。广告行业团体的活动一般与其任务相关。此外，还召集年度会议，研究和讨论广告团体的活动方针、计划和总结工作等。

随着国际广告事业的发展，近十几年还出现了地区性国际广告组织和全球性国际广告组织。此外，一些较为专业性的团体，如广播业、电视业、报纸业、杂志业等事业的广告协会、广告学会组织也相继出现。其他如美术、摄影、包装装潢、电影、戏剧等艺术性团体，也与广告团体有密切联系。

广告行业组织按照地域范围可分为国际性广告行业组织、地区性广告行业组织和国内广告行业组织。

国际性的广告行业组织主要有国际广告协会、世界广告行销公司等。它的出现对于协调、促进各国广告界的交流与合作以及提高广告业务水平具有重要意义。

创建于1938年的国际广告协会，简称IAA，是目前最大和最权威的国际广告组织，总部设在美国纽约。它是由个人会员和团体会员组成的非盈利性组织，会员遍布世界近80个国家和地区。该协会每两年召开一次世界广告会议，交流广告经验并探讨有关广告理论与实务方面的问题。我国于1987年5月12日，以"国际广告协会中国分会"的名义加入了国际广告协会。

世界广告行销公司，简称WAN，由世界各地著名的广告公司组成，总部设在英国伦敦。该组织主要为成员提供业务帮助，如培训人员、交流国际经济与市场动态的信息等。

地区性广告行业组织，如亚洲广告协会联盟等。亚洲广告协会，简称亚广联，成立于1978年，是由亚洲地区的广告公司协会、与广告有关的贸易协会和国际广告协会在亚洲各国、各地区的分会等联合组成的洲际广告行业组织，每两年召开一次广告会议。它是一个松散型的组织。我国于1987年6月14日以“亚洲广告联盟中国国家委员会”的名义加入亚广联。

我国最早的广告行业协会组织，是1927年由上海6家广告社成立的“中华广告公会”，后几经改名，在1933年定名为“上海市广告同业公会”，新中国成立后更名为“上海市广告商业同业公会”。

1979年我国的广告市场得以恢复和发展，广告行业组织也获得飞速发展。1981年，中国对外经济贸易广告协会成立，它是经贸系统的外贸广告公司的行业协会组织；1983年，中国广告协会成立，它属于工商系统的国内广告公司的行业协会组织。随后，全国相继成立了省、市、地、县等各级广告协会，各地区的媒介也先后成立了广告协会组织。各广告协会都有自己的章程，对协会的性质、宗旨、任务、组织会员资格和协会活动等做出明确规定。

其中，中国广告协会是我国最大的全国性广告行业组织，会员为团体会员，由国内的广告经营单位联合组成，每两年举行一次会议。其最高权力机构是会员代表大会。它对我国的广告行业具有较强的指导力和监督力。

思考题

1. 什么是广告代理制？
2. 广告公司收取的酬金有几种方式？其内容是什么？
3. 企业广告部门的行政隶属关系有哪几种模式？
4. 我国企业的广告管理组织有几种类型，各自优劣有哪些？
5. 企业广告部门与企业其他部门的关系是怎样的？
6. 专业广告代理公司的机构设置是怎么样的？
7. 什么是媒介广告组织？它的工作任务是什么？

第 10 章　广告规则与管理

◈ **学习目标**

◈ 了解广告法规及其发布标准；掌握基本的广告经营活动规范；掌握广告的审查制度、合同制度和证明制度；了解行业自律；了解主要的广告管理机关；掌握广告管理的内容；了解国外广告管理的相关内容。

◈ **学习重点**

◈ 广告经营活动规范；广告的审查制度、合同制度和证明制度；广告管理所包含的内容。

◈ **学习难点**

◈ 广告的审查制度、合同制度和证明制度与广告管理的联系；广告管理所包含的内容之间的关系。

与广告的产生相比，广告管理的出现要晚很多。在 18 世纪末至 19 世纪初，英、美等国家爆发了工业革命，带动了经济的快速发展。繁荣的社会经济与工商业的发展为广告业的出现以及发展创造了条件。然而，由于没有成熟的管理制度的出现，广告业的竞争出现了混乱和无序，对西方经济生活的健康发展产生了不利的影响。因此，西方一些国家和地区的政府部门于 20 世纪着手对广告的立法和监督工作，这可谓是近代广告管理的开端。

10.1　广告法规与自律

10.1.1　广告法规概述

10.1.1.1　广告管理法规的调整对象及原则

我国的广告管理法规是调整广告管理机关与广告客户、广告经营者及消费者之间在广告宣传、广告经营、广告管理中所发生的各种社会关系和法律法规的总称。其表现形式为有关法律中广告管理的规定、专门的广告管理行政法规、国家广告管理机关发布的规章和规范性文件、地方立法机关颁布的广告管理地方法规、地方人民政府发布的广告管理地方规章等。

广告管理法规的调整对象包括如下 3 个方面：

①广告管理关系，即广告管理机关与广告客户、广告经营者之间的管理与被管理关系。

②广告宣传关系，即广告客户、广告经营者与广告受众之间的民事关系。

③广告经营关系，即广告客户与广告经营者之间、不同的广告经营者之间的以经济为内容的关系。

这三者都以广告活动这一经济现象为基础。在广告管理法规所调整的对象中，既有行政管理关系，又有经济与民事关系。行政管理关系体现了国家对广告进行监督管理。广告活动中的经济和民事关系除了适用我国经济和民事法律规范外，还必须遵守广告管理法规的规范，受广告管理法规的调整。广告管理法规的调整对象和调整方法，决定了广告管理法规在性质上属于带有经济法属性的行政法规。

我国广告管理法规的基本任务，就是通过加强广告管理，推动广告事业的发展，有效地利用广告为社会主义建设服务。其基本原则有如下 3 个方面：

①推动广告事业的发展，为社会主义现代化建设服务。广告管理法规通过对广告活动的基本要求规范，保证广告宣传的正确方向和导向，保证广告经营形成协调运转的机制，不断向现代化、国际化迈进，促进社会主义市场经济的发展。

②维护社会组织和消费者的合法权益。广告管理法规通过规定广告的发布标准，颁发广告宣传和广告经营的若干制度，保证广告宣传的真实性、合法性，保护广告客户、广告经营者在广告活动中的合法权益；通过规定广告违法行为应承担的行政、民事、刑事法律责任，制裁广告违法、犯罪行为，保护消费者的合法权益不受侵犯。

③维护国家和社会的公共利益。广告管理法规是我国法律体系的一部分，体现国家意志和人民的利益，因此，必须维护国家和社会的公共利益不受侵犯。

10.1.1.2 《广告管理条例》、《广告法》及其他有关法规

改革开放以来，随着市场经济机制的建立与发展，我国的广告事业得到了前所未有的发展。由于这一时期的广告，是在十年动乱这一广告近于空白的状态下发展起来的，所以，在广告宣传中也出现了许多不尽如人意的地方，甚至出现了

一些问题，引起有关部门的注意。1985年11月15日，国务院办公厅就下发了《关于加强广告宣传管理的通知》。1987年10月26日，国务院发布了《广告管理条例》，同年12月1日起在全国施行。在其后的六七年里，这个条例一直是我国关于广告管理的基本法规。1994年10月27日，第八届全国人民代表大会常务委员会第十次会议通过了《中华人民共和国广告法》，1995年2月1日起施行。从此，我国的广告活动就进入了有法可依的有序状态，步入一个新的发展时期。

《广告管理条例》颁布以后，国家工商行政管理局据此制定了一系列规章和规范性文件，主要有下列10余种：

①1992年6月1日由国家工商行政管理局和卫生部联合发布的《药品广告管理办法》。

②由国家工商行政管理局和国家医药管理局联合发布于1992年10月1日起施行的《医疗器械广告管理办法》。

③国家工商行政管理局、农牧渔业部《关于做好农药广告管理工作的通知》。

④国家工商行政管理局、国家体委《关于加强体育广告管理的暂行规定》。

⑤国家工商行政管理局、新闻出版署《关于报社、期刊社和出版社刊登经营广告的几项规定》。

⑥国家工商行政管理局、财政部、国家税务局、审计署《关于在全国范围实行"广告业专用发票"制度的通知》。

⑦国家工商行政管理局《关于实行广告发布业务合同示范文本的通知》。

⑧国家工商行政管理局《关于印发〈广告经营者资质标准及广告经营范围核定用语规范〉的通知》。

⑨国家工商行政管理局《关于在部分城市进行广告代理制和广告发布前审查试点工作的意见》。

⑩《食品广告管理办法》。

⑪《化妆品广告管理办法》。

⑫《医疗广告管理办法》。

⑬国家工商行政管理局《关于加强融资广告管理的通知》。

10.1.2 广告发布标准

广告发布标准是由广告管理法规规定的广告内容与形式必须遵循的准则。广告活动要想达到预期的目的，都必须将内容以一定媒介形式发布出去。因此，确立广告发布标准是广告管理法规的基本内容。

就一件具体的广告作品而言，发布标准是很具体的，不同性质的商品或服务有不同的要求，在这里，我们简要介绍一下广告发布的一般标准。

《广告管理条例》第三条规定："广告内容必须真实、健康、清晰、明白，不得以任何形式欺骗用户和消费者。"《广告法》第三条规定："广告应当真实、合法，符合社会主义精神文明建设的要求。"第四条规定："广告不得含有虚假内容，不得欺骗和误导消费者。"第七条还规定："广告内容应当有利于人民的身心健康，促进商品和服务质量的提高，保护消费者的合法权益，遵守社会公德和职业道德，维护国家的利益和尊严。"这是广告的最基本原则。真实，是指广告内容应与所宣称的产品或服务本身所具有的质量、数量、功能等相一致，不能过度夸大，更不能弄虚作假，欺骗消费者。它要求对某一广告的每个构成要素的介绍是真实的，而且要求由各要素构成的整体也必须能使受众得到真实的印象或结论。健康、合法，是指广告内容必须符合社会主义精神文明和社会道德规范的要求，具有正确的舆论导向，正确引导消费，同时具有科学性。清晰、明白，是指广告内容的表达必须清楚，而不能含糊其辞，要使公众能正确认识，而不致产生误解。

广告发布标准主要表现为对广告内容和表现形式的禁止和限制。《广告法》中还规定："广告不得贬低其他生产经营者的商品或服务。"有关法律、法规还规定，有些产品和服务不能进行广告宣传：

①国家明令禁止生产、销售明令淘汰的产品。

②国家明令禁止的服务行为。

③国家允许生产、销售，但不准做广告的产品，如麻醉药品、精神药品、毒性药品、放射性药品等。

在发布形式上，《广告法》规定："广告应当具有可识别性，能够使消费者辨明其为广告。大众传播媒介不得以新闻报道形式发布广告。通过大众传播媒介发布的广告应当有广告标记，与其他非广告信息相区别，不得使消费者产生误解。"

10.1.3　广告经营活动规范

10.1.3.1　广告经营者的资质标准

这是广告经营者进入广告市场的先决条件。由于广告活动提供的是知识型的服务，因此，相对一般服务来说，它对从事广告业务人员的文化和专业知识水平要求比较高。广告管理法规规定，申请从事广告经营活动的单位和个人，除应具备《中华人民共和国企业法人登记管理条例》、《中华人民共和国私营企业暂行条例》、《城乡个体工商户管理暂行条例》所规定的条例以外，还应具备广告管理法规规定的专业条件：

(1)综合型广告公司

①有与广告经营规模相适应的经营管理机构，市场调研机构，广告设计、制作、编审机构。

②有与广告经营范围相适应的设备和流动资金，注册资金数额要符合企业法人注册登记的有关规定。

③有与广告经营业务相适应的从业人员，大专以上学历的各类专业人员不少于从业人员的1/2。

④有不少于200平方米的经营办公场所。

⑤有健全的各项广告管理制度。

⑥承办或代理外商来华广告和出口广告业务，还应有了解国家进出口政策的有关人员、翻译人员，并有稳定的业务渠道。

(2)广告设计、制作公司

①有与广告经营规模相适应的经营管理机构，广告设计、制作、编审机构。

②有与广告经营范围相适应的设备和流动资金，注册资金数额要符合企业法人注册登记的有关规定。

③有与广告经营业务相适应的从业人员，大专以上学历的各类专业人员不少于从业人员的1/3。

④有不少于60平方米的经营场所，制作场所因广告制作项目而定。

⑤有健全的各项广告管理制度。

(3)兼营广告的企业

①有与广告经营范围相适应的广告媒介、经营机构和经营制作场所，经营场所不少于20平方米，制作场所因广告制作项目而定。

②有与广告经营范围相适应的设备。

③有与广告经营业务相适应的从业人员。

④有健全的各项广告管理制度。

(4)广告媒介单位

①有直接发布广告的手段(媒介)。

②设有专门的广告经营机构和经营场所，一般不少于30平方米。

③有相适应的广告设计、制作设备。

④有与广告经营业务相适应的从业人员。

⑤有健全的各项广告管理制度。

⑥广告费收入单独立账。

(5)个体广告经营户

①具有一定的广告专业技能。

②熟悉广告管理法规，有审查广告内容的能力。

③有与广告经营范围相适应的经营场所、设备和流动资金，场地不少于20平方米，流动资金不少于5万元人民币。

④广告费收入单独立账。

(6)中外合资、合作广告公司

①具备设立综合型广告公司或设计、制作公司的条件。

②合营各方必须是具有一定规模的以经营广告业务为主的企业法人。

③能够引进国际先进的广告设计、制作技术和设备。

④具有市场调查、广告策划和广告效果测定等能力。

⑤能够为中方合营者培训广告策划、创意、设计、制作人员和经营管理等广告专业人员。

⑥投资总额不低于30万美元。

具备上述条件的单位和个人，经工商行政管理机关登记注册，发给《中华人民共和国企业法人营业执照》、《企业法人营业执照》、《营业执照》或《广告经营许可证》、《中华人民共和国广告经营许可证》，就依法享有经营资格。

10.1.3.2　广告经营行为规范

①广告经营必须在取得广告经营权后，在核准的经营范围内进行，未取得经营资格不得从事广告经营活动或者超越经营范围从事广告经营活动。

②在广告经营活动中，禁止任何形式的垄断和不正当竞争。

③按照法律、法规要求，执行广告代理、广告合同、广告审查、广告证明、广告业务档案等制度。

④新闻单位刊播广告，应当有明确的标志，新闻单位不得以新闻报道形式刊播广告，收费费用。

⑤新闻记者不得借采访名义招揽广告。

10.1.4　广告活动中的几项重要制度

10.1.4.1　广告合同制度

广告合同是指广告客户与广告经营者之间、广告经营者与广告经营者之间、广告经营者与广告发布者之间确立、变更、终止广告承办或代理关系的协议。《广告法》第二十条规定：“广告主、广告经营者、广告发布者之间在广告活动中应当依法订立书面合同，明确各方的权利和义务。”广告合同除具备经济合同的一般法律特征外，还有以下特征：

①合同一方当事人是特定的，即必须是在工商行政管理机关登记注册的广告经营者，否则，双方签订的合同无效。

②广告合同的标的是特定的：一是广告经营者按照广告客户的要求完成的工作成果，二是广告经营者接受广告客户或广告经营者的委托，为其完成广告代理任务的法律行为。

③广告合同的形式必须是书面的。

④订立广告合同必须按照法律规定的程序办理。

根据广告业务活动的内容，广告合同一般应具备下列主要条款：第一，标的和数量、质量。标的是指承办或代理的广告项目；数量指完成广告项目的多少；质量指广告项目规定要求的特征的总和。第二，广告费用。第三，广告项目完成的期限、地点和方式。第四，广告原材料的提供及规格、数量、质量、交付期限。第五，技术资料、图纸或广告作品提供的期限、质量、数量及保密要求。第六，广告项目的验收标准、办法、期限。第七，违约责任及解决合同纠纷的方式。

广告经营者在签订广告合同时，应注意下列问题：

①应当认真审查委托自己承办或代理广告业务的客户有无做广告和做某项内容广告的合法资格，并要求对方提供证明文件，只有在确认资格、验明文件之后，方与之签订合同。

②需要对方提供证明其广告内容真实、合法的证明文件，对不能出具证明文件或文件不全的，不能与之签订合同。

③了解广告客户的声誉和履约能力，避免与有可能影响自己形象、信誉或不能履约的客户签订合同。

④由于广告合同的标的一般表现为脑力劳动成果，当事人应尽量将合同的质量条款规定得具体、详尽，并明确检验的标准和方法，保证合同正确、全面地执行。

为进一步完善广告合同管理制度，规范广告经营行为，避免或减少无效合同和合同纠纷，保护当事人的合法权益，应使用国家工商行政管理局向全国推行的广告发布业务合同示范文本。

10.1.4.2 广告审查制度

《广告管理条例》第十二条规定：“广告经营者承办或者代理广告业务，应当查验证明，审查广告内容。”《广告法》第三十四条规定：“利用广播、电影、电视、报纸、期刊以及其他媒介发布药品、医疗器械、农药、兽药等商品的广告和法律、行政法规规定应当进行审查的其他广告，必须在发布前依照有关法律、行政法规由有关行政主管部门对广告内容进行审查；未经审查，不得发布。”这就规定了我国广告审查制度的基本内容与特征。

广告审查的范围包括以下 3 个方面：

①广告客户的主体资格，即审查其有无做某项内容广告的权利能力与行为能力。

②广告内容和表现形式是否违反广告管理法规和其他法律、法规的规定。

③证明文件是否真实、合法、有效。

广告审查的方法：一是依照广告管理法规，二是依照有关证明文件。广告管理法规对各类广告应出具的证明文件做了具体的规定，为审查广告提供了法律依据。

广告审查的程序可分为四个阶段：

①承接登记，将广告客户的基本情况和广告内容、提交和交验的广告证明记录在案。

②审查人员初审，提出意见。

③广告业务负责人终审。

④建立审查档案。

广告管理法规规定：广告经营者未依法审查广告，要承担由此而引起的法律责任，给用户、消费者及他人造成损害的，承担连带赔偿责任。广告证明出具机关因审查不严或未进行审查就出具证明的，要承担出具非法或虚假证明的法律责任。

10.1.4.3 广告证明制度

广告证明是指表明广告客户主体资格和广告内容是否真实、合法的文件、证明。《广告法》第二十四条规定：“广告主自行或者委托他人设计、制作、发布广告，应当具有或者提供真实、合法、有效的下列证明文件：①营业执照以及其他生产、经营资格的证明文件；②质量检验机构对广告中有关商品质量内容出具的证明文件；③确认广告内容真实性的其他文件。”第二十五条规定：“广告主或者广告经营者在广告中使用他人名义、形象的，应当事先取得他人的书面同意；使用无民事行为能力人、限制民事行为能力人的名义、形象的，应当事先取得其监护人的书面同意。”广告证明制度是广告管理法规为保证广告真实、合法而确立的一项重要法律制度和管理制度。

从上述法律条款界定中我们可以看出，广告证明分两类：一类是主体资格证明，指证明广告客户具有做广告和做某项内容广告的权利能力和行为能力的文件、证明和凭证；一类是广告内容真实、合法的证明。这两种证明在《广告管理条例》及其《施行细则》、《广告法》中有明确规定，可参考附录，兹不赘述。

广告客户违反法律、法规规定，伪造、涂改、盗用或非法复制广告证明的，要承担相应法律责任。为广告客户出具非法或虚假证明的，也要承担相应的法律责任。

10.1.4.4　广告业务档案保存制度

广告业务档案是指广告经营者在承办广告业务中形成的、供保存备查的广告文字、图像、证明文件、审查记录及其他有关的各种原始记录。它有两个作用：一是凭证作用，它是广告承办过程的历史记录，可以作为查考、争辩、研究和处理问题或纠纷的法律依据；二是参考作用，它可为查考广告经营情况，研究广告活动的发展进程和规律，总结经验，改善经营管理提供第一手资料。正因如此，《广告管理条例》第十八条对广告业务保存制度作了明确规定："广告经营者必须建立广告的承接登记、复审和业务档案制度。广告业务档案保存时间不得少于一年。"

广告经营者保存的业务档案主要包括以下内容：

①承办的广告样张图片、照片、电视广告片、广播广告稿等。

②收取和查验的广告证明和查验记录。对不能存档的要记录内容。

③广告审查情况记录材料。

④广告合同。

⑤其他应当保存的资料。

10.1.5　广告违法行为处罚

广告违法行为是指在广告活动中违反我国广告管理法规的行为。这里所说的广告管理法规，不仅专指约束广告活动的专门法规、规章，还包括其他法律、法规中有关广告活动的法律规范。

广告违法行为大体可分为以下几种：

①违反法律、法规规定的广告发布标准。

②未经工商行政管理机关登记注册或超出核准范围经营广告业务。

③违反广告管理法律、法规规定的广告审查、证明、代理、合同、档案保存等制度。

④广告经营活动中的垄断和不正当竞争行为。

⑤广告管理法律法规认定的其他广告违法行为。

广告违法的法律责任，因情节和性质的不同，分为行政法律责任、民事法律责任和刑事法律责任 3 种。对广告违法行为的处罚，是指工商行政管理机关对违反广告管理法规的单位和个人依法给予行政法律制裁。根据《广告法》及有关法规的规定，广告违法行为的行政处罚方式，主要有下列几种：

①停止发布广告，指工商行政管理机关责令广告客户或广告经营者停止发布有违法内容的广告，检查和纠正错误。

②责令公开更正，指工商行政管理机关责令广告客户或广告经营者对其已发布的内容违法的广告在相应的范围内予以公开的纠正和改正。

③通报批评，指工商行政管理机关以书面的形式，在一定范围内对广告客户或广告经营者违反广告管理法规的行为予以公开的批评。

④没收非法所得，指工商行政管理机关将广告客户或广告经营者通过实施广告违法行为所获取的收入予以没收。

⑤罚款，指工商行政管理机关强制违反广告管理法规的单位或个人向国家缴纳一定数量的货币，以示惩戒。

⑥停业整顿，指工商行政管理机关责令有较严重广告违法行为的广告经营者在一定时间内停止经营广告业务活动，检查和纠正错误。

⑦吊销营业执照或广告经营许可证，指工商行政管理机关收回并注销有严重违法行为的广告经营者的营业执照或广告经营许可证，取消其经营广告业务的资格。

广告客户和广告经营者违反广告管理法规，使用户和消费者蒙受损失，或者有其他侵权行为的，应当承担赔偿责任。广告损害赔偿分为单独损害赔偿和共同损害赔偿两种。当损害是由双方共同的行为造成时，广告经营者负连带赔偿责任。下面两种情况，广告经营者都应承担连带损害赔偿：

①承办广告业务时未审查广告内容、查验广告证明或证明查验得不齐全，造成虚假或其他侵权发布广告，并由此给用户和消费者及其他人造成损失的。

②帮助客户弄虚作假，并由此给用户和消费者及其他人造成损害的。如：已知广告客户委托承办的广告是虚假广告，不予拒绝而予承办的；审查广告时，发现广告明显不实，但借口未发现而承办的；为广告客户发布虚假广告提供方便条件的等。

同其他法律、法规一样，公民、法人和其他组织不服工商行政管理机关的行政处罚，可以在收到处罚通知之日起 15 日内，向上一级工商行政管理机关提出申请，请求重新处理。申请人对复议决定不服的，可以在收到复议决定之日起 30 日内向人民法院起诉。对于申请人逾期不起诉又不履行复议决定的，工商行政管理机关将依法申请人民法院强制执行。

10.1.6 行业自律

广告行业自律，是指广告业者通过章程、准则、规范等形式进行自我约束和管理，使自己的行为更符合国家法律、社会道德和职业道德的要求的一种制度。建立广告行业规范，实行广告行业自律，是广告业组织与管理的重要内容，它与政府对广告业的管理和消费者对广告活动的监督共同构成对广告业的组织与管理体系。

10.1.6.1 广告行业自律的起源和发展

任何广告管理的法律、法规再完善，总有疏漏之处；政府管理广告再有力，也有其管理职能无法到达的领域。所以在西方，除了由政府设立的专门或兼职的广告管理机构和制定有关广告管理的法律、法规对广告进行管理外，还需要广告行业内部进行必要的自我管理，这就是我们通常所说的广告行业自律。

早在19世纪80年代，被称为现代广告之父的约翰·鲍威尔斯曾呼吁美国广告界制止虚假广告，并提倡广告语言要真实可靠和简洁生动，这是最早来自广告业内的对广告自律的要求。1903年，约翰·亚当斯·塞耶成为公开强烈反对欺骗性广告的第一个广告人。两年后，一些广告经理组成美国广告联合俱乐部，并发起一场广告诚实化运动。同年，在广告联合俱乐部基础上成立了世界广告联合会，接受了“广告诚实化”的口号，在全美各地建立了管理广告的“警视委员会”，并通过《印刷者油墨》杂志，发起一场宣告不诚实广告为犯罪行为的州立法宣传促进运动。可见，广告诚实问题，早已引起广告界的普遍关注。第二次世界大战以后，世界广告联合会正式更名为国际广告协会，并吸引了大约50个国家和地区加入《广告自律白皮书》。在此以前的1956年5月，总部设在巴黎的“国际商业会议所”下设的广告委员会，通过了《广告活动标准纲领》和《广告业务准则》，其宗旨是防止滥用广告，加强广告主对消费者的责任，规定了对消费者的伦理准则、广告主间的伦理准则和广告代理业及媒体业的伦理准则。在国际广告协会和“国际商业会议所”广告委员会的共同倡导下，世界上许多国家和地区都相应地建立起了广告行业自律组织及有关的广告自律准则。这样，在全世界范围内，可以说有了一个大的广告行业自律的框架，有利于世界各国的经济业和广告业的健康发展。

10.1.6.2 广告行业自律的特点

(1)自愿性

遵守行业规范，实行行业自律，是广告活动参加者自愿的行为，不需要也没有任何组织和个人的强制，更不像法律、法规那样，由国家的强制力来保证实行。他们一般是在自愿的基础上组成行业组织，制定组织章程和共同遵守的行为准则，目的是通过维护行业整体的利益来维护各自的应得利益。所以，行业自律主要是依靠参加者的信念及社会和行业同仁的舆论监督作用来实现，违反者，也主要依靠舆论的谴责予以惩戒。

(2)广泛性

广告业自律调整的范围比法律、法规调整的范围更加广泛。因为广告活动涉及的面十分广泛，而且在不断发展变化，广告法律、法规不可能把广告活动的每一环节都规定得十分具体，而行业规范则可以做到这一点。因此，广告行业自律不仅在法律、法规的范围之内能够产生积极的作用，而且在法律、法规没有规范的地方也能发挥其自我约束的作用。

(3)灵活性

广告法律、法规的制定、修改和矫正，需要经过严格的法定程序，而行业规范等自律规章、准则只要经过组织参加人的大多数同意即可修改、补充，便于按发展情况随时制订或改进新形式的规范，使参加者遵照执行。

世界上最早的国际性广告行业自律规则，是20世纪60年代由国际广告协会发表的《广告自律白皮书》。它的发表，对世界广告业的发展影响巨大而深远，成为世界各国和地区制定本国或本地区广告行业自律规则的主要参考文献。此后，世界上许多国家和地区都制定、出台了相应的、适合本国或本地区国情的广告行业自律规则。中国广告协会于1990年制定了《广告行业自律规则》，对广告应当遵循的基本原则及广告主、广告经营者、广告媒介所应体现的道德水准，做出了相应的规定。此外世界许多国家和地区广告行业内的广告主、广告经营者和广告发布者还分别制定出各自十分具体且操作性极强的广告自律规则。如由美国广告联盟等组织草拟、经国际报业广告首脑会议通过的《美国工商界广告信条》，美国《纽约时报》制定的《广告颠约》和美国广播事业协会制定的《电视广告公约》等。这些规则的诞生，无疑为广告行业的正常运行和健康发展，提供了共同遵循的职业道德规范。

10.1.6.3 我国的广告行业自律及行为规范

(1)广告行业自律

我国的广告行业自律是伴随着广告业的恢复和发展而逐步产生、完善和健全起来的。在广告业恢复初期，行业自律主要是广告经营者制定的内部承接广告守则，对一些不符合国家法律、法规规定和社会公共道德的广告做出抵制性规定。随着广告业的逐步发展壮大，广告业的横向交往不断增多，单独、分散的自我守则，已不适应形势发展的需要，迫切需要在全国范围内统一协调广告经营活动。

1981年8月，为了适应原国际贸易体制下国际广告活动的需要，首先成立了中国对外经济贸易广告协会。

1983年12月27日，中国广告行业组织——中国广告协会宣告成立，承担起对全国广告从业者进行指导、协调、咨询、服务，协助政府进行行业管理的职责。

1987年5月13日，中国广告协会与中国对外经济贸易广告协会共同组成国际广告协会中国分会。

中国广告协会在领导会员遵守广告法律、法规的同时，开始建立全国广告业统一的自律规则和行为规范。1990年，中国广告协会第三次全国代表大会通过了《广告行业自律规则》。规则共十条，要求入会会员切实贯彻《广告管理条例》，树立良好的行业风气，维护公平竞争，抵制不正当竞争，以建立良好的广告经营秩序，提高广告业的道德水平和整体服务水平。主要内容如下：

①广告活动力求广告的经济效益与社会效益的统一，并以此原则检验广告效果。

②制作、发布的广告内容要健康向上，符合社会主义精神文明的要求。除非有充分的证明，广告中不应出现"独家"、"首创"、"第一"、"最好"、"最多"等绝对声明用语。广告中不得有诽谤或贬低他人或竞争者的内容。

③广告经营单位之间的竞争应体现在优质服务方面，不得采取不正当手段。要按规定支付国内外广告代理费用，不得随意压低或抬高代理费标准。

④广告发布价格标准，应根据媒介的收视听率、读者范围、媒介的权威性及服务水平来制定。各经营单位需按媒介价格标准统一报价，不得随意抬高或压低广告价格。

⑤在接受广告时，要认真审查广告内容，查验有关证明、文件，建立经营管理制度。

⑥承办广告就进行市场调查、消费者研究及相关法规许可范围的研究，以保证广告的科学性、合法性，避免盲目性。广告创作要坚持创新，尊重版权，不得抄袭他人创意，不得侵犯公民的肖像权。

⑦广告经营单位之间应当友好合作，密切配合。对于广告公司经过认真策划、设计制作的广告，各媒介单位应予以支持。广告公司应按媒介的特点和技术要求代理广告，保证广告质量。

(2)广告行业规范

广告业是一门属于知识密集型、技术密集型、人才密集型的高新技术产业。

广告业之间的竞争，实质上是人才的竞争。人才素质是广告业能力与水平的基本标志。为了提高广告从业人员的素质，逐步实现广告业的专业化、社会化，提高广告行业的服务水平，中国广告协会于1991年制定了《广告行业岗位职务规范(试行)》，对广告行业内部从事不同工作的人员的岗位职务规范做了要求。它把广告工作人员分为9类，分别是：

①广告公司正副经理、媒介单位广告部门正副经理(主任)；

②广告公司部门经理、媒介单位部门经理(科长)；

③广告策划人员；

④广告设计人员；

⑤市场调查人员；

⑥广告文稿撰写人员；

⑦广告业务人员；

⑧广告审查人员；

⑨工商企业广告业务员。

在政治素质方面，要求所有从业人员拥护党的领导，遵守国家法律、法规，开拓进取，廉洁奉公，热爱广告工作，全心全意为人民服务。

在文化素质方面，除广告业务员外，要求具有大专以上文化程度或同等学力。

在业务知识方面，要求熟悉广告管理法规和有关经济法规，根据从事的工作的不同而具备不同领域的专业知识，了解广告经营的基本程序。

在工作能力方面，要求能合格地完成本职工作。

此外，对广告经营单位的主要负责人，还要求具有一定的工作经历。

10.2　广告管理

广告管理是国家管理经济的行为，是国家工商行政管理的重要组成部分。一般来说，广告管理有广义的广告管理和狭义的广告管理之分。广义的广告管理包括广告公司的经营管理和广告行业及广告活动的社会管理两方面的内容。前者是广告公司对自身内部及经营活动的管理；后者则是政府职能部门、广告行业自身和社会监督组织对广告行业及广告活动的指导、监督、控制和查处，是对广告本身的管理。狭义的广告管理专指对广告行业及广告活动的社会管理，我们主要介绍狭义的广告管理。

广告管理是对广告行业和广告活动的管理。广告管理的对象、方法、内容和范围的独特性，决定了广告管理具有自己独有的不同于其他管理的特点。这些特点包含以下几个方面：

第一，广告管理具有明确的目的性。在我国，国家通过行政立法，对广告行业和广告活动进行管理，其目的就在于使广告行业适应国家宏观经济形势发展的需要，促进广告业健康、有序的发展，保护合法经营，取缔非法经营，查处违法广告，杜绝虚假广告，保护消费者的合法权益，有效地减少广告的负面影响。

第二，广告管理具有规范性。广告管理作为国家管理经济的行为，是严格依法进行的。世界上的许多国家和地区都设置了专门的广告管理机构并制定了一系列有关广告管理的法规来规范和约束广告行业的发展，使广告行业做到有章可循、有法可依。因此广告管理具有规范性和强制性的特点。

第三，广告管理还具有多层次性的特点。广告管理的多层次性是指政府行政立法管理、广告行业自律和社会监督管理的多层次相互协作管理。之所以要对广告行业和广告活动实行多层次相互协作管理，是因为任何广告管理法规即使再完备，都不能包罗万象、尽善尽美，在许多领域和地方，常常会发生一些新情况、新问题，这就需要各级广告行业协会和社会监督组织，通过自律、监督的有效途径来加以解决。正是由于广告活动的复杂性和广泛性，世界上绝大多数国家和地区往往采用以政府行政立法管理为主，同时以广告行业自律与广告社会监督作为其必要的辅助与补充，来加强对广告活动的管理。从实践来看，这种办法是相当成功的。

10.2.1 国家对广告实施管理的性质和特点

由于广告活动的进行牵涉到广告主、广告经营者、广告发布者的自身利益，难免会出现忽视消费者和社会公众利益的情况，这就需要国家对广告实施管理，以规范广告经营行为，保障广告业的健康发展。

10.2.1.1 国家对广告实施管理的性质

(1)国家对广告实施管理，是一种外部宏观管理

国家对广告实施的管理并不具体参与广告活动的组织、策划、创意设计、实施发布等管理活动，而是在这些活动超越法律许可的限度和范围时，从外部强制采取措施，使其回到正确的轨道，是一种外部管理；同时，国家对广告实施的管理并不针对具体个人、某个组织或某个地区进行具体的管理，而是对整个社会所有广告活动和广告行为都有权力进行管理，是一种宏观的管理。

(2)国家对广告实施管理，是一种行政执法管理

国家对广告实施管理，是依据法律进行的，是由政府广告管理部门依法行使管理概略来进行管理的。它是一种主动管理，并不需要有人控告才予以受理，它可以随时随地查处违法广告行为，而且这种管理是代表国家进行的强制性的行政执法管理，被管理者必须无条件接受。

10.2.1.2　国家对广告实施管理的特点

(1)全面性

国家对广告实施管理的对象是在国家行政管辖区域内所有广告活动和从事这些活动的当事人，无论其具有什么身份、背景、国别，无论是广告主、广告经营者、广告发布者，也无论是临时性广告活动，还是经常性广告活动，都属于管理的对象。

(2)复杂性

由于广告活动牵涉的面极广，管理对象的类型、目的、活动手段、活动方式、活动区域错综复杂，所以国家对广告的管理也就相当复杂。它既要保护消费者和社会公众的利益，又要处理好广告主、广告经营者、广告发布者之间的关系，维护其正当的权益。

(3)强制性

国家颁布的广告法规同其他法律、法规一样，是国家意志的具体表现，是由国家强制力保障执行的，对所有广告活动及当事人，都具有普遍的约束力。国家对广告实施管理，由广告管理部门依法管理，带有强制性的特点，任何从事广告活动的组织和个人，都必须管理，其管理带有行政执法的性质。

10.2.2　广告管理机关及其职能

10.2.2.1　广告管理机关

广告管理机关在组织机构上是工商行政管理机关内部的一个职能部门，其设置以工商行政管理机关为基础。国务院发布的《广告管理条例》第五条规定：“广告的管理机关是国家工商行政管理机关和地方各级工商行政管理机关。”国家工商行政管理局内设广告司，各省、直辖市、自治区及计划单列城市工商行政管理局设广告处(有的与商标管理机构合并，称商标广告处)，地、市、县的工商行政管理局设广告管理科、股或者兼职人员，成为各级广告管理部门的存在形式。

10.2.2.2　广告管理机关的职能

(1)立法和法规解释职能

国家工商行政管理局作为国务院的直属机构，是全国广告管理的最高机关，

代国务院和国家立法机关起草广告法律、法规；单独或会同有关部门制定广告管理部门规章，并负责解释。地方工商行政管理部门可以依照立法程序和权限的有关规定，代有关部门起草地方性的广告管理法规。

(2)控制职能

一是根据社会经济发展的情况，适当控制广告经营单位的数量和比例，划定经营范围；二是通过审批和注册登记来确定广告经营单位的合法权益。

(3)监督职能

监察广告主体的广告经营活动，督促其在合法的范围内依法从事经营活动，禁止有损国家、社会利益，有损消费者利益的行为或不正当竞争。

(4)检查职能

审查广告经营者的经营活动，了解、掌握其发展动向，及时发现并处理问题。检查分经常性检查和随时检查两种：前者如对广告经营单位进行的年检制度；后者是随机检查，如对违法、违章、虚假广告，一经发现或接到报案，马上进行查处解决。

(5)指导职能

是指对广告经营单位的宣传和经营活动进行帮助、扶持和指导，使其重点发展行业需要又符合自身条件的特色经营，从而促进行业个体和整体的发展。另外，还包括对广告行业组织——广告协会工作的指导和扶持。

(6)服务职能

及时向广告主、广告经营者或其他各界提供广告信息、法规、政策等方面的咨询服务，有效组织广告从业人员的培训等，促进地区广告工作的开展。

10.2.3 广告管理的内容

对广告主的管理、对广告经营者的管理、对广告发布者的管理、对广告信息的管理，以及对广告收费的管理、对户外广告的管理，构成广告管理的主要内容。

10.2.3.1 对广告主的管理

对广告主的管理是指广告管理机关依照广告管理的法律、法规和有关政策规定，对广告主参与广告活动的全过程进行的监督管理行为。由于广告主是广告活动的最初提出者，是广告及服务费用的实际支付者，故它对是否做广告，做多少广告，何时、通过何种方式做广告以及选择哪家广告代理商和广告发布者设计、制作、代理、发布广告等，都有绝对的自主权。因此，广告主的广告意识和广告行为将直接对广告活动产生决定性的影响。所以，对广告主进行切实有效的管理，实质上是实现对广告活动源头的管理，是真正的“正本清源”。这无疑对保证广告的真实性与合法性，防止和杜绝虚假、违法广告的产生，进而净化整个广告行业，具有十分重要的意义。

广告管理机关对广告主的管理主要表现在两个方面：其一，保护广告主依法从事广告活动的权利；其二，保证广告主的广告活动必须遵守国家的广告管理法律、法规和有关政策规定，对违法广告行为，广告主应依法承担相应的法律责任，并接受广告管理机关的制裁。根据《广告管理条例》、《广告管理条例施行细则》、《广告法》及其他广告管理法律、法规的有关规定，广告管理机关对广告主管理的内容主要包括：

①要求广告主提供主体资格证明；

②广告主的广告活动应在其经营范围或国家许可的范围内进行，在国家许可的范围内从事广告宣传，不得超过其经营范围；

③广告主委托他人设计、制作、代理、发布广告，应委托具有合法经营资格的广告经营者、广告发布者进行；

④广告主必须提供保证广告内容真实性、合法性的真实、合法、有效的证明文件或者材料；

⑤广告主应依法申请广告审查；

⑥广告主在广告中使用他人名义、形象的，应当事先取得他人的书面同意。使用无民事行为能力的人，限制民事行为人的名义、形象的，应当事先取得其监护人的书面同意；

⑦广告主发布烟、酒广告，必须经过广告管理机关批准；

⑧广告主设置户外广告应符合当地城市的整体规划，并在工商行政管理机关的监督下实施；

⑨广告主应合理编制广告预算，不得把广告费用挪作他用。

10.2.3.2　对广告经营者的管理

广告经营者是连接广告主和广告发布者的中间桥梁，是广告活动的主体，因而其广告行为是否规范，对广告活动的影响至关重要。所以，加强对广告经营者的管理，是广告管理中最为重要的内容。对广告经营者的管理主要包括：对广告经营者的审批登记管理、广告业务员证制度、广告合同制度、广告业务档案制度和广告经营单位的年检注册制度。

(1)对广告经营者的审批登记管理

对广告经营者的审批登记管理，是广告管理机关依照广告管理法律、法规对广告经营者实施管理的开始，属于政府的行政管理行为。广告经营者只有在获准登记、注册，取得广告经营资格后，才能从事广告经营活动；否则，即为非法经营。严格地说，广告经营者要取得合法的广告经营资格，必须符合《中华人民共和国民法通则》的有关规定和企业登记的基本要求，必须具备广告法规中规定的资质条件，必须按照一定法律程序依法审批登记。

广告经营者的审批登记程序主要包括受理申请、审查条件、核准资格和发放证照 4 个阶段。

(2)广告业务员证制度

广告业务员是专职从事承揽、代理广告业务的工作人员(以下称广告工作人员)，而“广告业务员证”则是广告业务人员外出开展广告业务活动的有效凭证。为了加强对广告宣传和广告经营活动的管理，保障其健康发展，国家工商行政管理局在 1990 年 10 月 19 日颁发了《关于实行(广告业务员证)制度的规定》(工商[1990)226 号]，决定在全国广告行业中统一实行“广告业务员证”制度。该规定自 1991 年 1 月 1 日起执行。因此，凡经批准经营广告业务的经营单位，其广告业务人员都必须按照国家工商行政管理局颁发的《关于实行(广告业务员证)制度的规定》，领取《广告业务员证》后方可从事广告业务活动。

广告业务人员申请办理广告业务员证，必须接受专业培训与考核，向行政管理机关提出书面申请，并提交本单位证明文件和有关材料，经省、市的省辖市工商行政管理机关审核批准后，发放《广告业务员证》。

(3)广告合同制度

所谓广告合同制度，是指参与广告活动的各方，包括广告主、广告经营者和广告发布者，在广告活动前为了明确相互的权利和义务，必须依法签订协议的一种制度，以保护参与广告活动的各方的正当权益不受侵害。

广告合同一经依法订立，就具有法律效力，合同各方都应认真履行。订立经济合同，必须遵守法律、行政法规，必须遵循平等互利、协商一致的原则。

广告合同纠纷是参与订立广告合同的各方当事人在依法订立广告合同后，对合同履行情况和违约责任承担等所产生的争议。它包括广告合同履行情况争议和违约责任承担问题争议两方面的内容。

解决经济合同纠纷的主要办法有协商、调解、仲裁和诉讼四种。

(4)广告业务档案制度

所谓广告业务档案制度，是指广告经营者(包括广告发布者)对广告主所提供的关于主体资格和广告内容的各种证明文件、材料以及在承办广告业务活动中涉及的承接登记、广告审查、广告设计制作、广告发布等情况的原始记录材料，进行整理、保存，并建立业务档案，以备随时查验的制度。

广告业务档案是在广告业务活动的过程中建立起来的，它是广告经营者(包括广告发布者)从承接登记，到收取和查验各种广告证明、材料，再到广告设计、制作、代理、发布等情况和结果的总汇，是广告业务活动的正式记录。因此，建立广告业务档案的作用主要有两个：一是业务参考作用，二是法律凭证作用。

(5)广告经营单位的年检注册制度

所谓广告经营单位的年检注册制度，是广告管理机关依照国家广告管理的法律、法规和政策规定，对广告经营单位一年来的经营状况进行检查验收的一种管理制度。它是各级工商行政管理机关对广告经营单位实施规范化管理的重要内容之一。任何广告经营单位都必须经过年检注册，取得《广告经营单位年检注册证》后，才有资格继续经营广告业务，否则即为非法经营。

10.2.3.3　对广告发布者的管理

对广告发布者的管理，又叫广告媒介物管理或者广告媒介管理，是指广告管理机关依照国家广告管理法律、法规的有关规定，对以广告发布者为主体的广告发布活动的全过程实施的监督管理行为。换言之，广告发布者管理是广告管理机关依法对发布广告的报纸、期刊、电台、电视台、出版社等单位和户外广告物的规划、设置、维护等实施的管理。

广告管理机关依法对广告发布者实施管理的主要内容包括：

(1)对广告发布者经营资格的管理

以广播电台、电视台、报纸、期刊和出版社等为主体的广告发布者(或广告媒介)，其主要职责是宣传党的路线、方针、政策，发布信息，传播新闻，同时兼营广告发布业务，传播经济信息。而广告发布者以收费的形式，兼营广告发布业务，传播经济信息，属于一种广告经营行为，所以，广告管理机关必须对其实行专门管理。要求广告发布者在发布广告前，必须到当地县级以上工商行政管理局办理兼营广告业务的登记手续，并由其审查是否具备直接发布广告的条件。对符合条件的广告发布者，广告管理机关依法予以登记，并发给广告经营者资格证明。广告发布者只有办理了兼营广告业务的登记手续，并取得广告经营资格证明后，才能经营广告发布业务；否则，即为非法经营。

(2)对广告发布者提供的媒介覆盖率的管理

媒介覆盖率是媒介覆盖范围和覆盖人数的总称，它随媒介的不同而有不同的名称。其中有广播电台的覆盖范围与收听率，电视台的覆盖范围与收视率，报纸、期刊等印刷媒介的发布范围与发行量，以及户外场所的位置和人流量等。真实的媒介覆盖率是广告主、广告经营者实施广告战略和广告发布者确定收费标准的重要依据。因此，广告管理机关应该加强对广告发布者提供的媒介覆盖率的真实性的管理，这对维护广告发布者的声誉，树立媒介自身形象，拓宽广告发布业务来源和保护广告主、广告经营者的合法权益，有着积极重要的作用。

(3)对广告发布者利用媒介时间、版面和篇幅的管理

广告发布者虽然拥有对媒介的使用权，但是并不能无限制地扩展广告刊播的时间、版面和篇幅。国家行政管理机关往往利用其行政职能，对媒介刊播广告的时间、版面和篇幅做出限制性的规定和控制，以确保媒介履行更为重要的社会职能，实现健康有序的发展。

10.2.3.4 对广告信息的管理

广告信息包括广告信息内容及其表现。它以广告作品的形式，经媒介的发布完成传播。对广告信息的管理是广告管理中的重要内容。

(1)广告内容的管理

广告内容的管理，集中到一点，即对广告内容的真实性、合法性的管理的真实、合法与健康。以确保广告内容的真实、合法与健康。

《广告管理条例》第三条规定：“广告内容必须真实、健康、清晰、明白，不得以任何形式欺骗用户和消费者。”《广告法》第七条规定：“广告内容应当有利于人民的身心健康，促进商品服务质量的提高，保护消费者的合法权益，遵守社会公德和职业道德，维护国家尊严和利益。”《广告法》第七条对广告中不得出现的内容，《广告法》第十四条、第十七条对药品、医疗器械和农药广告中不得出现的内容都作了明确规定。此外，《药品广告管理方法》、《医疗器械广告管理方法》、《化妆品广告管理方法》、《食品广告管理方法》、《酒类广告管理方法》、《关于加强体育广告管理的暂行规定》、《关于加强融资广告管理的通知》、《关于加强对各种奖券广告管理的通知》等单项法规，还对相应的广告内容的管理作出了明确规定。

(2)广告表现的管理

广告作为一种“劝说”的艺术，必须借助一定的表现方法和形式，才能将商品或服务的信息传达给广告受众，并尽可能给其留下深刻的印象，以促进购买行为的实现。广告的表现方法和形式就是广告表现。

由于广告表现是针对社会公众所开展的宣传活动，又是为了追求赢利目标所采取的宣传手段，所以它必然受到广告管理的法律、法规和道德的约束，必须符合一定的社会规范。广告表现管理的内容主要包括：对广告表现真实性的管理、对广告表现合法性的管理、对广告表现道德性的管理、对广告表现公益性的管理、对广告表现独创性的管理、对广告表现可识别性的管理等。

10.2.3.5　对广告收费的管理

广告收费是指广告经营者、广告发布者在承接和完成广告主委托的广告业务后，所收取的广告设计费、制作费、代理费和发布费。

广告收费管理是指广告管理机关会同物价、城建、公安等职能部门，依照广告管理法律、法规的有关规定，对广告经营者、广告发布者在设计、制作、代理、发布等广告业务活动中的收费行为的合法性进行的管理。目前，我国对广告收费的管理主要实行国家定价管理和备案价格管理相结合的原则。

我国对广告经营者收取的广告设计、制作费的管理，主要实行备案价格管理，即广告经营者可以根据广告设计、制作成本和自身信誉、服务质量、制作水平等因素，制定自己的收费标准，然后报当地工商行政管理机关和物价部门备案。

对广告代理费主要实行国家定价管理，其标准是法定的、全国统一的，即广告经营者承办国内广告业务的代理费，为广告费的 10%、承办外商来华广告的广告代理费，为广告费的 15%。

对广告发布者收费的管理，基本上实行备案价格管理，即以广播电台、电视台、报社、杂志社等四大媒介为主的广告发布者，根据自身的收听率、收视率和发行量，以及在全国或地方的覆盖率和影响，来制定自己的收费标准，然后报当地工商行政管理机关和物价管理部门备案。

户外广告场地费、建筑物占用费的收费标准，必须由当地工商行政管理机关会同物价、城建部门，根据当地经济发展的程度，户外广告的设置区域、场地、建筑物的位置好坏、人流量大小等因素，共同协商制定，并报当地人民政府批准。它一经制定并获得当地人民政府批准，就必须严格依照执行，任何单位或个人不得随意更改。

10.2.3.6　对户外广告的管理

户外广告是指张贴、设置、绘制在城镇繁华地段、商业闹市中心、交叉道口、旅行沿线、机场、车站、码头、高大建筑物等露天场地和交通工具上的广告。户外广告的数量多少，质量如何，设置的地点、场所是否合理、恰当，在一定程度上反映了一个城市或地区的经济发达程度、整体精神面貌和文化、城市美化、环境保护的程度。一般来说，户外广告的设置不得妨碍交通，不得有损市容和风景地区的优美环境，不能破坏古物建筑等。户外广告要与社会人文环境、自然环境相适应。

与其他户外形式的管理相比，户外广告的管理较为复杂，它涉及工商行政管理、城建、环保、公安等部门，其规划管理也主要由这些部门负责。在当地县级以上人民政府的组织下，上述部门共同就城市或者地区户外广告设置的区域、地点、规格、质量和安全等问题做出统一规划，报当地人民政府批准后，由工商行政管理机关负责监督实施。

对户外广告必须实行登记管理，即县级以上广告管理机关会同城建、环保、公安等有关部门，依照当地人民政府批准的户外广告设置规划和管理办法，对申请经营户外广告的单位或个人的经营资格、条件和设置户外广告的区域、地点等进行审查核准。对具备经营资格、条件的单位或个人，在核准户外广告设置区域、地点符合当地户外广告规划和管理办法后，准予登记。未取得核准登记的单位或个人，不得经营户外广告；否则即为非法经营，将被依法取缔。

户外广告的内容必须真实、合法。

户外广告发布后，并不意味着发布活动的结束。户外广告在设置、安装过程中和完毕后的安全问题以及平时的维修、整饰，即维护问题，仍是其发布活动的继续。广告管理机关应会同城建、环保和公安等有关部门，对户外广告设计、安装所用材质和抗风、抗震等级以及与原建筑物的连接等问题、环节，进行切实有效的管理，把户外广告的安全问题落到实处，同时应加强对户外广告的维修装饰管理，对那些残缺不全、影响市容市貌的户外广告，该维修的应及时维修，该更换的应及时更换，该清理的应坚决清理，还城市以和谐、美丽。

10.3 国外广告管理

世界广告最发达的国家和地区是美国、加拿大和欧洲，其广告费支出约占整个世界广告市场的80%。亚洲远较欧美落后，但自20世纪80年代以来，日本广告业崛起，到20世纪80年代中后期，已跃居世界第二位。我国香港和台湾地区，以广告营业总额所占国民生产总值的比例及人均广告费为评价标准，也已跻身世界广告的前20位。

10.3.1 美国的广告业及广告管理

10.3.1.1 美国的广告业

美国是当今世界广告业最发达的国家，也是市场营销学的发源地，被公认为是世界广告的中心。而纽约又是广告中心的中心，目前最大、最具权威性的国际广告行业组织——国际广告协会和著名的世界广告行销公司的总部都设在纽约。

纽约著名的麦迪逊大街是美国广告的象征，它也几乎成了世界广告中心的代名词。目前世界上营业额最大的十大广告公司，美国公司就占了大半，扬·罗比肯公司、麦肯·有力坚公司、奥美广告公司、汤姆森公司、天高广告公司、李奥贝纳广告公司、恒美广告公司等都是世界上最著名的广告公司。美国也是世界广告投资额、广告营业额、广告费用占国民生产总值的比例及人均广告费都居世界首位的国家，并且其广告费大约占世界广告费的 50%。因此要了解世界广告的概况就必须了解美国广告的情况。

美国最早的广告起源于沿街叫卖的小贩，但美国近代、现代广告，却发展迅速，独占鳌头。这与美国社会的经济与科技高度发达、企业主强烈的广告意识有着必然的联系。长期处于激烈竞争中的美国企业每年的广告投入比其他国家和地区都多，人们普遍认为“广告是对社会的一种有益的投资”。

总的说来，美国是一个崇尚个人主义、自我意识较强的国家，在广告主题上常强调个性、实用、奢侈、变化及家庭生活的温馨与亲切感，广告富有创意、形式多样、活泼幽默、与众不同，广告内容上多褒己贬彼，特别是产品比较型的广告，常使用夸张模拟手法，大胆又直接，是其他国家和地区广告所不能比拟的。

随着现代化广告经营管理的需要和广告信息处理技术的不断发展，美国广告花在租用传播媒体上的费用也越来越多。美国的广告媒体十分发达，除了传统的四大媒体不断变革并且继续在信息传播中起主导作用外，新兴的广告媒体也在不断地开发出来。最突出的表现是通信卫星、计算机等电子传播技术的运用，不仅加速了媒体的发展，而且使广告的容量和质量都大大提高了。

媒体的广告收入相当丰厚，广告收入是其主要的经费来源。美国报纸一般均有 60%、70%的版面用于刊登广告，如三大报纸——《纽约时报》、《华盛顿邮报》、《洛杉矶时报》的广告版面均占 70%左右。有人形容美国报纸的广告像一座大山，而报纸新闻就像穿行于大山峡谷中的涓涓溪流。美国的电视广告已成为人们生活的组成部分，三大广播电视网——美国广播公司(ABC)、全国广播公司(NBC)、哥伦比亚广播公司(CBS)控制着全国的广播电视网络，大量的广告每天从早到晚充斥于各类节目中。

美国的广告公司已有一百多年的历史，是大广告公司最多的国家，并且大广告公司多为跨国公司，广告活动遍及全球。其中扬·罗比肯公司是美国最大的广告公司。美国是世界上真正完全、全面地实行广告代理制的国家，广告公司拥有为广告客户提供全面策划和服务的能力，因此广告公司在美国广告业中的地位显赫、作用巨大。美国广告协会将广告公司定义为“一个能创造性地致力于广告获得成功的行家组织”，可以说美国的广告活动基本上是以广告公司为核心来展开的。

美国广告公司协会(简称4A)是美国代理业中最权威的广告团体。参加该协会的广告代理商有300多家，总会设在纽约。此外，还有网状协会组织，由中小型代理商组成。代理商为了获得媒体承认，必须通过4A会员资格审查。

美国的广告公司一般都是广告客户的广告代理商。它经营成功的关键是能够创造性地采用新技术并以最高的质量满足广告客户的要求。今日的美国广告公司成了“创造优质产品的无烟工厂”。在广告业中处于核心地位的广告公司，精心地为广告客户和广告媒体提供双向服务，在广告经营手段上更加专业、注重创新的同时，还为广告客户进行全面的市场推广、策划，解决客户多方面的行销难题和服务支持需要。到了20世纪90年代，各大广告公司基本都实施了国际性的广告经营战略，广告公司兼并成风，往集团化、跨国化方向迅猛发展。

总之，美国的广告经营，为了自身盈利和在激烈的广告市场竞争中求得生存与发展，采用最新广告传播技术、最新广告设计制作技术和现代化的经营管理技术，积极为客户拓展国内外市场，实现着全面服务。

10.3.1.2 美国的广告管理

美国的广告管理严而有法，主要分为3个体系严格的政府管理，健全又完善的行业自律管理。

美国有关广告方面的法律法规很多，也很完善。全国性的广告立法制定的比较原则，而州立法律则较具体详细。

早在1911年美国就颁布了《印刷物广告法案》，随后又颁布了《联邦贸易委员会法》、《惠勒·李对联邦贸易委员会的修正案》、《克莱顿法案和罗宾逊·帕特曼法案》、《侵权行为法(第二次)重述》、《统一欺骗性贸易活动法令》、《商标法》、《联邦食品、药物和化妆品法》、《公共卫生吸烟法案》等重要的法律法规。其中最重要的是《联邦贸易委员会法》，该法规定了虚假广告的含义、法律责任和虚假广告的管理机关等。而《惠勒—李对联邦贸易委员会的修正案》则进一步严格了虚假广告的界限。

美国政府管理广告的机构很多，但分工明确，依法管理，严格有效。其中联邦贸易委员会(FTC)是官方广告管理最权威的机构，是根据《联邦贸易委员会法》建立的，依法对欺骗性广告进行认定和处罚。除FTC外，美国重要的官方广告管理机构还有：负责管理电视和电台广告的联邦通讯委员会(FCC)；管理食品、药品、化妆品、医疗器械方面广告的食品药物管理局；管理烟酒广告的烟酒税务司；管理种子广告的粮食局；管理证券广告的证券和交易委员会；管理航空运输广告的民航局；管理涉及商标的广告的专利局；管理涉及版权方面的广告的国会图书馆；司法部。

美国政府依据法律，如《联邦贸易委员会法》、《联邦食品、药物和化妆品法案》、《商标法》、《邮政法》等对广告实行严格管理，其管理重点是欺骗性的广告和证据不足或暗示性的广告。需要订正广告、证实广告信息或是停止播出广告时，如果广告客户、广告商同意则免于处罚，否则将采取正式的法律程序对其予以处罚。

美国广告业的行业管理组织十分健全，自我管理很完善，很有成效。行业组织的自我管理成了美国广告管理的重要组成部分。

美国广告联合会(AAF)是最重要的行业自我管理机构，是代表国内广告商、广告客户、广告媒体的联合组织，包括广告公司联合会、广告主联合会、广播电视联合会、报纸杂志联合会等，下设有全国广告审查委员会(NARB)、广告工作局和儿童广告审查委员会。它不但对本行业的广告进行监督管理，而且还对国家的广告活动提出意见，对政府制定的有关广告的法律法规做出反应。由于有了这样的一个机构，美国广告中的不真实问题和其他违背消费者利益的广告，绝大多数在广告行业内部就得到了解决。

4A协会即美国广告代理商协会，由专业广告公司组成，自我管理相当有成效。为了获得媒体承认，凡美国境内的广告代理商都必须申请加入该协会，但为了获得但事先要经过各种审查和投票决并遵守自律守则。

美国的广告行业自律守则也十分的完备、严肃。在国会和政府制定的法律、法规没有具体涉及的部分，多数的行业自律守则、条例、制度都作了更为具体的规定，对行业管理起到很好的规范作用。如著名的《广播电视准则》，虽然已经于1982年被撤销，但因其规范具体又严肃，仍被绝大多数的广播电视广告经营者自觉遵守着。

除了政府、法律、行业管理外，美国的广告公司、广告媒体单位、广告主也都十分注重自我约束，有着很完善的自律守则。大企业一般都设有专门的法律部门或配有法律顾问，对自己的广告先进行自审，然后再委托广告公司办理；广告媒体单位、广告公司一般也都设有法律部门或是法律顾问，对承接的广告及其内容进行严格审查，其中以电视广告的审查最为严格。

10.3.2　日本的广告业及广告管理

10.3.2.1　日本广告经营概况

日本的广告业高度发达，是仅次于美国的世界第二大广告市场，被称为广告的世界。日本东京是仅次于纽约的世界三大广告中心之一。在全球排名100名的大广告代理商中日本就占了1/5多。著名的电通公司是日本最大的广告公司，也是世界上最大的广告公司。还有“博报堂”、“大广”、“东急”等大广告公司也很著名。

日本广告的真正崛起是在第二次世界大战后。20世纪的六七十年代，随着日本经济高速发展，广告业也得以迅速发展。到了20世纪80年代，其广告业已走向世界，并朝着跨国企业方向不断发展。

现今在广告行业中实行的AE制度即是由日本广告公司于1956年最先提出的。AE即广告公司的代表，所谓的AE制度，就是代表广告公司与广告客户进行联系的制度。AE制度的建立，推动了日本广告业及广告公司的发展。

日本广告业也实行广告代理制，最早的广告代理商出现于1880年，但日本广告代理制与美国广告代理制最大的不同是，美国的广告代理是较为全面的客户代理，而日本的广告代理较侧重于媒介代理。

广告公司、广告媒体、广告客户三者之间的分工很明确，不论是国内广告还是进出口广告，全部由广告公司代理。组织健全，分工明确，专业化、现代化程度高是日本广告公司的主要特点。广告公司的宗旨就是一切为客户服务。公司内一般都设有策划局，为客户推销商品、开拓市场，不惜花巨资进行社会调查，收集包括有关消费心理和市场状况等方面的资料信息。

日本的广告媒体很发达，广告容量大，形式多样。新技术不断运用到媒体传播上，新媒体也不断地涌现，但仍以四大媒体为主。四大媒体的广告经营额逐年递增，其中电视是最受欢迎的广告媒体。利用电视广告最多的行业是食品、饮料行业，其次是化妆品、洗涤剂、药品、服务行业、娱乐、家庭用品、电器等；而利用报纸广告最多的行业是出版、服务、娱乐、房地产等，此外还有大量的政治广告。广播广告主要针对家庭妇女传播生活用品信息，向司机传播有关商品信息。报纸、电台、电视台的广告版面或时间段均由广告公司承包，所有媒体不与广告客户直接发生业务关系。

在广告创作表现上，日本广告看似朴实，却巧于心计。与美国广告的强调自我不同，日本广告仍保持着东方特有的含蓄风格，较注重视觉效果和以情感人，广告多不直接追求商品表现，而是以形象广告为主来打动目标消费者。广告用语尤其注意不采用带有威胁性的语言来发出信息，也相对较少使用比较型的广告或运用比较测试的结果来说明问题。广告常用明星来吸引受众的注意力，赢取好感。

10.3.2.2　日本的广告管理

第一，日本政府管理广告主要是通过法律规范广告行为，调节广告活动所产生的各种社会关系。日本广告立法完善，各种广告立法密切配合国家的产业发展。广告法律一般由国会制定，政府也制定大量法规。日本民法中的有关条款规定了广告主、广告代理公司及广告媒体三者之间的权利与义务，为调节这三者之间的关系确立了基本法律规范。有关广告方面的立法主要有：

《防止不正当竞争法》从制止经济活动中不正当竞争行为角度，对生产经销企业虚假广告内容作了严格的法律责任的规定，包括商品的原产地、质量、制造方法、用途或数量等方面的广告不正当表示。

《不当赠品及不当表示防止法》规定禁止做诱售的有奖广告和旨在引诱顾客、阻碍公平竞争的非法比较广告及其他含有上述意图的广告。《户外广告物法》规定了户外广告的基本原则和限制。

《消费者保护基本法》对消费者在广告方面的权利及其权利的保护做出了规定。此外，有关专业法律，如《药品法》、《食品卫生法》、《家庭用品质量表示法》等，分别对药品、食品、家庭用品等具体的商品或事项的广告传播做出了明确规定。

另外，为保护在国际竞争中的日本企业的利益，还制定有《进出口保险法》，对日本企业到国外做广告的效果予以“海外广告保险”。

第二，在广告法的原则指导下，日本广告业的自律发达而严密。其特点是广告行业组织团体多，自律规则条文严整。

全日本广告联盟是日本全国性的自律机构。该联盟制定的《广告伦理纲领》是广告界制作广告必须遵守的最高准则。其他如日本新闻协会、日本广告主协会、日本民间广告联盟、日本国际广告协会等各类专业自律机构也十分健全，遍及日本广告行业的各个角落和部门，形成一个多层次的完整的行业组织。

这些行业广告团体都有着各自的纲领和守则，如《广告伦理纲领》、《广播的基准》等行业自律规则都是本行业广告活动应该遵守的。各行业广告团体主要执行行业自律和担负行业管理任务，并为广告行业的发展做出具体规划。其中广告主的自律，较之其他国家更为全面、具体。除此以外，日本各行业协会也制定了本行业广告所应当遵守的准则。对广告客户进行管理的是日本广告审查机构，其主要任务是提供咨询和处理、审查有关广告的意见，协调消费者团体与政府主管机关之间的关系，在广告客户、媒体、广告各自律团体间起联系沟通的作用，同时，对广告内容进行审查，如果发现问题立即与有关广告客户联系，责令整改等。

10.3.3 英国的广告业及广告管理

10.3.3.1 英国的广告经营概况

英国是拓展广告事业较早的国家之一。进入 19 世纪以后，英国的广告业就得到了迅速发展。现代英国的广告业仍然较发达，其总广告费仅次于美国、日本，居世界第三位。伦敦是世界三大广告中心之一。虽然在广告规模上，伦敦无法与纽约、东京等量齐观，但它却被认为是最具有创造性的广告中心。英国人喜欢设计和制作能幽默、含蓄地传达信息的广告。

英国最大的广告代理商都集中在伦敦。广告代理商的主要任务是为客户提供全面的服务。一般都设有经理、计划、创作、媒介、财务等部门。另外，还有一些专业的广告代理公司，专门从事某一行业的广告。英国刊登广告最多的主要有办公设备、汽车、金融机关、服务行业、公司、出版社等。

英国的广告形式多样，主要有报纸广告、电视广告、广播广告、商业杂志广告、名录广告、邮政和运输广告以及消费者杂志与职业杂志广告等。在各类广告媒体中，报刊广告占有举足轻重的地位。英国由于教育水平高，多家报纸都有不同的读者群，全国性的报纸有十余家，如：《泰晤士报》是政界人士、知识分子阅读的，《每日快报》、《每日邮报》是一般读者阅读的，《每日镜报》、《太阳报》的主要读者是蓝领工人等。因此，印刷媒体的广告费，特别是报纸广告费占的比例很高。面对电视等具有强大竞争力的广告媒体的挑战，报纸纷纷采用电子化的印刷技术和编排手段，以提高吸引力，还出现了被称为“家庭信息回收系统”的电视报纸，颇受欢迎。

除报刊媒体外，广播、电视仍是主要的广告媒体。尽管英国政府对电视广告的限制较多，运用电视媒体传播广告信息仍是广告客户热衷选择的手段之一。在英国，政府规定国家主办的广播电视不办理广告。电视广告和广播广告是由独立广播局所属的地区性电视台和广播电台承办。广告收入和出售电视节目片成了独立广播局及其电视广播网的经费来源。

广告是一种有益的投资而不是一种社会浪费，这种观念已经成为现代英国人的共识。广告行业是当今英国社会的一个充满活力的行业。

10.3.3.2 英国的广告管理

在欧洲，英国是广告管理极为成功的国家。英国的广告管理，由政府管理和行业自律两部分组成。

政府对广告的管理主要是制定法律。其法律规范包括判例法和成文法这两种形式。判例法是英国广告管理法规的主要形式。有关广告方面的限制，体现在反对不正当竞争判例法中。以成文法形式出现的广告法规大多散见于有关的法律、法规中，如《消费者保护法》、《公平贸易法》、《食品和药物法》等。《广告法》与《广告标准与实践》是最重要的专门管理广告的法律、法规。《广告法》是规范户外广告的成文法，颁布于 1907 年。由英国独立广播局制定的《广告标准与实践》，详细规定了各类广告的规则，涉及面非常广泛。

政府管理广告的机构主要有：管理电视广播广告的独立广播局，它不享受政府津贴，依据国会法案，有权禁止任何广告，决定广告的等级、种类、手法和播出量等，该局还直接审查电视广播广告；管理路牌、印刷、剧院广告的广告标准局，是由广告主出资建立的机构。它对消费者投诉的广告进行处理、裁定，裁定结果每月发布一次。户外广告由地方政府控制，同时受到《企业建筑广告准则》的制约。

除上述管理机构外，英国的广告自律团体也构成自我管理系统。英国公众对广告的自我管理还是很信任的。自律团体如广告人协会(代表广告客户)、广告商协会(代表广告代理公司)、独立电视公司协会(代表媒体)、报纸出版者协会、期刊出版者协会等分别对本行业的广告进行管理。

此外，还有电视广告研究联合会和发行量审计局(即 ABC)，负责稽查并公布电视广告收视率和报刊发行量。由于该组织的审核较严格、公正，它所公布的数字也较客观，可信度高，是权威的审计机构。

以上仅简要介绍了几个有代表性的国家的广告经营和管理情况。总之，西方发达国家和地区的广告业的发达和经营管理的完善，是与它们经济的高度发展、科技的迅猛进步密切相关的。完善的广告代理制度的实行，广告公司的国际化、集团化发展，广告媒体、广告形式的日益多样化，以及广告经营中视服务为生命、视创意为灵魂、视策划为基石、视人才为根本的理念，都值得我们研究和借鉴。

思考题

1. 广告管理法规的调整对象和原则是什么？
2. 广告经营活动规范包括哪些方面？
3. 广告活动中包含哪些重要制度？各自内容有什么？
4. 什么是广告管理机关？它的职能有哪些？
5. 广告管理主要包括哪些内容？
6. 比较我国与主要的广告业发达国家的异同。

第 11 章　广告与其他传播组合元素的整合

◆ **学习目标**

◇ 了解各种营销传播形式是怎样与广告整合的；理解各组合要素之间的关系；认识人员销售的不足；认识销售促进作为一种传播工具的方式；掌握销售促进的弊端；分清广告与公共关系的区别；认识赞助广告的优缺点。

◆ **学习重点**

◇ 了解各种营销传播形式是怎样与广告整合的。

◆ **学习难点**

◇ 了解销售促进与广告的整合方式。

广告是企业营销传播元素中重要的组成部分，发挥着独特的、不可替代的作用。采用整合营销传播(IMC)是现代企业营销组合发展的大趋势，所以，我们要进一步探讨公共关系与广告、销售促进与广告、人员推销与广告之间的关系，研究广告在营销传播系统中所担任的重要角色及其与营销传播其他元素之间如何相互配合，更好地发挥广告的作用。

11.1　销售促进和人员推销与广告

11.1.1　销售促进

11.1.1.1　销售促进定义

销售促进(sales promotion)，又称为营业推广，是在营销过程的各个环节中为推动或加速产品从生产厂家向消费者方向运动而向消费者或经销商提供的额外奖励，是一种直接刺激。销售促进是与人员推广、广告、公共关系相并列的四种促销方式之一，是构成促销组合的一个重要方面。在这里，销售促进有三个重要因素：

①可以在营销的各个环节加以利用：从生产厂家到批发商，从批发商到零售商，从零售商到顾客，或由生产厂家直接到顾客。

②一般涉及某个直接诱因，为消费者购买商品、光顾商店、申领宣传材料、陈列产品或采取其他行动提供额外奖励。

③加速销售过程。销售促进比较昂贵，其效果和缺陷都比较明显。实际上，广告和销售促进都各有其重要性，广告主应认清两者各自的利弊，保持平衡。

11.1.1.2　销售促进的方式

(1)向消费者推广的方式

这一类促销活动的对象是消费者，即最终购买者，也是最直接的促销方式，使用频率较高，主要包括八种手段：

第一，赠送代价券，指向顾客用邮寄或在商品包装中或通过广告等形式附赠小面额的代价券，持券人可凭券在购买某种商品时得到优惠。代价卷可以向购买商品达到一定数量或数额的顾客赠送。

第二，价格折扣，指直接采用降价或折扣的方式招徕顾客，包括廉价包装和降价招贴。

第三，赠品印花，又称交易印花，指消费者购买商品时，赠送消费者印花。若筹集到一定数量的印花就可以兑现商品或现金。

第四，赠送样品，即以实物赠送给消费者，使产品的内容被消费者了解及接受，并鼓励消费者购买。这是介绍、推销新产品的一种方式，但是，费用较高，对于高价值的产品不适用。

第五，奖品，有两种类型：一种是顾客用购买凭证如发票去换取奖品，另一种是将奖品与产品一起包装，通过消费者购买行为来获得。

第六，附加赠送，指按消费者购买商品金额比例附加赠送同类商品。

第七，竞赛抽奖活动，即通过竞赛或抽奖活动，将奖品发给优胜者，吸引消费者。

第八，买点促销，又叫POP广告，即放置于店面的广告物。例如：放在架子上的小卡片、小册子，或竖在门口的大型夸张物件，或悬挂在天花板上的标语等。

(2)向经销商推广的方式

把产品卖给消费者的是经销商，所以对于制造商而言，对经销商促销，提高他们的积极性，也是非常必要的，主要有以下几种形式：

第一，购买折扣，为刺激、鼓励经销商大批量地购买本企业产品，对经销商第一次购买和购买数量较多的经销商给予一定的折扣待遇，购买数量越大，折扣越多。折扣可以直接支付，也可以从付款金额中扣出，还可以以赠送商品为折扣。

第二，广告技术合作，即通过合作和协助方式，赢得经销商的好感，促使他们更好地推销企业产品。如：与经销商合作广告，提供详细的产品技术宣传资料，帮助经销商培训销售技术人员，以及帮助经销商建立有效的管理制度、协助店面装潢设计等。

第三，业务会议和贸易展览，指邀请经销商参加定期举办的行业年会、技术交流会、产品展销会等，以此传递产品信息，加强双向沟通。

此外，还有现场演示、经销商竞赛、企业刊物的发行等。

(3)对销售员的促销

上面两大类促销都是针对企业外界的促销，第三类是企业内部的促销，其目的是建立员工的意识，而不是指对企业内部的销售，包括对销售员的培训和奖励。

第一，销售员培训，目的在于加强销售员的知识、技能、态度等。以集体培训方式来说，典型的做法有以下几种：①课堂讲授方式；②集体讨论方式；③个案研究方式；④角色扮演方式等。

第二，销售员竞赛，指以销售员的销售金额、新开拓客户数目、总利润额以及各种评估结果，促使销售员彼此竞赛，对表现优良者给予表扬和发给奖品。

11.1.2 销售促进与广告

11.1.2.1 销售促进与广告的区别

第一，在传达目的及内容上不同，销售促进追求的是即时的销售增长，其运用“激励”这种手段达到促销目的，金钱、商品、附加服务只是一种达到激励目的的主要手段；而广告是运用“沟通”这种手段，通过理性的对产品特性的描写以及感性的对产品社会价值及主观价值的描述，提供给消费者购买的“理由”，进而引起消费者对产品的兴趣及偏爱，产生购买欲望，进而引起购买行为。

第二，在构建品牌价值上作用不同，销售促进可以增加消费者使用该产品的机会，可以给品牌增加有形而额外的价值；而广告是通过消费者对该品牌产品理性认知过程和情感迁移过程相结合来完成在消费者内心树立品牌形象的过程。

第三，实施的时间长短不同，广告通常不追求销量的即时增长，常常结合某一阶段性的营销目标规划投放，也作为一种战略性工具。销售促进为实现较短时间内的销售额的增长，随机性强，常作为一种战术性工具。

11.1.2.2　广告与销售促进的互动效果

第一，互补作用。广告虽然在树立品牌形象、增强品牌知名度和美誉度上起主要作用，但是，大多数广告的效果具有延迟性，很难快速达到企业增加销售的要求，这时，就需要销售促进的配合应用，达到企业营销目标；反之，一个成功的销售推广一定有广告的配合。

第二，广告是促销活动的基础。对消费品企业来讲，企业促销模式是通过广告建立知名度、拉动终端消费者的需求，刺激中间商经销广告产品开始的。并且，一些销售促进手段如果要达到预期的效果，必须要依靠广告发挥作用，例如：样品派送，就需要很精美的宣传册，以及加量不加价的包装更换等，也有像特价、打折、满300减100等对广告依赖少的促销手段。

销售促进案例

美国宝洁公司的“飘柔”洗发用品曾利用大陆消费者崇尚洋货的心理，凭借声势浩大的广告攻势在中国建立了自己的一席之地。但随着国外同类产品大举进攻中国市场，“飘柔”的销量受到了显著的影响。宝洁公司作为领导性品牌，其经营品牌的手段应该是国内企业效仿的榜样。为了改善这种状况，宝洁公司推出了海飞丝、飘柔美发亲善大行动(1990年2月)。此次行动紧紧抓住了春节人们焕然一新的时机，借发廊的配合，促使消费者使用飘柔产品，并借其亲善形象提高指名购买率，其目的是让消费者在实际使用中感受其产品的种种优点，而形成购买习惯。

根据当时资料显示，广州市区内发廊有3 000多家，以每个发廊每天接受20个人洗头计算，一个月的总洗头人数就接近广州市区的总人数。广州洗发水的销量发廊占34%左右。

择点——选取10家完全能代表广州市区最好水平的发廊，并且店铺分布合理，全部属于闹市马路边。

选美——招聘10多位美丽的亲善小姐，集中起来对她们进行头发生理、洗护常识、礼仪等培训，并配发很有特色的礼仪服装和化妆品。让这10多位美丽的亲善小姐去配合发廊行动。

待遇——在整个活动中，无论是发廊、消费者、亲善小姐、媒介部门，凡是给活动以支持的都得到了满意的利润。公司设计了6 388张洗发券，给消费者的实际利益是不用买任何产品，只需剪下一张广告，就可以换取一张相当于自己每日或两日工资总额的洗发券。就算是没有工资收入的学生或家庭主妇，也一样有机会凭自己的运气到高级发廊享受服务。

宝洁规定了两种换券方式：

第一，第一周采用到广州体育馆换票的方法。整个宣传是立体式的：报纸、电视、电台、街招及发廊宣传。结果前来换票的人空前踊跃，直到换完最后一张票，还有3 000多人排队。

第二，第二周考虑到换票者的层面及区域采用了寄信换票的方式。宣传的主题是：海飞丝有不用钱的免费洗发大行动。而且以后每周都有固定的票数发出，每周都是先到先得。每天把信件按区、街道分别做统计分类，然后有规律地抽选做寄发洗发票的工作。大行动的宣传是以每周五《羊城晚报》1/4版广告作为高潮，连续推出4周。定报纸篇幅、定媒介发布时间、定每次不同的换票游戏规则。在大行动期间，天河区星期五的晚报5点钟就卖完了。这样就大大提高了各种职业、区域消费者的投稿取票回报率。

大行动的亲善形象是一位极具亲和力的本地小姐，与10位驻店小姐一起为顾客解答各种头发的洗护常识。为使大行动的影响有一个立体的辐射，区域上作了两大划分。中心区域在广州市内，主要是免费洗头的承诺。广州市外及媒介所能影响的范围，设一项咨询奖，目的是用有限的资金使广告发挥最大的效力。

宝洁用只能拍五条广告片的费用金额举办的这次活动，使海飞丝及飘柔在广州地区的销售额比上年同期增加了3.5倍。杭州市场如法炮制，举办了“飘柔美发展新姿”活动，投入仅5万元，结果销量比上年增长了10倍。

对于每一个品牌，宝洁都有其不同的事件营销策略。针对以年轻人为消费对象的飘柔，就是建立了成功的事件营销完全攻略。

11.1.3　人员推销与广告

11.1.3.1　人员推销

(1)人员推销的定义

人员销售是一种通过销售人员主动上门访问消费者、以推销商品或服务为直接目的的营销沟通活动。人员销售的真谛就是——见人，销售人员需要与客户面对面交流，是最基本的一对一媒介。在整合营销传播方案中，销售人员的努力必须与公司的形象、任务、战略以及公司的其他传播活动保持一致。人员销售的任务不是完成一次销售，而是在整合营销传播过程中，建立一种为买卖双方提供长期利益的伙伴关系，以期获得双赢。销售人员帮助客户发现问题、进而发现他们的需求，为他们提供可行的解决方法，在他们下决心解决问题的过程中提供帮助，并在销售完成后提供售后服务，确保客户长期满意。在营销传播过程中，影响和劝服只是人员销售的一部分，最主要的还是解决问题。

(2)人员推销的基本形式

作为商业过程和一种职业，人员销售是企业传播工具组合中的一件，其重要性取决于它本身所处的行业、产品与服务的属性以及该企业的经营战略。

①上门推销。上门推销是最常见的人员推销形式。它是由推销人员携带产品样品、说明书和订单等走访顾客，推销产品。这种推销形式可以针对顾客的需要提供有效的服务，方便顾客，故为顾客广泛认可和接受。

②柜台推销。又称门市，是指企业在适当地点设置固定门市，由营业员接待进入门市的顾客，推销产品。门市的营业员是广义的推销员。柜台推销与上门推销正好相反，它是等客上门式的推销方式。由于门市里的产品种类齐全，能满足顾客多方面的购买要求，为顾客提供较多的购买方便，并且可以保证产品完好无损，故顾客比较乐于接受这种方式。

③会议推销。是指利用各种会议向与会人员宣传和介绍产品，推销活动。譬如，在订货会、交易会、展览会、物资交流会等会议上推销产品。这种推销形式接触面广、推销集中，可以同时向多个推销对象推销产品，成交额较大，推销效果较好。

(3)人员销售的优势及缺点

①人员销售的优势：

第一，说服力。人员销售是一对一的形式，其他任何方式都不能向人际沟通那样具有说服力。

第二，发现客户的真正问题。在进行推销时，经验丰富、训练有素的销售人员可以读懂对方的身体语言，了解字里行间的隐晦含义，发现客户的真正问题。

第三，信息反馈快速。销售人员可以主动提问、也可以解答对方的提问，面对面的局面可以使双方的问题马上得到反馈，销售人员可以根据情况迅速调整自己的表现或策略，专门针对特定对象的兴趣、爱好或需求进行沟通。不仅如此，销售人员还可以现场演示产品，直接与客户进行谈判，发现最适合客户需求的条款。

②人员销售的不足：

第一，费用支出较大。由于人员推销直接接触顾客的有限，销售面窄，人员推销的开支较多，增大了产品销售成本。

第二，耗时。人员销售是一种一对一的销售媒介，所以相当耗时，其销售的规模经济性较差，而遇到重要客户时，所需的人员和时间会更多。

第三，对推销人员要求较高。现在，销售人员本身良莠不齐，无论一个企业花了多少资金做宣传、打广告，推销其产品或服务是多么的好，一个不专业的销售人员就足以毁掉这一切。

11.1.3.2 广告与人员推销的关系

人员销售和广告对生产不同性质产品的厂商而言，在其营销沟通系统中占的比例是不同的。生产消费品的企业用于广告的费用往往高于人员推销；而工业品生产企业则更重视用人员推销的方式开辟市场。

产品生命周期的不同阶段，人员销售和广告所占的比例也不相同。在产品生命周期的引入期，这时需要发掘新市场、打开新产品的销路，所以企业大量投放广告打开市场；在产品的成长期，广告费用有所下降；当产品进入到成熟期，大量同类产品相互竞争，又迫使企业不得不增加在广告方面的投入，以期提升品牌资产、促使消费者指牌购买；在产品的衰退期，企业的广告投入再次减少，其在人员推销方面的投入主要是为了推销存货和介绍新的产品。

11.2 公共关系和赞助与广告

11.2.1 公共关系与广告

11.2.1.1 公共关系界定

“公共关系”一词的首次出现是在 1807 年美国总统托马斯·杰斐逊的国会演说，一开始公共关系主要是直接为政治和军事服务的，直到 19 世纪中叶才发展为带有明确的经济目的、有组织的公共关系活动。当时，美国不少企业及公司雇佣专人炮制煽动性新闻，为自身做各种各样的宣传以赢得更多的利润，成为美国当时风靡一时的报刊宣传代理活动。此后，公共关系从美国走向世界。

“公共关系”又称“公众关系”，来自于英文“public relations”，简称“公关”或“PR”，按照美国公共关系协会的理解，“公共关系有助于组织（企业）和公众相适应”，包括设计用来推广或保护一个组织（企业）形象及其品牌的各种计划。也就是说，公共关系是指组织（企业）在从事市场营销活动中正确处理组织（企业）与社会群体（公众）的关系，以便树立品牌及企业的良好形象，从而促进销售。

从以上定义总结，公共关系的构成要素有以下 3 个方面。

(1)社会组织是公共关系的主体

公共关系是一种组织活动，而不是个人行为，因此，组织是公共关系活动的主体，是公共关系的实施者、承担者。不要把一些个人的行为也说成是公共关系。如某公司总裁以个人名义向野生动物基金会捐款，这是个人行为，而不是公共关系；但当他以公司的名义捐这笔款时，我们便可把这种行为理解为一种旨在提高组织(企业)的知名度和美誉度、扩大组织(企业)影响的公共关系行为。

(2)公众是组织(企业)的利益相关人

每家组织(企业)都与特定的群体有关，这些群体可能是员工、顾客、持股人、竞争对手、供应商、经销商、普通的消费者，他们都在组织(企业)的行为中有一定的既得利益。每一个这样的群体都被视为某个组织(企业)的一个公众，公关的目的就是与公众中的多数建立并保持良好的关系。

(3)传播

公共关系中的传播是指组织(企业)通过传播媒介向公众进行信息或观点的传递和交流。这是一个观念、知识或信息的共享过程，其目的是通过双向的交流和沟通，促进公共关系的主体和客体(组织和公众)之间的了解、共识、好感和合作；其手段主要有人际传播、组织传播和大众传播等形式。

11.2.1.2　公共关系的特性

(1)高度可信

公共关系传播的信息是以事实为依据的新闻，尽量让第三者或者是新闻媒介代言，因此常常带有非盈利性色彩。所以，更能取得大多数受众的信任，取得良好的传播信息的效果。

(2)投资成本低

公共关系的投资成本远远低于广告和其他促销形式，如果将其投资效益加以比较则更是如此。公共宣传一般有第三人撰稿，通过大众传媒传递，不需要付费。

(3)影响度深远

在消费者心目中，公关宣传更具有可信性，他们对于所宣传的信息是一个认知及学习过程，可以改变消费者对企业或公司的态度。

11.2.1.3　公共关系的工具

公共关系工具是指企业在建立良好公关形象时所采用的各种手段和方法。

①新闻是公关人员使用的主要工具。公关人员找出或创作一些对公司或其产品有利的新闻。公关人员可以有意识地提出一些事件行动来制造新闻。

②访谈。公司领导人员与新闻记者的访谈活动、或在行业协会上做演讲、或在交易会上讲话，这些事件会有助于确立公司形象。

③特别活动。包括新闻发布会、大型的开幕式、焰火展示、多媒体展示以及各种展览会等。

④书面材料。公关人员还可以通过书面材料，接近并影响他们的目标市场。这些书面材料包括年度报告、小册子、文章以及公司的新闻小报和杂志。

⑤招贴、展品和公告牌。

⑥通过向公益活动捐款来提高在公众中的声誉。

11.2.1.4 公共关系与广告的区别

公共关系不是广告。虽然开展公共关系无疑要运用广告这种重要的传播形式，但广告只是特定的公共关系计划的一部分，它们之间既有联系又有区别。以一个马戏团要在某城市表演而作的市场活动为例：如果你在街上做一个牌子，写上"×××马戏团将于×月×日在本市上演马戏表演"，这就是在做"广告"；如果你在马戏团里找一头大象，把这个牌子放在大象的背上，在大街上来回走动，这是在做"促销推广"；如果你能让市长对"大象背着广告牌在大街上来回走动"这件事发表意见，这就是在做"公关"。

公共关系与广告的区别主要在于以下几点：

(1)传播的目标不同

公共关系的目标是树立良好的整体形象、改变公众对组织和产品的认可、态度、获取公众的支持，建立有利的生存发展环境；广告的目标是传递产品的信息、引起对产品产生好感、激发人们的购买欲望，"让别人购买我的产品"。

(2)传播方式不同

广告为了引人注目，可以采用各种传播方式，包括新闻的、文学的及艺术的传播方式，可以采用虚构的乃至神话的夸张手法，以激起人们的兴趣，加速人们的购买欲望。但公共关系的传播方式，最重要的是靠事实说话，其信息传播手段主要是新闻传播的手段，如新闻稿、新闻发布会、报纸、杂志等，这些传播手段的特点是：靠信息的真实性、客观性及其内在的新闻价值说话，认为成功的关键不在于当事人运用什么哗众取宠、耸人听闻的表现手法，而在于善于选择适当的时机、采用适当的形式，通过适当的媒介，把适当的信息及时、准确地传递给目标公众。

(3)传播周期不同

通常来说，广告的传播周期是短暂的，短则十天半月，长则数月一年，一般不会太长。相对来说，公共关系的传播周期则是长期的，其任务主要是树立整个企业的信誉和形象，急功近利的方式是很难奏效的。

(4)传播媒介关系不同

除小部分的公共广告外，大部分的传播材料是否能被传播、怎样传播、最终的决定权在媒介，因为大众公共宣传是不付费的。在不违背广告法的基础上，广告传播的决定权在广告主。

(5)传播效果不同

一般来说，广告的效果是直接的、可测的；广告效果是局部的、战术性的。而公共关系的效果则是战略性的、全局性的。一般来说，公关的整体效益是难于通过利润的尺度来直接衡量的。虽然，公共关系的主旨是树立及维护企业的品牌形象，但是，也可以积极运用公共关系在隐性宣传方面的作用，使之与广告显性传播的形成互补优势。

公关案例分析：绿色麦当劳

环境污染和恶化问题正引起世界各行各业的关切和重视。全球闻名的快餐王国麦当劳也积极、主动地加入了有益于环境保护的行列。

在美国，从 20 世纪 70 年代起，速食业已有饱和之说，但麦当劳(快餐食品)却以其无坚不摧之势风行世界，几乎无处不受欢迎。时过境迁，到了 1988 年，麦当劳因其每天都制造垃圾——废弃的包装物，又逐渐成为环保人士攻击的对象。

麦当劳采用的是“保丽龙”贝壳式包装。这种包装既轻又保温，且携带方便，是速食业理想的包装。但这种包装难以处理，加之外带食用的比例过高，废弃包装物的清理就成了威胁环境的问题。富有环保意识的人们，尤其是年轻的一代纷纷地向其总公司寄来了抗议信。公司当局意识到这些抗议将威胁到企业未来的生存，而且包装可说是速食业的灵魂，速食业致力于包装的开发，其重要程度并不亚于菜单的本身。

许多企业面对环保问题，应付的办法不外乎是推、拖、拉，但麦当劳没有这样做。它得罪不起消费者，不仅必须有所行动，而且要公开地做。为了平息抗议，它开始寻求环保人士的协助。1990 年 8 月，麦当劳与美国一个很进步的环保研究及宣传机构“环境防卫基金会”(EDF)签署了一项不寻常的协定。

麦当劳之所以寻求 EDF 的协作，是因为当其拟定环保政策时，发现环保的复杂程度远远超过其认识。起初，麦当劳以为主动回收废弃的贝壳包装，似乎就能平息消费者的不满。1988 年，麦当劳在 10 个店铺做过小试验，证实将贝壳包装回收再制成塑料粒子作为他用，技术上是可行的。但翌年将此设计扩大为 1 000个店铺时，却出了问题，主要是其外带量是店内量的 6～7 倍，这么大量的废弃物已非麦当劳所能控制。另外，在店内食用的、废弃的包装物虽然可以回收，但清理工作十分麻烦。回收不是灵丹妙药，特别是美国有些城市已全面禁止使用贝壳包装。在很难满足不同环保目标要求的情况下，麦当劳不得不寻求外援，与 EDF 携手合作。

在与 EDF 合作之初，麦当劳领导层人士还期待着在美国的 8 500 家店铺全面实施回收来解决包装问题，但 EDF 确信减少包装才是治本之道。

麦当劳至此决心改弦易辙，宣布取消贝壳包装，代之以夹层纸包装。随后麦当劳自己还进行了一项研究，发现贝壳包装从制造到废弃的全过程，耗费的天然资源比夹层包装纸大。夹层包装纸虽然无法回收再制，但不像贝壳那样蓬松，其储运与丢弃所占的空间只是贝壳的1/10。整个研究得出的结论是：减废比回收更重要。

取消贝壳包装只是整个环保努力中的一个小进步，主要的成就还是在实现环保目标上。为了实现环保计划，双方同意按减废、重复使用、回收再制的顺序进行。在减废上从 3 个方面着手：一是减少包装；二是减少使用有损环境的材料；三是使用较易处置，能物化成肥料的材料。

案例分析

环境问题作为世界所关注的一个焦点，已成为全球所共同面临的一个最重要课题。“绿色”——一种强调社会进步与环境保护协调同步发展的崭新文明形态，已成为时代不可抗拒的潮流。绿色麦当劳就是在“绿色”的潮流中，以自己独有的精明和强烈的公共关系意识，通过环境保护这一深得人心的举措，赢得社会的好感和信誉，从而为麦当劳事业的发展创造了一个良好的社会关系环境。

从公共关系角度看，企业形象是企业的第一生命，树立企业的良好形象是企业刻意追求的目标。现代企业形象的形成不仅仅取决于产品信誉，更重要的是取决于企业信誉。相对于产品信誉而言，企业信誉是较高层次的信誉，它不仅仅是企业经济素质的综合反映，也是企业作为社会“公民”，履行和承担社会责任的标志。事实证明，诸如绿色麦当劳这样的现代企业，要想在现代市场的激烈竞争中拥有消费者，光凭一流的产品和服务是远远不够的，还需要一种崭新的经营理念，一种自觉的社会责任意识并付之以实际的行动，从而才能在社会公众心目中达成一种共识，树立一种良好形象。麦当劳在面临“环保危机”的情况下，不等、不拖、不推，而以自己特有的敏感和强烈的企业信誉感积极主动“出击”，通过与 EDF 携手合作，从“减废”这一根本之道出发，成功地在社会公众中重塑了麦当劳的良好形象，使企业重新在激烈的市场竞争中赢得消费者的信任，创造了良好的社会氛围和经营环境，这正是麦当劳的高明之处。

11.2.2　赞助与广告

11.2.2.1　赞助界定

赞助是指企业为了实现自己的目标而向某些活动主办方提供资金支持的一种投资行为。赞助活动的目标可能是创造企业及产品的知名度，也可能是借人际接触与重大事件挂钩的方式改善公共关系，还可能是直接提高企业效益。赞助活动并不等于慈善行为，这项投资需要为赞助者带来相应的商业回报。赞助方式可以采用资金，也可以采用物质资料，甚至是提供人力资源等多种形式。例如：联想集团赞助了北京奥运会期间所有所需电脑，就属于实物赞助。有些时候，实物赞助仅限于活动期间主办方对该物品的使用权，活动结束后举办方需要向赞助者交还物品，比如 2009 年 3 月在无锡举办的第二届世界佛教论坛的所有嘉宾接待车辆都是由一汽奥迪提供的，活动结束后主办方需归还所有车辆。赞助项目可以是体育运动、娱乐活动、节庆/展览/年度活动、公益慈善事业/文化艺术(艺术馆、剧院、交响乐团)等。现如今，赞助已经成为发展最快的营销模式。

11.2.2.2　赞助的优缺点

(1)优点

第一，有利于企业被社会认可。企业对社会活动的赞助，将极大地有利于企业被社会认可，有利于企业与政府或社会团体建立更密切的关系，创造有利于企业生存发展的社会环境，而这是通过纯粹商业性行为是不可能达到的。

第二，把品牌与某项赞助活动相连，可以有利于增加树立品牌形象的机会。

第三，赞助比其他的营销传播工具更具备让消费者、潜在消费者、利益相关人参与其中的能力，虽然参与事件的能力有所区别。

第四，有利于产品销售。万众瞩目的热点能制造出许多商业机会，企业借此开展的刺激产品销售的行为较易被消费者接受，而赞助活动特有的热烈气氛能激发消费者的消费意识与选择偏好。

(2)缺点

第一，需要特定机会才能开展。由于赞助活动需与其他组织协调共同进行，因此赞助活动有一定的时机性。

第二，费用投资高，尤其是独家赞助。仅赞助费就是一笔不小的投入，而要使赞助项目真正发挥效用，更需要企业投入配套资金开展系列推广宣传促销活动。所以，企业往往应预先计划下一年度的赞助活动预算，倾入相当的营销投资，才能使活动整合而连续地进行。

第三，赞助活动的成效难以测定。一般企业在赞助活动的同时开展其他的促销活动，因此，很难分清哪些是赞助活动造成的影响。

思考题

1. 举例分析广告与公共关系在营销传播功能上存在的差异及其互补关系。
2. 举例分析公告和销售促进在营销传播功能上存在的差异及其互补关系。
3. 举例阐述广告和人员促销在营销传播功能上存在的差异及其互补关系。
4. 简述下列概念：公共关系；销售促进；人员促销；赞助。

第 12 章　广告与广告人的培养

◈ **学习目标**

◈ 通过对广告人的学习，了解广告人的含义及应具备的素质能力；通过对广告与文化的关系的学习，认识到广告对文化的影响及文化对广告的影响，进而了解创意产业对广告的发展影响；通过学习广告人的培养，了解我国各大高校培养广告人才的现状和出现的问题与对策。

◈ **学习重点**

◈ 掌握广告人的含义和应具备的素质及能力；掌握广告与文化的联系与区别及广告创意产业的功能；了解如何进行广告学的人才培养。

◈ **学习难点**

◈ 广告与文化的相互影响；广告学人才的培养。

12.1　广告人的概述

12.1.1　广告人的含义

12.1.1.1　什么是广告人

美国的广告泰斗詹姆斯·韦伯·扬(James Web Young)在美国芝加哥大学商学院夜间部所开广告课的教材《怎样成为广告人》(How to Become an Advertising Man)中，是这样解释广告人的："广告人，泛指一切从事替广告主购买广告版面、时间者，替媒体所有人销售广告者，以及在广告代理公司及其他处所作广告服务的各种人等。"

12.1.1.2 广告人的构成

①广告业中的与广告活动有关系的相关人员；②专业广告从业人员；③广告审查机构的有关广告审查和监督的工作人员；④广告教育、研究人员。广告人应具有的素质，从对国外成功的广告人的分析中，可以发现，成功的广告人在自身素质上应该具备三个维度，即知识、能力和经验。

12.1.1.3 广告人应具有的知识素质

韦伯·扬对广告人应具备的知识进行了详尽地理论分析，他认为广告人应具有7项分类知识，具体如下：

(1)陈述主张的知识

陈述主张是任何广告对其视听众所作的报偿(quid proquo)，即视听众做了你要求做的事，他就能得到利益。

(2)市场的知识

市场的知识是指广告人必须懂得市场的位置、规模的大小、构成市场的要素，诸如消费者群体的收入、年龄、教育、职业、消费特征与差异以及变动等。

(3)信息的知识

信息的知识是构成广告运作的核心，是广告主支付费用之所在，同时也就决定了广告的成功与失败。韦伯·扬认为：信息必须做到的第一件事，就是要得到“注意(attention)”；信息产生的第二个效果，就是使视听公众把短暂的注意转变成确实发生“兴趣(interest)”或内心的注意；第三是让广告接受者把兴趣或内心的注意转变成你所提供给他的“欲望(desire)”，使其产生“那正是为我所准备”的念头。第四是你要有办法让他对你的承诺产生信心，从而刺激他采取“行动(action)”。

(4)信息运送工具的知识

信息运送工具的知识，即广告界中所说的广告媒体的知识。

(5)交易通路的知识

交易通路的知识，就是指掌握商品或服务怎样到达最后的使用者以及因其实际销售及送达过程中所导致的变化等方面的知识。

(6)怎样知道广告发生功效的知识

怎样知道广告发生功效的知识，又可称为预测广告发生功效的知识，具体包括5种基本法则：其一，以之建立熟悉感(by familiarizing)；其二，以之作为提醒作用(by reminding)；其三，以之传播新闻(by spreading news)；其四，以之克服抱残守缺的人类惯性(by overcoming inertias)；其五，以之增加产品具有的所谓附加值（by adding value notion the product）。

(7) 特定情况的知识

特定情况的知识是指在运用广告时的一些策略知识。

韦伯·扬的上述七大类知识可谓是广告人必备的经典性知识要求。除此之外，在当今信息时代，各种新学科、新技术不断涌现，对广告人而言，还要通晓社会学、心理学、传播学、公共关系学、市场学、美学和艺术等新的理论和新的方法以及数理测定的技术知识。

12.1.2　广告人应具有的能力素质

我们认为作为一个成功的广告人其基本能力应该具有观察与直觉能力、策划与选择能力、创新与设计能力、形象表现与文案写作能力。

12.1.2.1　观察与直觉能力

广告人必须培养自己良好的观察与直觉能力，要对各类新的知识、技术和科学信息经常地观察和分析，对广告现实和趋势乃至微观操作上的广告行为加以警觉和注意。“当训练有素的有直觉力的广告人，其作业一定要经过僵化死板的、没有直觉力的、没有商人神通的痛苦程序时，广告主很难获得有创造力的广告。”

12.1.2.2　策划与选择能力

策划能力和选择能力是广告人从事广告工作的基本能力。广告人要有较强的策划能力。进行广告活动，必须事先进行有效的策划。

(1)宏观广告策划能力

这种策划能力是指广告人对于系统的、较大规模的、为同一目标而展开的一系列的各种不同的广告活动而进行策划的能力。

(2)微观广告策划能力

这是指广告人对单一的广告活动进行策划的能力。

广告人要有较好的选择能力。选择能力是从众多策划方案中择定最佳法案的能力，属于决策活动的重要表现之一。

12.1.2.3　创新与审美能力

广告要想引起公众的广泛注意，让人们在不知不觉中接受广告信息，就要在广告的构思和表现上巧用心思，从不落俗套角度上做文章。广告既要表现出新、奇，又要符合审美情趣的要求。

“第一个把女人比喻为鲜花的人是天才，第二个把女人比喻为鲜花的人是庸才，第三个把女人比喻为鲜花的人是蠢才。”因此，广告人要在“创”字上下一番功夫，“创”是与“仿”相对而言的，“创”而出新乃创新，“仿”为模仿与仿效。广告人要想提高自己的创新能力，就要做到打破常规模式，不拘泥各种表现形式的限制，敢于否定既有模式和规范，敢于对既有的表现形式和操作中的常规提出质疑。

12.1.2.4 形象表现与文案写作能力

形象表现就是指以点、线、面、形、色彩等形式来对广告主题和内容进行表现和反映。形象表现最突出的特点就是形象的鲜明性。文案写作是广告活动中广告人以语言符号构思、创意去对广告主题和内容进行表现和反映。文案写作最突出的特点就是使已经丰富的联想，给人留下思索的余地。广告人在广告形象表现能力上的具体体现就是广告形象设计能力和广告形象表现能力。广告文案写作能力属于广告表现能力的一种形式。广告文案能力对一个广告人而言并非无足轻重，而往往至关重要，以至于许多广告人都以文案人员而自居。比如大卫·奥格威“喜欢自命为文的写作人员”，可见其对广告文案的重视。

12.1.3 广告人应具有的职业道德素质

12.1.3.1 广告人应该公正地传播广告信息

作为广告主的代表和广告信息传播者，广告人应该保持公正、客观，既对广告主的产品、服务和形象做出诚实的、明白的传播，又对每一个对产品缺乏知识和缺少经验者进行正确引导。

12.1.3.2 广告人应该客观地向广告主反馈信息

为广告主传播信息和向广告主反馈信息是广告人应具备的职责。广告人要对自己为广告主传播信息的效果进行定量化测定、检验和分析，为广告主反馈客观的广告效果，完善广告主的正常决策和经营工作的开展。

12.1.3.3 广告人要有一定的社会文化责任

广告人在整理、制作和传播广告信息时，既要考虑到广告对于广告主、消费者带来影响的同时，也要注意广告文化对于社会文化的影响，推动广告文化的传播和社会文化的进步。

12.2 广告与文化及创意产业

12.2.1 广告与文化

12.2.1.1 广告与文化的联系

(1)广告与文化相互影响

1986年5月，在芝加哥举行的第十三届世界广告大会上，美国广告界的知名人士萨诺·贝蒂·范德努特以“文化的艺术和科学”为题作了长篇发言。她说：“如果没有人做广告，谁能创造今天的文化？你又能从哪儿为文化活动找到一种比广告媒介更生动的宣传方式呢？……我们应该承认我们确实影响了世界的文化，因为广告工作是当代文化整体中的一部分，是文化的传播者和创造者。”广告的本质是推销，其目的是商业性的，但广告的表现形式却具有文化性，它是一定社会文化的产物。由于广告人、广告受众是具有一定社会文化习俗的人，因此不同民族社会的哲学观念、思维模式、文化心理、伦理道德、风俗习惯、社会制度乃至宗教信仰等，都不可避免地会对广告产生影响，从而形成了某个民族或国家的广告风格和气派，任何一个社会的广告无不带有社会文化的痕迹。

文化的共通与差异决定着广告策略在不同文化背景中的变化，这一点对于在比较广泛的地域内进行的广告运动和跨国家、跨民族、跨宗教、跨种族的广告活动非常重要。在进行这些类型的广告活动的策划时，应该明确文化的共通与差异，保留各个文化背景的受众都能够理解和接受的广告信息和信息传达的方式，而根据文化的差异与广告传播的内容和方式进行适当的修正。世界著名的快餐连锁店麦当劳在印度上市的实例就能很好地说明这一点。麦当劳快餐产生于以牛肉为主要肉食的美国，因此美国的多种汉堡包都以牛肉为主要原料。而印度是一个以印度教为主要宗教的国家，印度人视牛为神物，忌食牛肉。为了争取印度的市场并且尊重印度的民族习惯，以获得更多的消费者，麦当劳餐厅将羊肉作为在印度出售的汉堡包的主要原料，并进行广告宣传，从而顺利地进入了印度市场。

(2)广告本身也是一种文化

广告除了具有商业性外，其内涵还体现了广告主及广告制作者对生活的理解及其价值观念。如钻石牌手表的广告所说：“出手不凡的钻石表”，它体现的是一种高雅感。而某名牌手表的广告则说：“把握时间，走向未来”，它体现的是一种对时间的珍惜及节奏感。尽管这两种广告体现了不同的价值观与诉求方式，但它们都表达了自己的追求与观念。由此可以看出，广告在宣传商品或服务的同时，也在自觉不自觉地输出着某种文化意识，改变着人们的思想和价值观念，引导着人们的行为与生活方式，在刺激物质需求的同时也刺激着人们的精神需求。广告的生命力在于创新求异，具有现代气息和催化作用的广告宣传必然或多或少地改变着一些传统文化，推动着文化的发展。广告正在成为一种特殊的社会文化现象。

广告文化性的体现，在表现形式上呈现出与文学艺术结合起来的趋势，在推销动机上反映了推销是有不同层次的。推销动机可以分成3个不同层次，即推销产品、推销服务和推销观念。推销产品是广告最基本、最直接的目的，它主要介绍产品的功能、特点、用途、款式等。推销服务比推销产品更进一层，它不止把产品推销出去，还要考虑消费者在使用产品过程中的满意度。推销观念是推销中的最高层面，它采用劝说消费者接受一种观念的办法来达到销售的目的。比如：随着生活水平的提高，人们在饮食上追求吃得好，这时菜肴的色、香、味、造型都成了饮食的需要；在穿着上，追求穿得美观、高雅，而服装的款式、色彩、质地成了考虑的主要内容。这些充分说明了人们在追求商业消费的同时，也在追求文化消费。

随着推销层次的提高，广告的商业性在逐步减少，广告的文化性却逐步加强。当报纸、杂志、广播、电视这些大众传播媒介在现代家庭普及以后，各种媒介产品所附带的崭新的生活方式也对传统的消费观念产生了强烈的冲击和震撼，其中最具有直接消费示范作用的广告在改变传统消费惰性方面更是功不可没。在需求多样化和市场竞争日益激烈的今天，简单告知式的广告已成为历史。广告人都千方百计地把各种各样的观念、情感渗透在广告作品中，日本资生堂的广告设计者中村诚说："一个广告艺术家的设计必须反映他或她自己的创作哲学。"

(3)广告与文化都会影响或改变人们的观念

文化对公众的行为、观念具有调控规范作用，如果说广告是在强化或改变人们的某种观念，那么文化就直接影响了人们对广告活动的理解、判断和接受。一方面，广告创作不可能脱离相应的社会文化背景；另一方面，广告必须在广告创作时进行必要的文化包装，成功的广告必然会表现出浓厚的文化气息。

12.2.1.2 广告与文化差异

文化指的是任何一群人(包括一个社会)共同持有、并且形成该群人的每个成员的经验及指导其行为的各种信仰、价值和表达符号。因此处于相同文化下的一群人，其生活方式、行为模式必定深受文化的影响而呈现相同的形态、特点。换句话说，承袭不同文化的一群人，必定也因文化差异而在生活方式、行为模式的表现上有所不同。文化作为包括语言、审美情趣、价值观念、消费习俗、道德规范、生活方式以及具有历史继承性的人类行为模式等的综合体，它像包围着地球的大气层一样影响、作用于每一个生活在该文化环境内的人的思维方式和行为特征。很多正常人自然地受其影响做出各种决定，选择特定的生活方式。表现在广告上，其创意、插图、标题及使用的诉求形式都带有相当的文化意境。

文化差异来自思维差异，创意的文化差异首先来自思维差异，东西方在哲学思想源流上各自有不同的来源。东方体系(特别是中国)深受儒家、道家等传统文化的熏陶，历史悠久丰富，较注重情感的变化，因此东方诸民族观察事物有时是凭直觉、非理性、综合的，他们注重情感诉求。相对而言，西方的逻辑学承袭自苏格拉底以来的“三段论法”，因此西方的思维方式倾向理性主义、善用逻辑、推理的思考，他们习惯有系统、有秩序地掌握事物的性质。因此，东方的思维方式通常特点是精神的、感性的、内向的、综合的、主观的；而西方的思维方式通常特点是物质的、理性的、外向的、分析的、客观的。当然，这只是整体地从东西方人的思维习惯上来看，及至具体，也是因人而异的。

(1)单一文化影响下的广告

在单一的文化影响下，东西方广告随着其思维文化的差异而呈现出不同的特点、闪烁着独特的眩目光彩。中国历史悠久，拥有丰富的传统文化、保守的储蓄观念，文化中极富有人情味。及至广告，创意人通常习惯把情感隐藏在心里，再通过创作反映到广告作品，从中可以阅读到中国传统文化的精髓。红星精装瓷瓶二锅头的广告，就是从文化的角度来推广产品。作为中国政治文化中心的北京，最有名也是最普通的酒，就是红星二锅头。作为老北京的餐桌必备，二锅头已经融入了北京文化。但作为低端产品，二锅头要想打入高端市场，也要靠文化这个切入点。其电视广告强调了在北京吃喝玩学所必然的项目。比如在北京——吃，要吃烤鸭；玩，要爬长城；学，要学京剧；而喝，自然就要喝红星了，而且还是精装瓷瓶的红星二锅头。从中国传统文化以及独特的习惯入手，提升了自己品牌的地位，使自己融入文化，上升到了一定高度。

但在外来文化，尤其是西方文化的冲击下，新一代的年轻人的思想和逻辑发生了很大的变化。而以他们为主要目标群体的一些产品，比如汽车、手机、电脑等高科技产品以及服装、饮料、食品等消费品，这些商品的广告表现都要随之变化。

在西方，每年的 2 月 14 日是情人节，在这一天，女孩子会送巧克力给自己心爱的人。在中国，这个洋节越来越受到年轻人的重视，每年的情人节前夕，各大巧克力品牌都会进行各种广告宣传。在平时，金帝巧克力的市场覆盖率远远不敌德芙和吉百利这两个在中国最深入人心的巧克力品牌，但在情人节期间却不是这样的。金帝巧克力适时地推出了几款适合情人节的礼品包装，再加上它特有的广告口号，成为了情人节期间最吸引女孩子的巧克力之一——“只给最爱的人”。在这样的日子里，这样一句甜蜜贴心的话，怎么可能不令人心动呢？

直白热情的爱意表达是西方人特有的方式，在他们的思维中，爱，就要说出口，甚至情敌间决斗至战死也是光荣而神圣的，没有任何害羞的必要，这显然不是保守的中国人所习惯的。“只给最爱的人”这一广告口号的提出显然是西方文化的直观体现。

然而，现今对中国市场文化冲击最为强烈的不是西方文化，而来自我们的近邻——日韩文化。前几年“韩流”的暴风雨席卷了中国大陆，在青少年中造成了相当规模的影响，至今仍留有余波；而日本对外的文化影响更是由来已久，Panasonic、Sony、本田、富士等品牌在中国已经家喻户晓，深入人心，这些都毋庸置疑。日韩服饰、电影、音乐等的文化侵袭，无孔不入。前段时间最风靡的广告就是奥林巴斯数码相机的广告，可谓无人不知、无人不晓，其主题歌《Hey，Julia》也是红极一时。在网上，更是有人无数次的点击下载整版的广告，创造了中国播放广告片的一个奇迹。奥林巴斯数码相机，由此，彻底打开了中国市场，造成了相当规模的影响。

(2)多元文化冲击下的广告

改革开放的今天，在多元文化的冲击下，中国已经形成了许多新兴的文化现象。

“七夕”——农历的七月七日，是中国传统的七巧节，在中国古老传说中，是牛郎织女相会的日子。在以前，这个日子对中国人来说只意味着一个浪漫神奇的民间传说，但在今天，这已经演变成了中国的情人节，给恋爱中的青年男女每年第二个浪漫节日，也给了商家第二个借此大展攻势的机会。于是，像2月14日一样，鲜花、巧克力、香槟以及一切适合情侣的浪漫商品再一次地铺天盖地。中国情人节——这无疑是东西方文化冲击下的一个典型例子。

所谓入乡随俗，外来品牌想要打入中国市场，带来一定的文化冲击之外，还应努力适应中国的文化环境，这样才能更容易被中国消费者所接受，这样就造成了多元文化广告。

外国名牌在投放中国市场时，其广告创意也是随之变化的。可口可乐作为全世界最著名的品牌之一，其产品反中国传统习惯的口味一度被许多中国人排斥，但随着中国经济水平与西方的拉近，随着中国老百姓生活水平的提高，可口可乐不再是个新鲜的消费品了，它已经成为许多家庭餐桌上的必备，所以他在广告上的宣传上的侧重点早已不再在是口味了。春节是中国的传统佳节，也是中国人最重视的节日之一，每年春节家家都要聚在一起吃年夜饭，然后探亲访友，对于春节期间中国人餐桌上的饮料需求，可口可乐是不会放过这一点的。猴年春节，可口可乐就专门推出了可口可乐金猴闹新春篇，以中国最著名的神话形象——孙悟空现身，为其"代言"，这个全世界人民都知道的形象生动可爱，不仅在春节期间显得热闹喜庆，还拉近了与中国观众的距离。这篇广告的人物形象也极具中国特色，一家四口中国家庭——妈妈盘着中国发髻；爸爸穿着长袍马褂；两个小孩子一个留着阿福头，一个梳着丫鬟髻，如果你记性好你还会发现，这几个典型的中国形象人物曾经在往年的可口可乐春节期间广告上出现过。

不仅是可口可乐，麦当劳在春节期间的广告也非常具有中国特色，不仅有很多春联福字，还有鞭炮，舞狮等。这不难看出中国文化对外来品牌的影响，在中国文化的环境下，外来的洋商品也都穿上了旗袍马褂，说着恭喜发财。这种外国品牌穿上中国外衣的例子，在中国的广告市场上也是越来越多。

(3)广告创新文化

现今社会，广告已经形成了一种独特的文化，具体化当然有其地区的差异，但我们也无法忽视其整体形成的文化。每年，数以万计的人们欢度饕餮之夜广告盛会；很多流行音乐明星的专辑里都收录有广告歌曲；人们聊天聚会，有人会不时随口说出几句流行广告语……广告，作为一种文化产物，已经形成了一种独特的文化现象，融入了由历史地域冲击所形成的文化环境中。文化影响广告，广告创新文化，如此循环，创造生活。

12.2.2　广告与创意产业

创意产业是一门新兴的学科，有关它的定义、范畴等都在讨论当中。本文所探讨的广告创意产业群聚，是指在特定空间领域范围内，相邻近的公司及机构维持某种型式的互动关系，相互影响与支持，在价值链上紧密分工达到利益最大化。以集群方式，使某一区块的公司及机构能共享规模经济，通过相互学习及协同创新，形成更具弹性的生产体系。

12.2.2.1　创意产业的概念及范畴

"创意产业(creative industries)"是一个相当新的学术、政策和产业论述范畴。目前，国内外对创意产业追捧很热，对创意产业也有很多定义，主要有以下几类：

(1)国外创意产业代表人物所下的定义或范畴

① 约翰·霍金斯(John Howkins)：版权、专利、商标和设计，这四个产业

构成了创意产业和创意经济。

② 理查德·E·凯夫斯(Richard E. Caves)：创意产业提供我们宽泛地与文化的、艺术的或仅仅是娱乐的价值相联系的产品和服务。它们包括书籍杂志印刷业、视觉艺术(油画与雕刻)、表演艺术(戏剧、歌剧、演唱会、舞蹈)、有声唱片、电影和电视节目以及时装、玩具和游戏等。

③理查德·弗罗里达(Richard Florida)：创意经济的发展需要注重“3T”理论，即技术(technology)、人才(talent)和宽容(tolerance)。弗罗里达把它们视为一个地方想要吸引创意人才、激发创新能力与刺激经济成长的不可或缺的3个条件。

(2)各个国家及地区对创意产业的界定

①英国：源自个人创意、技巧及才华，通过知识产权的开发和运用，具有创造财富和就业潜力的行业。

②美国：其创意产业的重要表现形式是版权产业(copyright industries),《美国经济中的版权产业：2004年报告》采用由世界知识产业组织(WIPO)界定的四种版权产业分类：核心、部分、边缘、交叉，这四个部分合称为“全部版权产业”。

③芬兰：使用文化产业结合文化与经济，包括意义内容的生产、传统与现代的文化艺术、结合成功的商业机制、大众阅听者与近代电子生产、文化的创业精神。

④澳洲：指生产具有信息和通信领域特性并具有创意产业性质的应用软件和数字内容产品的部门。应用软件和数字内容产品作为创意产品，它们的制作和发布是采用数字化模式的并且能够具有知识产权，可以通过网络与非网络媒体的方式传播。

⑤日本：文化产业的目的就是创造一种文化符号，然后销售这种文化和文化符号。这个定义既体现了文化与经济的结合，也体现了哲学、心理学与经济学的结合。日本的文化创意产业分为三大类：内容制造产业、休闲产业和时尚产业(日下公人，20世纪80年代)。

⑥香港：源自于个人创意、技巧与才华，通过知识产权的开发与运用，创造财富与就业潜力的行业。

⑦台湾：源自创意或文化积累，透过智慧财产的形式与运用，具有创造财富与就业机会潜力，并促进整体生活环境提升的行业。

⑧北京：以创作、创造、创新为根本手段，以文化内容和创意成果为核心价值，以知识产权实现或消费为交易特征，为社会公众提供文化体验的具有内在联

系的行业集群。

⑨上海：以创新思想、技巧和先进技术等知识和智力密集型要素为核心，通过一系列创造活动，引起生产和消费环节的价值增值，为社会创造财富和提供广泛就业机会的产业，主要包括研发设计、建筑设计、文化艺术、咨询策划和时尚消费等几大类，并涉及诸多行业。

综上所述，创意产业是一个非常宽泛的概念，各个国家、地区按照自身发展的需要提出了一系列有关创意产业的定义。通过综合比较，创意产业可定义为：建立在现代信息资源基础之上，个体或组织充分发挥聪明才智，运用现代数字媒体技术，通过知识产权保护，以数字化、网络化、文化性、互动性、体验性为特征，引起生产和消费环节的价值增值，为社会创造财富和提供广泛就业机会的产业。

12.2.2.2　城市广告创意产业集群的原因与条件

创意产业的灵活性为我们思考城市广告创意产业发展提供一种思路——“集群”(cluster)。“集群”不是简单的“聚集”，从横向看，是把类型接近的公司组合在一起，由于具有共性和互补性而联系在一起，能产生一种“聚变效应”；从纵向看，是打造一条完整的产业链，为客户提供“一条龙”式的服务。

从现代城市经济发展来看，城市竞争的优势不再是增加重量和体积，而是建立起城市的风格和魅力。广告创意产业是以“创意”为核心的“轻型经济”，许多国家和地区正通过建设创意产业聚集区来促进广告创意产业链的成型。广告创意产业聚集区是指汇集设计、咨询、艺术等以创意为主的个人工作室或服务型公司，形成多元文化生态和创意服务产业链的一个特色区域。

打造城市广告创意产业集群需要具备六大条件：

第一，区域文化储备。广告创意产业需要一定的人文资源环境。一个地区文化储备的多少，直接影响到广告创意产业的发展。而文化资源的多少，在一定程度上取决于一个城市是否以开放的心态去开发和吸收。

第二，区域市场需求。广告创意产业是商业经济中的一个环节，其生产的商品必须由市场来消化。区域市场需求对广告创意产业的发展有很大的推动作用。从目前广告创意产业发展较好的城市来看，都依赖其良好的市场需求情况。

第三，区域政府支持态度。广告创意产业不是传统的单一产业，是一个跨行业、跨部门的新型行业。如果没有政府部门的协调和政策的制定，就不可能形成完善的产业链。如果没有从创意到生产，再到销售一个流程的完整产业链模式，对广告创意产业发展来说，不是严格意义上的创意产业。政府对广告创意产业的宏观政策指导及对广告创意产业公用设施的投入对形成创意产业集群至关重要。

第四，区域教育配套情况。广告创意产业对从业人员的知识更新能力要求更高，它需要从业人员源源不断地提供“原创性”的思想和理念。城市广告创意产业的发展离不开区域教育配套设施。配套齐全的教育设施，不仅能给广告创意产业提供前沿的学术理论，跟踪全球最新的产业理念，而且也能为创意产业提供源源不断的从业人员。美国学者 Florida 对人口 100 万以上的美国大城市圈进行创意性排名，旧金山、奥斯汀、波士顿居前 3 名，纽约、洛杉矶、芝加哥分别在第 10、13 和 16 位。Florida 发现这些创意城市都集中了一批著名的大学。如波士顿拥有哈佛大学和麻省理工学院，纽约拥有哥伦比亚大学和纽约大学，芝加哥拥有芝加哥大学和伊利诺伊大学，洛杉矶拥有加州大学洛杉矶分校和南加州大学。

第五，资本注入。资本是一切产业发展的前提和根本保证。对广告创意产业来讲，资本主要包括智力资本、生产设备、资金投入。供应商、流通商以及给予创意产业经济支持的其他供应商对广告创意产业的支持是必不可少的。纽约的创意企业和个体从强有力的慈善机构、政府、企业和个人那里得到资金支持。

第六，知识产权保护体系。创意产业比传统产业更需要知识产权的保护，这是创意产业的核心内容之一。世界创意产业之父约翰·霍金斯在《创意经济》一书中就明确提出，知识产权有专利、版权、商标和设计四大类，知识产权的每一形式都有庞大的工业与之相应，加在一起这四种工业就组成了创造性产业和创造性经济。

12.2.3 城市广告创意产业集群的价值与意义

城市创意产业集群的形成，进而形成了资源集约、人才集约、市场集约、信息集约、文化集约。集约是产业集群的核心竞争能力，通过产业内的竞争使得资源、人才、市场、信息、文化保持着充分的活力。因此，构建广告创意产业的集群的意义就在于：任何良性的竞争，都或多或少地提高了竞争各方的生存质量，如果将相关企业通过一定的排序合理的聚齐起来，就会有类似反应堆的效应。纵观全球三大广告中心，都形成了自己鲜明的特色风格。

麦迪逊大街是美国广告业的代名词、纽约的一道风景，也是智威汤逊、扬·鲁比肯、达彼思、奥美、李奥贝纳、DDB 等著名广告公司的发迹地。麦迪逊大街是全球广告人的集散地。每天，工作在这条街上的广告人苦思冥想，发起了一个又一个广告宣传活动来推销美国的产品，推动美国的产业。

日本东京是仅次于纽约的世界三大广告中心之一。在全球排名 100 名的大广告代理商中日本就占了 1/5 之多。著名的电通公司是日本最大的广告公司，也是世界上最大的广告公司。另外，还有“博报”、“大广”、“东急”等大广告公司也很著名。

伦敦是英国文化创意产业的中心，是世界创意之都。位于伦敦东区的霍克斯顿临近剑桥大学，聚集了500多家创意企业和大量优秀的创意人才，是世界著名的创意产业园区。全国最大的广告集团 WPP、AMV/BBDO 广告公司、BBH 广告公司等都驻扎伦敦，拥有自己的大楼。

广告创意产业的发展不仅仅是个人和单个企业的行为，更需要整体行业的地理聚集和整个产业链的完整打造，这样才能形成“微笑曲线”。之所以要对现有的城市广告产业进行“集群”，用普利高津的“耗散结构”理论来解析就是：在混乱达到某个临界点上，会重新生成新的结构。按此原理，进行产业集群，形成新的竞争，会使一个区域内的产业结构进行升级。广告创意产业一旦形成集群就能产“聚变效应”，其价值是分散的广告公司难以比拟的。

第一，生产功能。集群的最大的目的就是形成完整的创意产业链，使一系列不同的生产要素得到很好的组合，提高生产力，避免恶性竞争，组成一个相互联系、相对稳定的生产依存关系。

第二，服务功能。形成集群一个很重要的作用就是形成一种氛围，通过内部各类协会和组织来规范和协调各个体单位之间的矛盾。这些协会组织又是对外沟通的桥梁，利用它们可以与政府保持密切联系，并及时反馈各类市场信息。

第三，教育功能。广告创意产业要求创意人才必须终生学习，而要学习必须要有配套的高校。目前，上海很多创意产业集群区都有高校聚集，通过产学研结合，不断为创意产业提供智力支持。

第四，传播功能。广告创意产业集群区汇集各类市场信息，包括原材料供需，政府新出台的政策及地区、国内甚至全球的相关客户信息。这些信息能很快在集群区内传播，将信息最大限度地加以利用。

第五，交易功能。广告创意产品必须进入市场才能产生其存在的价值，而集群区为这些创意产品提供了固定的交易场所。成熟的创意集群区从生产到销售，每个环节都有固定的客户群，通过设置交易场所，为创意产品转化为利润搭建一个良好的平台。有了交易平台，使创意产品的生产、制作、包装到销售都能在集群区内实现，真正体现创意产业集群区的“集群效应”。

第六，娱乐功能。广告创意产业一个重要的特征就是娱乐性。广告创意产业集群区本身就是一个时尚和创意的集散地，需要宽松的工作和生活环境，一个功能齐备的集群区一定有咖啡厅等休闲场所，为从业人员提供交流、交际的舞台。而这样的集群区又吸引游客去参观和体验，产生直接的交易。

一个成熟的广告创意产业集群区可能具备以上六大特征，也可能具备其中几个功能。重要的是集群区必须多元化，不能千篇一律，打造不同风格的城市广告创意产业集群区本身就是一种创意。

12.3 广告人的培养

广告学在我国是一门新兴学科，直到1993年，它才被教育部列入普通高等学校本科专业目录。也正是从那时起，广告学专业如雨后春笋般出现在各个高校的招生简章中。应该说，作为一个新专业，其科学、合理的人才培养体系尚在建立之中。虽然开办广告专业较早的厦门大学(1984年)、北京广播学院(1988年)以及20世纪90年代以后创建广告学专业的武汉大学、复旦大学、北京大学、中国人民大学等，都在探索广告学专业的办学之路，并积累了许多经验和教训，可以供后来者学习、借鉴。但作为一般性地方院校，其办学目标、办学条件与上述高校相比都存在较大的差距，如何立足于自身实际，走出一条培养适合地方经济发展需要的新型广告人才之路，是地方院校广告学专业求得良好生存、发展空间首先必须解决的问题。

12.3.1 广告人的培养特点

(1)兼涉多种学科，实现广告学与其他相关学科的互补与融合

广告学是一门综合性的边缘学科，它涉及传播学、市场营销学、心理学、社会学、文学艺术等多门学科，也正是由于它的包容性、交叉性，使得广告学专业的办学模式呈现出多样化的特色。

广告高等教育在国外起步较早，美国在20世纪初就在一些高校开设广告学课程，20世纪50年代末就有了独立的广告学系，因此，其对广告高等教育的教育模式、课程设置的探讨、研究也相应地更深入、更系统。如今，美国广告教育已基本形成四大教育模式并存的基本构架：技校模式、理论加实践模式、管理模式和专业模式。这四种教育模式都有独具特色的课程设置和学科定位：技校模式注重实用性，尽量模拟广告业的运作过程，以帮助学生毕业后马上就职于广告业；理论加实践模式既重视广告的运作实践，同时更注重追求广告的学术性，并努力将二者有机结合起来。学生既要学大众传播和营销理论等基础课程，也要学相关的广告课程，还要学艺术和其他门类的课程。在这些课程里，既有理论性很强的，也有强调动手能力的技能课；管理模式把广告当作一种营销工具，从企业的整体营销与管理策略上来关照广告，其课程体系的建设主要从广告主的角度出

发；专业模式则把广告细分为制作与管理，学生在修完基础课程之后，再根据自己的兴趣在两个方向中选择一个重点学习，形成专业特长，四种教育模式有各自不同的侧重点，有明确的职能分工，很容易办出特色，以吸引不同需要的学生。同时，从整个广告市场人才需要的角度来说，四种模式又相互补充、相互协调，较好地适应了市场对不同层次广告人才的需求。

与之相比，我国广告高等教育肇端于20世纪80年代，起步较晚。经过20多年的发展，如今初具规模。据相关数据统计，目前全国有200多所高校开设广告学专业，每年有数以万计的毕业生走向社会。《现代广告杂志》2005年第9期推出系列文章，对我国广告教育进行了全面总结。我国广告高等教育在专业定位、办学模式上呈现出三种主要的选择：新闻传播型的广告专业、商业经贸型的广告专业和美术设计型的广告专业。

新闻传播型的广告专业大多设立在综合性大学，如北京大学、复旦大学、武汉大学、厦门大学、浙江大学等，这些学校的广告专业往往有一个天然的优势，那就是历史悠久的综合性高校浓厚的学术氛围、丰厚的学术资源以及高素质的生源。这些难得的条件使得这些学校的广告专业不约而同地将自己的培养目标界定在国际化、复合型的创意、策划和经营管理人才；而在培养方法上，则期望走出一条理论与实践相结合的道路。商业经贸型的广告专业则设立在财经、工商类大学，像北京工商大学、南京财经大学等。其目标是以市场为核心，培养以市场观念为导向的市场型广告人才，此类广告专业注重的是广告与市场营销、企业管理的结合。美术设计型的广告专业主要设立在美术学院，广州美术学院、清华大学美术学院是其中的代表。这一类型的广告专业的定位非常清晰，目标非常明确，那就是培养专门型的广告创意与广告设计、表现人才，即站在时代前沿的、具有创造能力的设计师。

由此可见，无论是在美国，还是在中国，广告高等教育都不是一种模式可以涵盖的。这说明，作为一门综合性的边缘学科，广告学涉及学科的多样性、覆盖范围的广泛性是其他一些学科难以企及的。由此，广告专业要办好，要培养出时代急需的优秀人才，仅仅局限于某一两个学科的知识传授是远远不够的，必须在遵循广告学自身规律的基础上，搭建起多学科交叉、融合的教学体系，方能达成目标。江汉大学新闻传播系广告学专业作为服务于武汉地方经济的综合性大学的广告学专业，我们为自身确立的目标是：立足于武汉市经济建设与社会发展的现实，以传播学为基石，以市场营销、设计制作为两翼，再辅之以宽厚的人文素养，培养复合型广告应用人才。

(2)理论与实践并重，注重学生实际运作能力的培养

广告学是一门实践性非常强的学科。强调运用，注重学生实际运作广告能力的提升，是我们在构建广告人才培养体系时确立的指导方针。围绕这一方针，在具体设置课程时，我们采取了如下措施：

第一，以学年为单位将大学 4 年分为 4 个阶段，明确每一阶段的中心任务，以中心任务来统领每一学年的课程设置。大学第一学年，我们给广告专业学生安排的是偏重于理论传授方面的课程，如广告学概论、传播学、市场营销学、中外广告史等，希望学生对本学科的理论背景和整体框架有一个直观、清晰的了解与认识；在此基础上，第二、三学年随着专业主干课程的开设，教学的重心转向对广告实际运作程序及规律的描述与把握。为使学生有一个明确的学习目标，我们有意识地根据各门课程培养学生能力的方向和侧重点，将方向一致的专业主干课相对集中地安排在各个学期，如第二学年以培养学生整体策划及文字表述能力为目标，安排相关的能力延伸课程：广告策划与创意、广告文案写作、广告修辞学、广告案例评析等；第三学年则以提高学生广告设计、制作能力为目标，开设的相关课程有，广告摄影摄像、电脑图文设计、电脑三维动画、影视广告实务、网络传播等。第四学年则是为学生运用所学知识分析问题、解决问题提供舞台、创造条件。第 7 学期安排学生到广告公司、媒介机构、企事业单位进行毕业实习，全面锻炼自身能力；第 8 学期指导学生撰写毕业论文，经过这两大活动的锤炼，学生在校学习的整体状况会有一个客观全面的验证，学生的综合素质和能力也必将有较大的提升。

第二，在课程与学时的安排上向实践环节倾斜。我们给本专业的定位是培养动手能力强、精于操作的实用性人才，如果将广告行业需要的人才分为侧重于动脑思考广告整体策略的“白领”和侧重于动手、身体力行地去实施广告战略的“蓝领”我们要培养的就是后者。为此，我们对实践性环节给予了特别的重视，初步搭建起多层次的实践平台：第一层，对实践性较强的课程，尽量压缩课堂理论讲授的时间，以增加学生实际动手操作的时间；如电脑图文设计、电脑三维动画、广告摄影摄像、影视广告实务等课程，对于这些课程可以分配 1/2 的学时用于实践；对于广告文案写作、广告调查与效果测定、公关策划、网络传播、市场营销学等课程，可以分配 1/3 的学时用于实践。这样，能使学生及时将所学知识运用于实践，提高学习效果。第二层，让学生尽早走入广告行业，熟悉、了解行业的现状和需求。在第 4 学期安排为期 4 周的专业实习，使学生从课本上描述的广告世界走出来，实际接触、体验广告行业，增强对广告的感性认识。第三层，高度重视毕业实习，真正发挥其全面锻炼学生能力、检验教学效果的作用。一方面，

在时间安排上予以充分保证，第 7 学期整个一学期用于毕业实习；另一方面，明确要求、严格管理、对学生实习期间的态度，行为以及实习成果提出明确的考核指标，并定期对学生的实习情况进行检查，同时还要求每个学生定期进行自我总结，并及时与实习带队老师沟通。通过这些措施，力图使毕业实习工作真正落到实处。从目前实施的状况来看，效果良好。

第三，处理好理论教学与实践环节的关系，使二者互相激发互相促进、任何一个专业的教学，都要协调好理论教学和实践环节的关系。在具体的教学过程中，特别是学生对二者的认识常常存在误差，一方面，理论相对比较枯燥，且理论与实践存在一定的距离；另一方面，广告行业的实践性又非常强，于是，在学生的意识里或多或少都存在轻视理论的倾向，这种倾向必须通过科学配套的教学环节予以纠正，对此，我们在广告学专业的人才培养方案里，特别加进了第四学期专业实习，在此之前的三个学期的课程，基本以理论知识的介绍为主，通过学习，学生初步建立起了一个广告学的理论框架，对广告运作有了一个大致的印象，此时将他们派到相关单位实习，既能让他们看到另一片天空，又能让他们学以致用，更重要的，还可以改变他们理论知识无用的观点，进一步加深对理论的认识，激发学习的兴趣和积极性。对学生实习前后的态度和想法进行对比，会发现他们明显的改变，实习前，觉得理论无用，学起来既枯燥又没劲；实习后，则会感觉自身理论知识缺乏，认识到没有理论素养，在实际运作中只会时时捉襟见肘，于是，开始有意识地去补课，开始重视理论知识的学习。所以，这次专业实习的安排应该说是恰到好处，它真正起到了捏合、协调理论讲授与实际操作，促进学生端正态度，全面发展的作用。

(3)课程设置既要注重学生基本素养的培养，又要有利于个人兴趣和特长的锻造

每一个专业的人才培养方案，特别是其课程设置，都应该兼顾两个方面：其一，能有力地支撑本专业所培养人才的基本目标，满足相应行业对人才的基本要求，即要围绕着本专业培养的学生都必须达到的那些指标设置相关基础课程；其二，能有助于每一个学生个性化的学习与发展，也就是说，要在所有学生都必须具备的知识平台之上，再针对有不同兴趣和需求的学生设置一些方向课程、特色课程。一个优秀的广告人，首先必须视野开阔、知识广博，就像美国著名广告人、广告教师詹姆斯·韦伯·扬所说的，就我所知，每一位真正有好创意的广告人士，常具有两种显著的特性：第一，天底下任何话题都很难使他不感兴趣；第二，他广泛浏览各学科中的一切书籍，因为广告的运作，一定要想人所未想，言人所未言，而宽广的知识面，丰富的知识积累能有效地拓展广告人的视野，扩大

广告人的想象空间，我们在设置广告专业的课程时，利用身处人文学院的优势，尽可能多开设一些人文基础课程，如中国古代文学作品鉴赏、中国现当代文学作品鉴赏、社会学、中西文化与传播等。这些课程既能增加学生的知识储备量，开阔其视野与思路，又能提升学生的文化素养和文化品位，是不能忽视、更不可或缺的。

随着高等教育的普及与发展，学生就业的压力越来越大，其间的竞争也越来越惨烈。一般来说，在就业过程中走得比较顺利的学生，往往都有一定的特长，即在某一方面拥有超出一般人的技能。从广告学的学科特点而言，它是一门综合性学科，内容包罗万象。学生在有限的四年学习时间里，不可能成为全才，行业内也少有或不可能有样样皆精的多面手。因此，广告专业的人才培养方案在保证学生养成良好素养的基础上，还必须为学生个性化的发展提供条件，创造机会。表现在课程设置上，就是提供不同发展方向的选修课，供具有不同兴趣的学生自由选修。在制定广告专业人才培养方案时，我们为学生提供了几组课程围绕广告策划与创意，开设经典广告策划、公关策划、广告创意理论；围绕广告设计制作，开设电脑三维动画、影视广告实务；围绕着传播方式，开设网络传播、人际传播。这些课程组能在一个具体的方向上有针对性地为学生提供必要的理论滋养与实际训练，只要学生认真学习，就能逐渐形成专业特长。学生个体的特长集合起来，最后体现出来的就是整个专业的特色。而专业特色的形成，是一个专业核心竞争力的直接体现。时代在变，行业的需求在变，各专业的人才培养方案也应不断修订完善。特别是在选修课的设置上，应充分考虑市场的实际需要，不断推陈出新。

思考题

1. 什么是广告人？
2. 广告人应具备哪些素质？
3. 广告与文化的联系与区别。
4. 广告与创意产业的关系。
5. 如何进行广告人才培养？

参考文献

[1] 张德，吴剑平．企业文化与CI策划．3版．北京：清华大学出版社，2008.
[2] 倪宁．广告学教程．北京：中国人民大学出版社，2001.
[3] 李东进．现代广告原理与探索．北京：企业管理出版社，2000.
[4] 纪华强．广告战略与决策．大连：东北财经大学出版社，2001.
[5] 威廉·阿伦斯．当代广告学．7版．北京：华夏出版社，2001.
[6] 余明阳，陈先红．广告策划与管理．上海：复旦大学出版社，2003.
[7] 何佳讯．广告案例教程．上海：复旦大学出版社，2002.
[8] 韩光军，现代广告学．北京：首都经济贸易大学出版社，2006.
[9] 张衬．广告文案写作．河南：郑州大学出版社，2010.
[10] 徐玉红．广告文案创作．杭州：浙江大学出版社，2009.
[11] 宋若涛．广告文案写作技法研究．合肥：合肥工业大学出版社，2009.
[12] 胡晓云．广告文案．杭州：浙江大学出版社，2009.
[13] 严三九．广告文案．北京：中国建筑工业出版社，2008.
[14] 王伟芳．广告概论．北京：高等教育出版社，2004.
[15] 纪华强．广告策划．北京：高等教育出版社，2006.
[16] 周鸿铎．广告学教程．北京：中国书籍出版社，2010.
[17] 威廉·阿伦斯，大卫·夏尔菲．阿伦斯广告学．北京：中国人民大学出版社，2008.
[18] 段轩如．广告学概论．北京：经济科学出版社，2010.
[19] 崔银河．广告学概论．北京：中国传媒大学出版社，2007.
[20] 徐世江．广告学理论与实务．北京：北京大学出版社，2009.
[21] 程瑶，张慎成．广告效果评估．合肥：合肥工业大学出版社，2009.
[22] 王晓华．广告效果测定．长沙：中南大学出版社，2004.
[23] 程士安．广告调查与效果评估．上海：复旦大学出版社，2008.
[24] 宋安．网络广告媒体策略与效果评估．厦门：厦门大学出版社，2008.
[25] 纪华强．广告策划．北京：高等教育出版社，2006.

［26］蒋艳君．广告目标与效果测定．北京：中国商业出版社，2007.
［27］樊志育．实用广告学．上海：上海人民出版社，2006.
［28］乔治·贝尔奇，迈克尔·贝尔奇．广告与促销：整合营销传播视角．6 版．北京：中国人民大学出版社，2006.
［29］陈培爱．现代广告学概论．北京：首都经济贸易大学出版社，2009.
［30］张金海．广告学教程．上海：上海人民出版社，2003.
［31］新论文网．广告怎么创意．http：//www.newlw.com/news_list.asp?id=18320.
［32］考研论坛．广告创意的理论．http：//bbs.kaoyan.com/t2307082p1.
［33］设计知识资源网．广告媒介的分类．http：//www.idea168.cn/article/brand/Media/qtmt/info_2008052302040479.html.
［34］空灵广告．说起调研的重要性，中国的企业家没有人否认其重要性．http：//www.bjkongling.cn/a/shejiwenzhang/2010/1124/386.html.
［35］职称论文网．态度理论在企业广告策略中的运用(1).http：//www.yclww.com/article/22/23/2010092533214_2.html.
［36］致信网．http：//www.mie168.com/read.aspx.
［37］百度百科．公共关系．http：//baike.baidu.com/view/20950.htm.
［38］“海飞丝”、“飘柔”：盛典促销．http：//zy.swust.net.cn/10/1/scyxllysw/anli/anli14.htm.
［39］价值中国网．现代广告媒介行销之特征分析．http：//www.chinavalue.net/Blog/540537.aspx.
［40］圆点视线．解读广告的类型．http：//www.apoints.com/advertisement/knowledge/200802/41546_2.html.